Historia de España

para
dummies®

Historia de España

para
dummies®

Fernando García de Cortázar

para
dummies®

ISBN: 978-84-329-0348-9
Depósito legal: B. 8.406-2017

Primera edición: octubre de 2010
Primera edición en esta presentación: septiembre de 2017
Primera reimpresión en esta presentación: enero de 2018
Preimpresión: gama, sl
Impresión: Black Print

Impreso en España - Printed in Spain
www.dummies.es
www.planetadelibros.com

¡La fórmula del éxito!

» Un tema de actualidad

» Un autor de prestigio

» Contenido útil

» Lenguaje sencillo

» Un diseño agradable, ágil y práctico

» Un toque de informalidad

» Una pizca de humor cuando viene al caso

» Respuestas que satisfacen la curiosidad del lector

¡Este es un libro ...*para Dummies*!

Los libros de la colección ...*para Dummies* están dirigidos a lectores de todas las edades y niveles de conocimiento interesados en encontrar una manera profesional, directa y a la vez entretenida de aproximarse a la información que necesitan.

Millones de lectores satisfechos en todo el mundo coinciden en afirmar que la colección ...*para Dummies* ha revolucionado la forma de aproximarse al conocimiento mediante libros que ofrecen contenido serio y profundo con un toque de informalidad y en lenguaje sencillo.

www.dummies.es

¡Entra a formar parte de la comunidad Dummies!

El sitio web de la colección ...*para Dummies* es un recurso divertido, diseñado para que tengas a mano toda la información que necesitas sobre los libros publicados en esta colección. Desde este sitio web podrás comunicarte directamente con Wiley Publishing, Inc., la editorial que publica en Estados Unidos los libros que nuestra editorial traduce y adapta al español y publica en España.

En **www.dummies.es** podrás intercambiar ideas con otros lectores de la serie en todo el mundo, conversar con los autores, ¡y divertirte! En **www.dummies.es** podrás ver qué Dummies han sido traducidos al español y qué Dummies de autores españoles hemos publicado, ¡y comprarlos!

10 cosas divertidas que puedes hacer en www.dummies.es:

1. Descubrir la lista completa de libros ...*para Dummies* y leer información detallada sobre cada uno de ellos.

2. Leer artículos relacionados con los temas que tratan los libros.

3. Solicitar eTips con información útil sobre muchos temas de interés.

4. Conocer otros productos que llevan la marca ...*para Dummies*.

5. Descubrir Dummies en otros idiomas, publicados con los editores de la colección en todo el mundo.

6. Participar en concursos y ganar premios.

7. Intercambiar información con otros lectores de la colección ...*para Dummies*.

8. Hablar con Wiley Publishing. Hacer comentarios y preguntas y recibir respuestas.

9. Conocer a tus autores favoritos en los chats que organiza Wiley Publishing.

10. Descargar software gratuito.

Visítanos y entra a formar parte de
la comunidad Dummies en **www.dummies.es**

Sumario

Sobre el autor

Fernando García de Cortázar y Ruiz de Aguirre es historiador y ocupa un lugar destacado en el panorama de las letras españolas. Gracias a su prosa brillante, llena de emoción, los españoles conocen y aman la historia de su país, que han podido disfrutar a través de los más variados enfoques por él ofrecidos. El historiador bilbaíno escribe como un buen novelista, pero no se aparta en ningún momento de su vocación docente e investigadora desarrollada en la Universidad de Deusto, donde numerosos discípulos han podido aprender de su magisterio. Si de su *Breve Historia de España* se ha dicho que es el *best seller* más importante de la historiografía española de los últimos años, de toda su extensa obra — **cincuenta y siete** libros, algunos traducidos a otros idiomas y muchos de ellos repetidamente editados— se ha escrito que conjuga con maestría el profundo conocimiento del pasado y el admirable dominio del arte de la síntesis. *Historia de España: de Atapuerca al Estatut, Los mitos de la Historia de España, Atlas de Historia de España, Los perdedores de la historia de España, Breve Historia de la cultura en España, Leer España,* son títulos exitosos de García de Cortázar que responden a la convicción de que el examen del ayer es garantía del futuro y a la voluntad de llevar al presente su reflexión histórica llamando a las cosas por su nombre. El autor de la novedosa *Historia de España desde el arte,* con la que obtuvo el Premio Nacional de Historia 2008, es un historiador militante de su tiempo que ha popularizado la historia de España también mediante la prensa y la televisión. Actualmente dirige la Fundación Dos de Mayo, Nación y Libertad, de la Comunidad de Madrid.

Historia de España para Dummies

España y sus comunidades autónomas

¡El libro de historia de España para todos!

Historia de España para Dummies

Los reyes y jefes de Estado de España desde 1474

>> Isabel I de Castilla (1474-1504) y Fernando II de Aragón y V de Castilla (1474-1516)
>> Juana I de Castilla (1504-1555)

Casa de Austria

>> Carlos I (1516-1556)
>> Felipe II (1556-1598)
>> Felipe III (1598-1621)
>> Felipe IV (1621-1665)
>> Carlos II (1665-1700)

Casa de Borbón

>> Felipe V (1700-1724 y 1724-1746)
>> Luis I (1724)
>> Fernando VI (1746-1759)
>> Carlos III (1759-1788)
>> Carlos IV (1788-1808)
>> José I Bonaparte (1808-1813)
>> Fernando VII (1808-1833)
>> Isabel II (1833-1868)

Gobierno provisional

>> Francisco Serrano (1868-1871)

Casa de Saboya

>> Amadeo I (1871-1873)

Primera República

>> Estanislao Figueras (1873)
>> Francisco Pi y Margall (1873)
>> Nicolás Salmerón (1873)
>> Emilio Castelar (1873-1874)

Casa de Borbón

>> Alfonso XII (1875-1885)
>> Alfonso XIII (1886-1931)

Segunda República

>> Niceto Alcalá Zamora (1931-1936)
>> Manuel Azaña (1936-1939)

Dictadura

>> Francisco Franco (1939-1975)

Casa de Borbón

>> Juan Carlos I (1975-)

Los períodos de la historia de España

Prehistoria y Edad Antigua

>> Revolución neolítica, 5000-3500 a.C.
>> Cultura de los campos de urnas, h. 1200 a.C.
>> Llegada de los fenicios, h. 750 a.C.
>> Llegada de los griegos, h. 580 a.C.
>> Expansión cartaginesa, 237 a.C.
>> Hispania romana, 218 a.C.-409 d.C.

Edad Media

>> Hispania visigoda, 409-711
>> Ocupación musulmana de la Península, 711-1492
>> Reconquista cristiana, 722-1492

Edad Moderna

>> Expansión por América, comienza en 1492
>> Período de la casa de Austria, 1516-1700
>> Guerra de Sucesión española, 1701-1713
>> Período de la casa de Borbón, 1700
>> La Ilustración, 1700-1808

Edad Contemporánea

>> Guerra de la Independencia, 1808-1814
>> Restauración absolutista, 1813-1820 y 1823-1833
>> Trienio liberal, 1820-1823
>> Reinado de Isabel II, 1833-1868
>> Sexenio democrático, 1868-1874
>> Primera República, 1873-1874
>> Restauración borbónica, 1874-1923
>> Dictadura de Miguel Primo de Rivera, 1923-1930
>> Segunda República, 1931-1939
>> Guerra civil española, 1936-1939
>> Dictadura de Francisco Franco, 1939-1975
>> Transición democrática, 1975-1978
>> Gobierno del Partido Socialista Obrero Español, 1982-1996
>> Gobierno del Partido Popular, 1996-2004
>> Gobierno del Partido Socialista Obrero Español, 2004

¡El libro de historia de España para todos!

Introducción

Atrapada entre Europa y África, el Mediterráneo y el Atlántico, España ha soñado todos los sueños del hombre. Los caminos de la historia le hicieron llegar modos de vida y alimentos, dioses y lenguas, grandezas y miserias que embellecerían su mirada al mismo tiempo que la hacían deudora de olvidados pueblos viajeros. Fenicios, griegos, cartagineses, romanos, visigodos, árabes... Todos han dejado su impronta en esta vieja piel de toro, como todavía hoy siguen haciéndolo los inmigrantes que llegan hasta aquí atraídos por la esperanza de un futuro mejor. Al mismo tiempo, España, que llegó a dominar un imperio en el que no se ponía el sol, ha dejado huella de su presencia en medio mundo, como lo demuestra la vigencia de la lengua española en Sudamérica. Sin embargo, España no es sólo el recuerdo de un pasado imperial. Y eso es lo que queremos mostrar en este libro.

"Yo no canto la historia que bosteza en los libros, ni la gloria que arrastran las sombras de la muerte. ¡España está en nosotros...!". Estas palabras del poeta Eugenio de Nora pueden servirnos de guía. En un momento de nacionalismos victoriosos y de regionalismos febriles en su invención de pasados autóctonos, esta *Historia de España para Dummies* quiere subrayar la realidad histórica de un país múltiple y diverso, vivo, no por supuestas entidades milenaristas, sino por la voluntad democrática de sus habitantes de reconocer una historia común y una cultura sin imposición alguna.

Tres mil años de encuentros, muchos de ellos a ambas orillas del Atlántico y el Mediterráneo, quinientos de Estado integrador y doscientos de vertebración liberal nacional han establecido suficientes lazos familiares y culturales como para que los españoles puedan leer su historia sin necesidad de enrocarse en el pasado glorioso de El Escorial cada vez que se niega la existencia de su nación. Y es que, como acertó a decir el poeta nicaragüense Rubén Darío, la historia de España está hecha secularmente de pluralismo y de mezcla, de cruce continuo entre mundos, religiones y lenguas, y de esta tradición quiere ser eco y reflejo este libro que el lector tiene ahora en sus manos.

Acerca del libro

Historia de España para Dummies trata un montón de temas históricos, desde los fósiles del yacimiento paleontológico de Atapuerca hasta hoy mismo, pero para leerlo no hace falta formación histórica alguna. El libro ofrece información sencilla acerca de las distintas etapas de la historia del país y la información es siempre fácil de encontrar. Aunque la estructura es cronológica, no es necesario leerlo de corrido y se pueden leer capítulos enteros o buscar información específica en el índice o en el sumario.

Cada capítulo está dividido en secciones y cada sección contiene información acerca de una etapa de la historia de España. Algunos de los temas tratados son:

>> La importancia de la romanización en la Península.

>> La huella dejada por los siete siglos de presencia musulmana en nuestro suelo.

>> La lenta formación de una conciencia nacional de España.

¿A quién le interesa este libro?

Al preparar este libro teníamos algunos presupuestos acerca de nuestros lectores:

>> Quieren saber más sobre la historia de España, tengan o no conocimientos previos sobre la materia.

>> Tienen curiosidad sobre los sucesos históricos acaecidos en España, ya sea porque hayan nacido en ella o porque la hayan visitado, aunque seguramente no sea el tema que más les interesa en la vida.

>> Tratan de entender por qué existen tantas lecturas distintas de la historia del país y por qué a día de hoy siguen generando tantos conflictos entre unas comunidades autonómicas y otras.

¿Cómo está organizado el libro?

Historia de España para Dummies está organizada para que el lector encuentre fácilmente el período histórico que más le interese. Con este fin, consta de seis partes, cada una de las cuales trata una etapa y está dividida en varios capítulos:

Parte I: Prehistoria e historia antigua

Esta parte se adentra en los más antiguos testimonios de la presencia humana en la península Ibérica, los fósiles de la cueva de Atapuerca (Burgos) nos hablan del mismísimo origen del ser humano. La llegada de los primeros colonos fenicios y griegos, que recalaron en suelo hispánico en busca de sus riquezas y dejaron huellas de su cultura entre los pueblos nativos, antecede a la expansión de cartagineses y romanos, que hicieron de la Península uno de los campos de batalla en su lucha por el dominio del mundo. La victoria de Roma se traduciría en la conquista y romanización de Hispania, que apuntaló una herencia cultural que se mantiene viva hasta hoy.

Parte II: La Edad Media

Los mil años que transcurren entre la caída del Imperio romano y el descubrimiento de América por Cristóbal Colón ven cómo el espíritu de la romanización pervive a pesar de la llegada de pueblos bárbaros como el visigodo, que fundará el reino de Toledo, desbaratado a inicios del siglo VIII por los conquistadores árabes. Algunos de los temas tratados en esta parte son el surgimiento de los distintos reinos cristianos (Asturias, León, Castilla, Aragón, Navarra y los condados catalanes) y su expansión hacia el sur a costa de los territorios musulmanes, o el nacimiento de una cultura y sociedad profundamente mestizas, ejemplificada en la Córdoba califal o en la corte de Alfonso X el Sabio.

Parte III: La Edad Moderna

La tercera parte recorre el período en que España, con los Habsburgo Carlos I y Felipe II en el trono, se convirtió en un imperio en el que no se ponía el sol. La conquista de América, las guerras en el continente europeo, la crisis económica y el esplendor de las artes y las letras, con nombres como Miguel de Cervantes y Diego Velázquez como estandartes, son algunos de los episodios que marcarán el devenir de los siglos XVI y XVII, hasta que la muerte sin herederos de Carlos II dé la corona a una nueva dinastía llegada de Francia, la de los Borbones. Con ésta en el poder, España encarará durante el siglo XVIII el fin del Antiguo Régimen en una lucha sin cuartel entre los defensores de la tradición y las nuevas ideas surgidas de la Revolución Francesa de 1789.

Parte IV: La Edad Contemporánea

Esta parte se inicia con el regreso al trono de Fernando VII y la persecución contra los esfuerzos modernizadores encarnados por las Cortes de Cádiz. Todo el siglo XIX estará marcado por la lucha entre liberales y conservadores por imponer su concepción del mundo en España. La convulsa situación política, entre cuyos episodios se hallan el derrocamiento de Isabel II y la proclamación de la Primera República, culminará en 1898 con la pérdida de los últimos restos de lo que trescientos años antes fue un Imperio inabarcable: Cuba y Filipinas.

Parte V: El salto definitivo a la modernidad

Esta parte se adentra en los siglos XX y XXI. Tras el desastre de la pérdida de Cuba y Filipinas, España cae en un período de inestabilidad política que alcanza su cima con la caída de la monarquía y la proclamación de la república. Las dos Españas, la liberal y la conservadora, se enfrentarán en una guerra fratricida de la que surgirá una dictadura que se extenderá a lo largo de casi cuarenta años. La Constitución de 1978 y la monarquía constitucional pondrán las bases para el despegue definitivo de España en la década de los ochenta y su plena integración en el escenario europeo.

Parte VI: Los decálogos

¿Quieres buscar información sencilla y entretenida acerca de la historia de España? Puedes encontrarla en esta parte, que incluye listas con las diez fechas más importantes, diez monumentos españoles considerados Patrimonio de la Humanidad, diez películas que permiten ver en imágenes otros tantos episodios históricos y diez obras universales que España ha dado al mundo.

Iconos utilizados en este libro

Para ayudar a encontrar información o para destacar datos que resultan particularmente significativos se utilizan los siguientes iconos:

Este icono destaca la información que conviene recordar por su trascendencia.

RECUERDA

¿Cómo continuar?

Historia de España, de la colección *...para Dummies*, ofrece un panorama general de la historia de este viejo y moderno país. Se puede abrir el libro por donde interese, leer lo que se quiera y volverlo a cerrar, pues está diseñado como un texto de referencia para que cada lector lo hojee a su antojo. Pero, si lo prefieres, puedes leerlo de un tirón. No te prometemos un argumento de novela, sino excelente información, que tampoco es poco.

Simplemente decide qué quieres saber y dirígete hacia ese tema. Pero, si no estás seguro de por dónde empezar, ¿por qué no lo haces por el principio?

1

Prehistoria e historia antigua

EN ESTA PARTE . . .

La primera parte abarca desde los primeros balbuceos de la humanidad en la península Ibérica hasta el fin de la presencia romana en ella. La presencia de colonos fenicios y griegos que llegaron a este territorio en busca de sus riquezas y dejaron su impronta en los pueblos nativos es un elemento primordial para conocer la historia de España.

Capítulo 1

Nuestros abuelos más remotos

os primeros pasos del ser humano en la península Ibérica son un misterio. Sin textos escritos a los que pueda recurrir, el investigador sólo tiene ante sí las evidencias que le dan los yacimientos paleontológicos y arqueológicos. Son muchas las ocasiones en las que el descubrimiento de un simple hueso despliega todo un abanico de cuestiones por resolver. ¿Cómo vivía su dueño? ¿Qué comía? ¿Cómo se relacionaba con el resto de su grupo? ¿Cuáles eran sus miedos, sentimientos y esperanzas?

El abanico desplegado por estas cuestiones se abre hasta lo indecible si su estudio permite asegurar que se trata de una especie de homínido desconocida hasta la fecha, lo que comporta replantearse las teorías anteriores, hacerse nuevas preguntas y tantear nuevas respuestas, válidas hasta que otro descubrimiento extraordinario las ponga en cuestión... Todo, pues, se basa en los escasos restos materiales que la cirugía del tiempo no ha logrado borrar. A medida que avanzan los milenios aparecen cuevas antaño habitadas y aldeas enterradas pobladas de osamentas y cráneos, pero también de vasijas y utensilios, incluso de primerizos vestigios artísticos, testimonios todos ellos que aportan un poco más de información sobre la vida cotidiana de quienes los crearon, nuestros antepasados.

Por *prehistoria* entendemos tradicionalmente el período de tiempo que transcurre desde la aparición del primer ser humano hasta la invención de la escritura, que tuvo lugar en Mesopotamia hacia el tercer milenio antes de nuestra era, momento a partir del cual podemos hablar de *historia*. La arqueología, la paleontología, la topografía e incluso la física nuclear para la datación de restos son las principales disciplinas científicas que ayudan a su completo estudio.

Un antepasado africano

Bajo la tenue luz de los avances científicos, se puede decir que la vieja Iberia estuvo habitada por comunidades humanas desde los tiempos más remotos. Es lo que nos transmiten los únicos testigos que han llegado hasta nosotros desde aquella edad sin historia que se pierde en la noche de los tiempos: los fósiles del yacimiento burgalés de Atapuerca (para más información sobre el tema véase el recuadro "El yacimiento de Atapuerca").

Los estudios realizados en Atapuerca permiten aventurar la existencia de un hombre que ha sido bautizado como *Homo antecessor*. Considerado la especie homínida más antigua de Europa, hace aproximadamente 800.000 años vagaba de un lugar a otro de nuestro suelo ibérico buscando alimentos y cobijo. África había sido su cuna y el análisis de sus restos no deja de deparar hallazgos sorprendentes, cuando no inquietantes. Por ejemplo, que nuestros antepasados eran adictos al canibalismo: las series de marcas de corte que presentan los huesos encontrados demuestran que fueron comidos por otros homínidos...

Abrumados por la presencia de la muerte, el temor a las fieras y la necesidad de resguardarse de la acción de los elementos, los individuos de esas comunidades buscaban la protección en cuevas. La lucha con las fuerzas de la naturaleza era constante para poder sobrevivir, y eso les obligó a aprender a conocer y adaptarse al entorno. El seguimiento de las manadas de animales que cazaban con sus incipientes armas, el florecimiento de las especies vegetales cuyos frutos recolectaban, los cambios climáticos asociados a las estaciones... Todos estos factores regían la vida de esas comunidades primitivas y explican la provisionalidad de sus campamentos.

Nuevos inquilinos en la Península

Al *Homo antecessor* le siguió el *Homo heidelbergensis*, así llamado porque sus primeros huesos se descubrieron en la localidad alemana de Heidelberg. Los abundantes restos que se han hallado de él en Atapuerca permiten pensar que este ancestro humano, que surgió hace 500.000 años, ya realizaba rituales funerarios, lo que implica la presencia de un pensamiento simbólico que sobrepasa la esfera de la mera supervivencia cotidiana. O lo que es lo mismo, la presencia de un elemento esencial que definirá al ser humano moderno y que lo diferencia de otros animales.

Aunque muy discutida en los ambientes académicos, la tesis sobre los ritos funerarios demuestra cómo en el campo de la paleontología, in-

EL YACIMIENTO DE ATAPUERCA

En la provincia de Burgos, entre el llamado Corredor de la Bureba, la Sierra de la Demanda y las estribaciones de la Cordillera Cantábrica, se levanta la Sierra de Atapuerca, un lugar donde están escritos los orígenes de la humanidad en Europa. Allí, en 1994, y concretamente en la cueva conocida como Gran Dolina, se descubrieron 85 restos humanos muy fragmentados correspondientes a seis individuos de una especie de homínido desconocida hasta entonces, que fue bautizada como *Homo antecessor* por su calidad de antecesora de los neandertales y *sapiens*.

Los diferentes yacimientos de Atapuerca, tanto sus cuevas, como la mencionada Gran Dolina, la Sima del Elefante o la Sima de los Huesos, o los que se hallan al aire libre, como el Valle de las Orquídeas, no han dejado de deparar sorpresas a los paleontólogos y arqueólogos. Restos de *Homo heidelbergensis, Homo neanderthalensis* y *Homo sapiens*, al lado del fruto de sus cacerías (huesos de caballos, rinocerontes, bisontes, jabalíes, osos o linces), dan cuenta de la actividad que esta zona conoció en los albores de la humanidad, que también aquí empezó a dejar trazas de su cultura en forma de herramientas y creencias simbólicas.

cluso más que en el de la arqueología, las interpretaciones nunca son definitivas y siempre están a la espera de lo que aporte el próximo descubrimiento. De lo que parece no haber duda es de que ese *Homo heidelbergensis* tenía conciencia de grupo y sentimientos. Los restos de una niña, bautizada como Benjamina, con una discapacidad llamada craneosinostosis, que provoca graves problemas motóricos y cognitivos, así lo prueba: la pequeña llegó a vivir diez años, y eso indica que hubo alguien que estuvo constantemente a su lado, alguien que se preocupó por ella, que la cuidó, la alimentó y la protegió.

Homo neanderthalensis

El hombre de Neandertal llegó a la península Ibérica hace aproximadamente unos 100.000 años. La totalidad del continente europeo y parte de Asia central y occidental fueron su hábitat. De complexión baja y robusta, y con una gran capacidad craneal, vivía en grupo y poco a poco fue perfeccionando la industria de piedra. Hace unos 25.000 años se extinguió completamente. Sus últimos reductos se concentraron precisamente en suelo ibérico, donde llegó a coincidir con el Homo sapiens sapiens, la especie a la que pertenecemos.

Homo sapiens sapiens

Durante 5.000 años aproximadamente, neandertales y sapiens coexistieron en la Península. Desaparecidos los primeros por razones sobre las que los especialistas no se ponen de acuerdo, los segundos, originarios del continente africano, son ya los hombres modernos. Dotado de fantasía e imaginación, un elemento esencial para el éxito de la especie, introdujo importantes innovaciones en la fabricación de herramientas, tanto de piedra como de asta o hueso, con las que se lanzó a la conquista de su entorno.

La Capilla Sixtina del arte prehistórico

Pero el *Homo sapiens* no sólo creó utensilios como lanzas, hachas, arpones, propulsores o agujas de coser, sino que también protagonizó las primeras manifestaciones artísticas propiamente dichas. Uno de los ejemplos más asombrosos se encuentra en la cueva de Altamira, en tierras de Cantabria.

Descubierta en 1879 por Marcelino Sanz Sautuola, la cueva de Altamira significó el descubrimiento del arte rupestre. Fue hace 15.000 años cuando sus anónimos artífices plasmaron sobre la piedra estas representaciones polícromas de bisontes, caballos, ciervos y manos, amén de otros misteriosos signos, en las que quedaría retratado todo el misterio de una era marcada por el aliento de la supervivencia. Los investigadores de nuestros días han vislumbrado un significado mágico o religioso, según el cual el cazador-pintor creería estar en posesión de la bestia representada, a la que da muerte cuando concluye el último trazo artístico. Desde 1985, la cueva forma parte del Patrimonio de la Humanidad de la Unesco.

La revolución de la agricultura

Pese a los avances logrados en aquella lejana época, todavía habría que esperar algunos milenios para que tuviera lugar una de las mayores revoluciones protagonizadas por el ser humano: el nacimiento de la agricultura y la domesticación de animales. Es la llamada *revolución neolítica*, que germinó en suelo hispano hacia el 5.000 y 3.500 a.C. El nuevo modo de subsistencia barrerá la vida errante de los antiguos cazadores y recolectores. Y los beneficios de esa sedentaria vinculación con la tierra no tardan en hacerse notar, sobre todo en las regiones andaluza y levantina, donde pronto aparecen los primeros signos de vida urbana:

» **Aumenta la disponibilidad de alimentos:** por un lado, los cultivos, con el trigo y cebada como productos estrella de esa incipiente agricultura; por otro, los animales domesticados, cabras, cerdos y ovejas, de los que no sólo se aprovecha la carne sino también productos derivados como la leche o la lana.

» **Se empiezan a producir objetos manufacturados:** como cerámicas y tejidos, a la vez que las viejas herramientas de piedra conocen una sensible mejora, para ser sustituidas finalmente por trabajos metalúrgicos, primero en cobre, luego en bronce y finalmente en hierro.

RECUERDA

La consecuencia principal de esta renovación económica y humana es trascendental, pues la acumulación de excedentes, tanto alimentarios como manufacturados, provoca el nacimiento del comercio y la especialización del trabajo, mientras que la propiedad de la tierra y de los rebaños acelerará las primeras diferencias de clase. Los pobres poblados no tardarán mucho en rodearse de poderosas murallas de piedra. Es el caso de Los Millares (para más información sobre este poblado véase el recuadro "Los Millares, un poblado de la Edad del Cobre") o El Argar, ambos en la provincia de Almería.

LOS MILLARES, UN POBLADO DE LA EDAD DEL COBRE

Uno de los poblados más asombrosos levantados en la península durante la Edad del Cobre (3000-2000 a.C.) es el de Los Millares, en Almería. Estratégicamente situado cerca de las minas de cobre de la sierra de Gádor, está protegido por un complejo sistema defensivo que contrasta con la sencillez de las cabañas de planta circular en la que se acomodaban sus habitantes. Estos, atentos a la extracción del metal y a los ciclos del campo, honraban a sus difuntos enterrándolos en tumbas de corredor, formadas por una cámara circular precedida de un corredor adintelado, símbolo de un imparable proceso de estratificación social y de la aparición de aristocracias locales.

El ser humano ante la muerte

Es también en esa época cuando buena parte de los valles peninsulares se cubre de *megalitos* (piedras grandes). Aunque su cronología y sus tipologías son muy diversas, desde sencillos dólmenes asturianos, cántabros y vascos hasta las grandes y ostentosas tumbas de corredor del valle del Guadalquivir, todos testimonian un nuevo modo de entender la muerte. Para las incipientes minorías dirigentes relacionadas con la irrupción de los metales, esos monumentos eran un símbolo de independencia social que, a su vez, expresaba la ilusión de un poder más allá de la muerte.

Capítulo 2

Contactos con el Mediterráneo

Cuando el segundo milenio se acercaba a su fin, la península Ibérica se integró en las rutas marítimas de comerciantes y aventureros procedentes del otro extremo del Mediterráneo. Llegaron atraídos por la fiebre de la plata y pronto se asentaron en las costas del sur y el Levante, donde estrecharon relaciones comerciales con las comunidades indígenas y donde fundaron nuevas colonias. Pronto su cultura y su artesanía, ésta en forma de delicadas cerámicas y piezas de orfebrería, se diseminarían por las aldeas locales. La Meseta, en cambio, iba a quedar al margen de estos intercambios culturales, encerrándose en su propia tradición, mientras que el norte peninsular recibiría a otros visitantes procedentes de la Europa continental. Todos esos contactos con el exterior son los que, de una manera lenta pero imparable, conducirán a la vieja Iberia de la prehistoria a las mismísimas puertas de la historia.

RECUERDA

Con las visitas de sus gentes, Oriente y Europa enriquecieron el proceso de mestizaje iniciado en ese momento y estimularon la divergencia cultural entre la costa y el interior peninsulares, que se prolongará en la biografía de España hasta la aparición del ferrocarril en el siglo XIX.

Los pueblos indoeuropeos

A partir del siglo IX a.C., pequeños grupos de hombres y mujeres indoeuropeos del sur de Francia, Suiza y norte de Italia traspasaron la barrera de los Pirineos y se internaron en lo que hoy es Cataluña llevando lo que se conoce como cultura de los campos de urnas, surgida en Europa central hacia el siglo XIII a.C. Su influencia en el litoral catalán, el valle del Ebro y la región valenciana quedará plasmada rápidamente en toda una serie de novedades:

>> Surgimiento de núcleos urbanos dispuestos en torno a una calle central.

>> Aparición de cerámicas desconocidas que sustituyen a las antiguas de origen autóctono.

>> Un novedoso rito funerario, consistente en incinerar el cadáver y depositar sus cenizas en unas urnas cuya agrupación llegaba a formar extensos cementerios, de ahí el nombre de esta cultura.

Los invasores (aunque este término no sea del todo correcto, pues más que de una invasión se trató de una penetración no violenta) se instalaron en los fértiles valles del Ebro y el Segre, y desplegaron en ellos una rica agricultura basada en el cultivo de cereales. La zona de la Meseta, en cambio, quedaría al margen de estas innovaciones y mantendría una economía centrada en una ganadería trashumante, porcina y caballar.

El término *indoeuropeo* es un concepto más lingüístico que antropológico, y hace referencia a una etnia o conjunto de etnias que hablaba una misma lengua, de la que surgieron la mayoría de idiomas, vivos o muertos, de Europa y Asia meridional: las lenguas romances, célticas, eslavas, germánicas, indoiranias, sánscrito, griego...

La visita de fenicios y griegos

Desde las lejanas Sidón y Tiro, en el actual Líbano, al otro extremo del mar Mediterráneo, en el siglo VIII a.C. empezó a llegar a la Península un pueblo de intrépidos navegantes y comerciantes. Eran los fenicios que, dejando atrás sus miedos, se adentraron más allá de los conocidos puertos de Egipto y de las islas del Egeo para acercarse al mismísimo fin del mundo conocido, cuyo límite marcaban las columnas de Hércules, lo que hoy conocemos como estrecho de Gibraltar.

La codicia de alcanzar la cuna de los metales que reclamaban sin desmayo los mercados de Asia fue más fuerte que los temores de los fenicios, y así, aquellos navegantes no dudaron en echarse a la mar rumbo a lo desconocido. El premio a su valor no tardó en llegar, pues pronto encontraron los yacimientos de las minas andaluzas (para más información sobre este tema véase el recuadro "Los fenicios, un pueblo de navegantes").

Las colonias fenicias

Gracias al impulso fenicio nacieron las ciudades portuarias de Cádiz, Málaga e Ibiza, que si bien centraron su actividad en el mercado del metal hispano, favorecieron igualmente un fenómeno de asimilación cultural al proyectar sobre las comunidades indígenas de la zona las formas de vida y tradiciones de Asia. Las aportaciones principales fueron:

» El torno de alfarería.

» La producción artesanal.

LOS FENICIOS, UN PUEBLO DE NAVEGANTES

La costa mediterránea de lo que hoy es Líbano estuvo habitada desde el 1200 a.C. por los fenicios. Situado entre Mesopotamia y Asia Menor por un lado y Egipto por otro, su territorio fue una de las más activas encrucijadas comerciales del mundo antiguo. Y a esa actividad mercantil se consagró en cuerpo y alma ese pueblo semita, cuyas naves exploraron todo el mundo conocido entonces. La invención del alfabeto ha sido su aportación más duradera a la humanidad.

» El cultivo de la vid y el olivo.

» Los primeros vestigios de metalurgia del hierro.

El papel de Cádiz

Apenas tres islotes dormidos en una siesta milenaria antes de que las naves orientales los avistaran, Cádiz jugó un papel privilegiado en el comercio de la Península con Asia hasta el punto de convertirse en la capital de la plata del Mediterráneo y en la metrópoli de un territorio salpicado de diminutas colonias desparramadas por la costa andaluza. Con las riendas de ese comercio de plata, estaño, oro y marfil de Marruecos, Cádiz se llenó de gentes y mercancías mientras lejanos barcos descargaban en su puerto valijas de perfumes exóticos, cerámicas griegas y telas de procedencia libanesa que despertaban el gusto oriental en las nacientes elites sureñas.

Las grandes tumbas excavadas en roca, en las que los grandes señores se enterraban rodeados de lujosos ajuares, dan cuenta de su poder económico.

El oro de Tarteso

La prosperidad económica basada en la metalurgia de los núcleos de la región de Huelva, el valle del Guadalquivir y los valles de Extremadura confluyó en la mítica monarquía de Tarteso, bajo cuyo cetro se colocarían diversos reyezuelos indígenas movidos por la necesidad de regular el comercio y los suministros de metal. Sin embargo, poco se sabe de este reino aparte de las noticias contradictorias legadas por las fuentes griegas y por la arqueología, insuficientes incluso para delimitar el emplazamiento de su capital. De lo que no cabe duda es de que era el reino del oro y de la plata, como atestiguan descubrimientos tan espectaculares como el del tesoro de El Carambolo (cerca de Sevilla), formado por 21 piezas de oro de 24 quilates profusamente decoradas, con un peso total de 2.950 gramos. Y los griegos, famosos como los fenicios por su espíritu comercial, no iban a ser insensibles a tales noticias...

La caída del mundo fenicio

El esplendor de ese mundo conoció un final trágico recién estrenado el siglo VI a.C., cuando el nuevo imperio del babilonio Nabucodonosor puso su avariciosa mirada en las urbes fenicias de la costa de Líbano. En el 573 a.C., y tras un asedio que se extendió a lo largo de trece años, Tiro cayó en sus manos. Para Tarteso, el desbajaruste en los mercados metalíferos que siguió a esa conquista fue el fin. La crisis desvió el comercio hacia la colonia griega de Marsella y provocó el colapso de Fenicia y las viejas factorías semitas de la Península.

Pero el caos no fue sólo económico, sino también político. La monarquía de Tarteso desapareció del mapa y habrá que esperar a la llegada de los marinos y soldados cartagineses para que las antiguas rutas marítimas se recompongan y el puerto de Cádiz y el resto de colonias fenicias recuperen su vida y actividad.

La llegada de los griegos

Interesados por la riqueza mineral del reino tartésico, comerciantes y marinos griegos procedentes de Marsella frecuentaron también las costas peninsulares y establecieron una corriente de intercambios con los lugareños que desbordó el espacio catalán en el que inicialmente habían instalado sus bases e irradió por todo el Levante. Fundada en el siglo VI a.C., Ampurias fue el corazón de esa incursión helena en suelo ibérico. En poco tiempo, los mercaderes griegos fomentaron el comercio con las poblaciones indígenas de la zona, canjearon cerámica, vino y aceite, y helenizaron las costumbres nativas hasta crear un área permeable a las influencias mediterráneas (para más información sobre los griegos véase el recuadro "Ampurias, puerta de Grecia").

AMPURIAS, PUERTA DE GRECIA

En la primera mitad del siglo VI a.C., un grupo de comerciantes griegos procedentes de Focea arribaron al extremo sur del golfo de Rosas y allí, en una pequeña isla, fundaron un asentamiento que no mucho más tarde sería el origen de la ciudad de Ampurias. Fue la primera urbe helena asentada en la península Ibérica y su nombre no miente, pues en griego *Emporion* significa "mercado", y ésa y no otra era su función: la de ser un lugar de intercambio comercial con las tribus ibéricas de la zona. Durante la segunda guerra púnica sería el puerto escogido por el general romano Publio Cornelio Escipión para desembarcar sus tropas.

Se iniciaba así el proceso de romanización de Ampurias, que alcanzaría su máximo apogeo con la construcción de una nueva ciudad plenamente romana a partir del último cuarto del siglo I a.C.

LOS IBEROS, SEÑORES DE OCCIDENTE

Los geógrafos e historiadores griegos nos han dado las primeras noticias textuales de los indígenas con los que se toparon en sus incursiones por el litoral peninsular. Los llamaron iberos (como también a uno de los pueblos de la antigua república soviética de Georgia).

Los iberos vivían en núcleos urbanos rodeados de murallas y situados en lugares elevados, y se organizaban en una sociedad muy jerarquizada, con sus aristócratas y esclavos, y aunque actualmente sigue abierto el debate sobre su origen, no hay duda de que fueron un pueblo que llegó a alcanzar un alto grado de desarrollo, sobre todo a partir de sus contactos con los navegantes llegados de otros puntos del Mediterráneo. Así lo atestiguan las evidencias arqueológicas y artísticas, sobre todo la *Dama de Elche*, un busto femenino cuya mirada encierra el misterio de la primera cultura española mezclada con las aportaciones de los colonos griegos y fenicios. Contagio, préstamo o mestizaje son algunas palabras que sirven para describir el universo religioso de sepulcros y divinidades femeninas que terminará confluyendo en el sueño de la Hispania romana.

El imperialismo comercial de Cartago

El relevo de los fenicios en el Mediterráneo central y la costa andaluza lo tomó Cartago, una antigua colonia fundada precisamente por fenicios procedentes de Tiro, que se levantaba en territorio de la actual Túnez. Gracias a su poderío militar y a las intrépidas exploraciones oceánicas de sus marinos por aguas del Atlántico (una narración griega, llamada *El periplo de Hannón*, refiere un recorrido por la costa occidental de África en una fecha tan lejana como el siglo VI a.C.), los gobernantes púnicos consiguieron recomponer las antiguas vías comerciales fenicias y ampliar el horizonte de sus actividades económicas. Gracias a eso, Cádiz consiguió recuperar el monopolio de la plata en la baja Andalucía, a la vez que la costa malagueña, la granadina y la almeriense conocían un nuevo período de prosperidad.

Guerra fría y no tan fría con Roma

Sin embargo, Cartago no estaba sola en sus propósitos de hacerse con el control del Mediterráneo occidental. Una nueva potencia irrumpía también con fuerza en el siglo IV a.C. Se trataba de la República de Roma. La pugna de ambas por el control de las ciudades de la Magna Grecia (las colonias helenas diseminadas por Sicilia y el sur de la península Itálica) se tradujo en un primer momento en una serie de tratados de paz que en absoluto mitigaban la amenaza de un enfrentamiento bélico. El inicial, conocido como *primera guerra púnica*, estalló en el año 264 a.C. y se saldó con la derrota y la ruina de las arcas de Cartago.

El control de la Península

La primera guerra púnica comportó que Cartago tuviera que pagar cuantiosas indemnizaciones a Roma, lo que acabó solivientando a un grupo de dirigentes púnicos encabezado por el general Amílcar Barca, quien abogaba por ocupar la península Ibérica y extraer de ella todos los recursos necesarios como para poner fin a las calamidades de Cartago.

Amílcar Barca consiguió finalmente salirse con la suya, y así un ejército cartaginés acabó desembarcando en Cádiz. Su avance por suelo hispano fue imparable. La hegemonía púnica se extendió rápidamente por todo el Levante, sometiendo a los pueblos autóctonos que se resistían a sus planes de conquista. El rico sur y ese Levante pronto se convirtieron en una auténtica colonia de explotación que disfrutó de unos años de éxito comercial gracias a la acción sobre tres ámbitos:

» Los cotos mineros andaluces.

» El cultivo de cereal en el valle del Guadalquivir, que se convierte en el granero de emergencia de África.

» La pesca y las salazones del litoral gaditano y las playas de Málaga, Adra y Almuñécar.

Cartagena, capital púnica

Toda esa actividad tendría como centro la ciudad de Cartagena, en la actual comunidad autónoma de Murcia, convertida por los cartagineses en su capital económica, política y administrativa. En sus talleres se fundían metales, se fabricaban armas, pertrechos navales y militares, y en sus muelles recalaban las naves que regresaban a la costa africana cargadas de grano y con los tesoros minerales.

LA TOMA DE SAGUNTO

En el siglo III a.C., Sagunto era uno de los enclaves comerciales estratégicos de griegos y romanos en el Levante. Tanto es así que su control, tras la firma del tratado romano-púnico del 226 a.C., quedó en manos de Roma, a pesar de hallarse la ciudad en la zona adjudicada a Cartago. Bien lo sabía Aníbal, quien en el 219 a.C. la asedió para hacerse con sus riquezas y lanzarse a la conquista de Roma. Ocho meses duró el sitio y, según la leyenda, los saguntinos, antes que caer en manos cartaginesas, prefirieron quitarse la vida arrojándose a una gran hoguera.

Fuera así o no la historia, lo cierto es que la tragedia de Sagunto motivó el estallido de la segunda guerra púnica.

El fin de un sueño imperial

Pero Roma no iba a quedarse de brazos cruzados ante la expansión púnica por la península Ibérica. Sin embargo, a punto de embarcarse en una ofensiva contra los galos, la República no podía abrir un nuevo frente de combate contra sus enemigos norteafricanos, por lo que en el año 226 a.C. firmó un tratado que intentaba poner freno a las conquistas cartaginesas. Según lo estipulado en él, la Península quedaba dividida en dos grandes zonas de influencia marcadas por el río Ebro: al sur, el territorio sería cartaginés; al norte, Roma y sus aliados griegos mantendrían su poder.

Las campañas de Aníbal

Convenio en mano, el nuevo líder cartaginés, Aníbal, lanzó sus tropas contra las tribus asentadas al sur del Guadarrama a fin de asegurarse el antiguo camino tartésico de los metales. El éxito obtenido en su ofensiva le llevó a conquistar la franja costera del Levante, incluida una ciudad como Sagunto que, a pesar de hallarse al sur del Ebro, mantenía una gran relación con los griegos de Marsella y, por ende, también con Roma. Esta no tardó en responder a la afrenta enviando sus legiones a la Península. Era el comienzo de la *segunda guerra púnica* (para más información sobre las campañas de Aníbal véase el recuadro "La toma de Sagunto").

La conquista de Cartagena

En el 218 a.C., la sangre volvió a teñir el viejo suelo ibérico. Mientras Aníbal protagonizaba una de las grandes gestas militares de todos los tiempos al hacer pasar sus elefantes por los Alpes en su camino hacia el corazón de la mismísima Roma, el general romano Publio Cornelio Escipión, el Africano, desembarcó en el puerto catalán de Ampurias y conquistó la capital púnica en la Península. La vía de suministros del ejército cartaginés quedó así cortada y Aníbal, hostigado por las legiones y las tribus itálicas, se vio obligado a retirarse al norte de África para ser derrotado finalmente en la batalla de Zama.

Era el fin del sueño imperialista cartaginés. A partir de ese momento, Roma, sin nada ni nadie que pudiera disputarle el dominio del mundo, se lanzó a construir los pilares de su futuro imperio. La conquista de Hispania sería uno de sus primeros capítulos.

Capítulo 3

La península habla latín

Dos siglos necesitó Roma para poner bajo su dominio el suelo ibérico. Dos siglos durante los cuales las tribus peninsulares mostraron su incapacidad para integrarse pacíficamente en el sistema político romano, defendiendo una y otra vez su independencia ante la colosal maquinaria bélica de las legiones. Al final, de nada serviría tanta resistencia, y tras un sinnúmero de luchas y del exterminio o la esclavitud de millares de guerreros, Hispania acabó doblando la cerviz ante los estandartes romanos.

La política integradora de Roma

Antes, incluso, de que se completara la conquista, el suelo ibérico adquirió un protagonismo decisivo en las luchas intestinas que a finales del siglo i a.C. debilitaban Roma y preparaban la muerte de la República y el advenimiento del Imperio. Así, entre el 83 y el 73 a.C., Hispania se convirtió en el principal núcleo de resistencia armada al poder aristocrático asentado en Roma y encarnado en el dictador Sila. El general Sertorio era el caudillo de ese movimiento. Veinte años más tarde, en los campos andaluces de Munda, Julio César derrotó a los restos del ejército de su opositor Pompeyo y se hizo así con las llaves de Roma. En lo que se refiere a la conquista propiamente dicha, fue Octavio Augusto, su sucesor y primer emperador, quien consiguió completarla con su campaña contra las montaraces tribus cántabras, no sin invertir en la labor diez años de lucha, siete legiones y abundantes refuerzos auxiliares, por no hablar del dispendio económico.

Un orden común para todos

Sobre las dos iberias, la mediterránea y la meseteño-atlántica, divididas por grandes diferencias sociales, culturales y económicas, el poder romano impuso una política integradora y sembró la conciencia de pertenecer a un orden común, que lograría sobreponerse incluso a la desaparición del mismísimo Imperio en el siglo v.

No obstante, la romanización no fue ni rápida ni sencilla, y ello por diversas causas:

>> La variedad de culturas indígenas.

>> La falta de directrices en la conquista durante el primer siglo.

» El retraso en la ocupación del territorio, que facilitó la permanencia de especificidades en las distintas áreas geográficas.

Sin embargo, ya fuera mediante métodos pacíficos o represivos, o alternando ambos, Roma acabó consiguiendo un notable éxito en la implantación de los elementos de su organización, social, política y cultural, gracias a factores como:

» La convivencia de las tribus hispanas con los ejércitos de conquista.

» La fundación de ciudades y colonias.

» El empleo del latín, lengua oficial del Estado y de las clases cultas.

A ellos aún habría de añadirse más tarde otro factor: el cristianismo, ya que la naciente Iglesia hizo suya la labor romanizadora en el momento en que las legiones no eran más que un mero recuerdo de un pasado lejano.

El despertar de las ciudades

RECUERDA

Como en el resto del Imperio, la ciudad se convirtió en la gran protagonista de la vida política y económica en Hispania. Durante la época de la República, Roma se había limitado a fundar urbes para acomodar a los veteranos de su ejército o para defender el Guadalquivir de los saqueos lusitanos o el Ebro de las tribus norteñas. Nacieron así grandes ciudades como Tarragona, Itálica, Córdoba, Calahorra, Valencia o Pamplona.

Sería ya con Octavio Augusto (emperador entre el 27 a.C. y el 14 d.C.) cuando las ciudades se convertirían en la cabeza visible de una ambiciosa reforma administrativa que dividía Hispania en tres provincias:

» Bética: Tomaba su nombre del río Betis (actual Guadalquivir) y su capital era Corduba, la actual Córdoba. Comprendía lo que hoy es la mayor parte de Andalucía, además de parte de Extremadura.

» Tarraconense: Con capital en Tarragona, de la que tomaba el nombre, abarcaba dos terceras partes de la Península, lo que la convertía en una de las mayores provincias de todo el Imperio.

» Lusitania: Su territorio incluía gran parte de lo que hoy es

EMERITA AUGUSTA, FOCO DE CIVILIZACIÓN

Mientras los ejércitos romanos intentaban someter el último bastión indígena de la Península, el emperador Octavio Augusto ordenaba fundar una nueva ciudad. Fue Emerita Augusta, la actual Mérida, en cuyas ruinas aún se aprecia el antiguo esplendor del Imperio romano. A través de urbes como ésta, los veteranos de las legiones, los soldados y los gobernadores del César introdujeron el latín, el derecho, los dioses del Olimpo y más tarde el cristianismo hasta los últimos confines de Iberia, creando las bases necesarias para su unificación cultural.

Portugal, además de la mayor parte de Extremadura y zonas de Zamora, Salamanca, Ávila y Toledo. Su capital era Emerita Augusta, la actual Mérida (para más información sobre este territorio véase el recuadro "Emerita Augusta, foco de civilización").

Los caminos eliminan fronteras

Esencial en todo ese proceso fue la abigarrada malla de puentes y caminos que consiguieron derribar las barreras de la geografía y permitieron a un ejército de soldados, pero también de funcionarios y comerciantes, diseminar los avances del mundo clásico desde las regiones más cultivadas, como la Bética, la costa levantina, el valle del Ebro y Aragón, hasta el interior y la cordillera Cantábrica, donde la influencia romana disminuye considerablemente.

Fue también Octavio Augusto quien completó el mapa viario en España, uniendo así la Península con el resto del Imperio.

Infraestructuras para mejorar la calidad de vida

Los romanos introdujeron en Hispania un modelo de ciudad basado en una red ortogonal en torno a dos calles principales perpendiculares, el *cardo* y el *decumanus*, todo rodeado por una muralla. En el lugar donde esas dos calles se unían se situaba el foro, el corazón de la urbe en el que se levantaban los edificios más importantes para la vida política, religiosa y comercial de la comunidad. La red de alcantarillado, los acueductos, los puentes, los anfiteatros, las termas y las construcciones conmemorativas, como arcos de triunfo, acababan de dar prestancia a la ciudad, convirtiéndose en foco de civilización y cultura.

El acueducto de Segovia

Dotados de un gran sentido práctico, los romanos construyeron toda una serie de infraestructuras destinadas a hacer más fácil la vida de los habitantes de las ciudades. Una de las más asombrosas son los *acueductos*, unos puentes que servían para llevar el agua desde sus fuentes hasta el mismo corazón de la urbe, salvando distancias y desniveles que llegaban a ser considerables. En nuestro suelo quedan varios ejemplos perfectamente conservados, como el acueducto de Segovia, la obra de ingeniería civil más ambiciosa de la España romana. Datado en el siglo I, traía agua desde el manantial de Fuenfría, a 17 kilómetros de la ciudad.

Una economía en alza

Las riquezas de Hispania pronto despertaron el interés de los dirigentes romanos. Estos fueron los principales campos en los que centraron su actuación:

» **La minería:** Plata, oro, estaño, plomo, cobre, hierro, cinabrio, alabastro, malaquita... La variedad, cantidad y calidad de los productos extraídos de los yacimientos hispanos hicieron que la riqueza fluyera generosa hacia las arcas del Estado. Tras la conquista, los ejércitos extendieron las prospecciones hacia tierras a las que nunca habían llegado ni los fenicios ni los cartagineses, como los yacimientos de oro y estaño de Asturias y Galicia, o los catalanes de hierro y sal.

» **La agricultura:** Los progresos técnicos romanos (arado, acueductos, regadíos, canales, silos) convirtieron las regiones de la Bética y el valle del Ebro en la despensa cerealística de Roma en épocas de crisis. Mientras, el valle del Guadalquivir, la costa levantina y las orillas del Tajo se vistieron de olivares.

» **La ganadería:** En las regiones poco favorables para la agricultura, como la Meseta (ovejas y vacas) o las tierras de Extremadura (piaras de cerdos), la ganadería adquiría una posición privilegiada.

» **La pesca:** Pulpo, calamar, ostra, atún, morena, congrio... La variedad de las especies marinas del litoral hispano fue

LA SALSA MÁS EXQUISITA

Uno de los productos de más éxito que las factorías hispanas exportaban hacia todos los rincones del Imperio era el *garum*. Su ausencia en cualquier banquete de la alta sociedad imperial era poco menos que imperdonable, si bien sus ingredientes y su elaboración pueden resultar poco menos que repugnantes a nuestros paladares actuales. No es para menos, pues, aunque la receta exacta se desconoce, sí se sabe que la tal *delikatessen* tenía como base vísceras de pescado (atún, caballa, sardina...), puestas en salmuera y maceradas al sol durante el verano. Con fama de tener propiedades afrodisíacas, la salsa resultante servía para condimentar todo tipo de platos.

alabada por escritores como el griego Estrabón y el latino Plinio. La pesca facilitó también la industria de salazones, que tuvo como centro las factorías de Málaga, Almuñécar, Cádiz y Cartagena. Sus productos se exportaban a la mismísima Roma, motivando la demanda de envases y cerámicas que se fabricaban en Córdoba y Lora (para más información sobre las especies marinas véase el recuadro "La salsa más exquisita").

Comerciantes con un lujoso tren de vida

A partir del siglo I d.C., Hispania participó plenamente del comercio mediterráneo. Ciudades portuarias como Cádiz, Tarragona o Ampurias se vieron considerablemente beneficiadas, a tal punto que la masa de exportaciones dio lugar al nacimiento de grandes fortunas en el seno de las familias dedicadas al comercio e impulsó la compra de objetos de lujo como mármoles de Carrara y Grecia, mosaicos orientales, sarcófagos y tejidos, que pasaron a adornar las fastuosas mansiones de los ediles locales.

Un hispano en el trono imperial

El prestigio que las camarillas peninsulares fueron ganando en Roma creó un influyente "clan hispano" que alcanzaría su momento de gloria en el año 98 con el ascenso al trono imperial del sevillano Trajano, el primer emperador de origen hispano.

Hasta su muerte en el año 117, Trajano activó el comercio en la península Ibérica, embelleció ciudades como Mérida o su Itálica natal con

LAS MÉDULAS Y LAS RIQUEZAS DEL SUELO HISPANO

Los romanos no dudaron en poner en práctica técnicas expeditivas que causaban un gran deterioro en el paisaje y contaminaban el aire y el agua de los ríos. Uno de los casos más impresionantes, por las cicatrices aún visibles que ha dejado en el terreno, es el de Las Médulas, en la comarca leonesa de El Bierzo. Allí, los ingenieros romanos pusieron en práctica el método conocido como *ruina motium*, consistente en derribar masas enteras de terreno aluvial para arrastrarlas hacia los canales de lavado y extraer el oro en ellas contenido. Siglos de esa práctica dieron como resultado un espectacular paisaje definido por montículos y conos de color rojizo creados por la erosión. El conjunto forma parte del Patrimonio de la Humanidad de la Unesco.

teatros y monumentos, y renovó la red viaria. Monumentos conmemorativos como la Columna Trajana de Roma, en cuyos relieves historiados se narran las victoriosas campañas del emperador contra los dacios de Rumanía, guardan memoria fidedigna de su grandeza y sus logros como gobernante. Con su sucesor, el también bético Adriano (117-138), Hispania alcanzaría su apogeo.

La decadencia del Imperio

A finales del siglo III, el Imperio romano daba síntomas de cansancio. Había pasado la mitad de la centuria defendiéndose de las invasiones germanas y persas, las embestidas norteafricanas y el cáncer de las guerras civiles. Por todas partes, el exitoso orden romano estaba bajo amenaza, envejecido y arruinado. Hispania no quedó al margen de esa crisis, en la que confluían diversos elementos:

» El cetro imperial quedaba lejos y la cadena de transmisión de decisiones se pudría en las manos de una burocracia muy costosa.

» El trasiego mercantil se veía aquejado por la crisis comercial que sacudía Occidente.

» Las escaramuzas bárbaras y norteafricanas dejaban a la población sumida en un sentimiento de orfandad y abandono.

» La irrupción de una epidemia de peste que dejó una larga estela de muertos en la comarca del Ebro.

FIGURA 3-1:
Busto del emperador Trajano, el primer emperador de origen hispano

Una desesperada reforma administrativa

Gracias al decidido empeño del emperador Diocleciano (284-305) el Imperio consiguió sobrevivir a ese primer embate de la crisis con una profunda reforma de la administración que transformó Hispania en la *diocesis Hispaniarum*, cuyo ámbito abarcaba también el norte de África. La reforma, además, dedicó un gran esfuerzo a multiplicar los ejércitos y a mejorar las fortificaciones de las ciudades, dos tareas que tuvieron un ingente coste económico.

La crisis de las ciudades

La sangría tributaria a la que se vieron sometidas las ciudades para hacer frente a las reformas de Diocleciano acabó a la larga volviéndose contra ellas: las oligarquías se arruinaron al tiempo que el comercio se hundía. Pronto las urbes empezaron a volverse cada vez más sombrías y solitarias, pues una hemorragia continua de gentes, encabezada por los aristócratas y los terratenientes, partía hacia las explotaciones agrícolas extenuadas por los gastos en obras públicas de defensa y la voracidad tributaria imperial.

El poder de las villas

Con la crisis, los propietarios rurales convirtieron sus villas en auténticos fortines, inaccesibles a los recaudadores de impuestos. Esa crisis, no obstante, acabó enriqueciendo su patrimonio a costa de la clase urbana y de los pequeños labradores, a quienes acosaron sin desmayo para hacerse con sus tierras.

La falta de mano de obra impuso también la adscripción forzosa a la tierra de los campesinos, que empezaron a ocupar el lugar de unos esclavos cada vez más escasos sentando las bases de lo que en la Edad Media sería el sistema feudal.

Estallidos de violencia social

Esta situación de penuria, agravada por unas diferencias sociales que crecían al compás del sometimiento de los más pobres a los poderosos, produjo distintos episodios de violencia y contestación:

» La bagauda: originada ya en el siglo II, fue un estallido de furia campesina que tuvo como objetivo el ataque a los ricos latifundios. Las tierras gallegas fueron su principal escenario. Tropas germanas a sueldo de Roma acabarían aplastando la revuelta.

» El priscilianismo: en el año 385, el obispo de Ávila, Prisciliano, fue ejecutado en la ciudad alemana de Tréveris por ser la figura visible de una herejía que denunciaba la alianza de la Iglesia con el poder desde la promulgación de los edictos del emperador Constantino el Grande (306-337) en el 313, que establecían la libertad de religión en el ámbito del Imperio poniendo fin a las persecuciones de cristianos. El movimiento prendió con fuerza entre las capas populares, mal romanizadas, de Galicia, el Duero y el Tajo.

La llegada de los bárbaros

Atentos al deterioro del mundo romano, los pueblos bárbaros no dejaron de aprovechar su oportunidad y penetraron en suelo hispano. Los años que siguieron estuvieron marcados por sangrientos combates y saqueos a los que la autoridad del emperador de turno era incapaz de responder. El clima de inseguridad y violencia se veía agravado por el hecho de que incluso las propias tribus bárbaras guerrearan encarnizadamente entre sí para hacerse con el control de los territorios de la caduca metrópoli. Muy pronto, los visigodos derrotaron a sus hermanos germanos e inauguraron un nuevo capítulo en la historia de Iberia.

La herencia cultural latina

La entrada de los pueblos bárbaros supone la muerte de la Hispania. A pesar de ello, los siete siglos de presencia romana apuntalaron una herencia cultural que se mantendrá viva hasta hoy y que se cimenta sobre tres pilares: el latín, el derecho y el cristianismo. La plena integración de la Península en el mundo romano permitió que numerosos hispanos sumaran su nombre al elenco de grandes figuras de la cultura clásica. Es el caso del filósofo Séneca, que fuera maestro del emperador Nerón; de Quintiliano, el gran renovador del arte de la retórica; del poeta Marcial, autor de delicados e irónicos epigramas; del también poeta Lucano, a quien se debe la epopeya histórica *Farsalia*, que canta el enfrentamiento entre Julio César y Pompeyo, y de los juristas Luciniano y Materno.

La irrupción del cristianismo

En el año 313, el emperador Constantino promulgó unos edictos que legalizaban el cristianismo en el Imperio romano. La religión de Jesucristo, no obstante, ya había llegado a la Península procedente del norte de África. Desde los valles del sur y el Mediterráneo se extendió por las vías de comunicación creadas por los emperadores, escribiendo relatos que en la Edad Media alcanzarían gran eco, como los de la supuesta llegada y predicación de los apóstoles Pablo y Santiago en tierras hispanas.

RECUERDA

Tras el derrumbe del Imperio, la Iglesia se convirtió en la principal salvaguarda de las esencias de la cultura latina y en la fundamental impulsora de la romanización de las tribus bárbaras.

La Edad Media

EN ESTA PARTE . . .

La segunda parte se adentra en los mil años de historia que transcurren entre la caída del Imperio romano de Occidente y el reinado de los Reyes Católicos, cuando España pasa a ser una monarquía unificada. La pervivencia del espíritu romanizador durante el período visigodo, el esplendor del islam, el surgimiento de los diferentes reinos cristianos y el nacimiento de una sociedad y una cultura profundamente mestizas son algunos de los aspectos que se tratan en las siguientes páginas.

Capítulo 4

La Hispania visigoda

A comienzos del siglo v, Roma empieza a escribir las últimas páginas de sus mil años de historia como dueña del mundo. Todos sus dominios estaban amenazados. La península Ibérica no iba a ser una excepción. Las tribus bárbaras irrumpen y rápidamente se adueñan de ella.

Mientras los suevos ocupan Galicia, los alanos guerrean para hacerse con la Lusitania y la Cartaginense. Sólo la Tarraconense resiste sus embestidas y parece mantenerse fiel a los dictados del agonizante trono imperial. A la vez, en las montañas leonesas y en la cornisa cantábrica, las regiones menos romanizadas de la vieja Iberia renacen con fuerza las costumbres indígenas. Aun así, el miedo reina por doquier ante el espectáculo del derrumbe de un mundo, el romano, enterrado por el ímpetu de los pueblos germanos. Es la era del caos o, como ajustadamente lo definió san Jerónimo, "el tiempo de las lágrimas".

Espadas al servicio de Roma

Ante la imposibilidad de frenar las acometidas germanas, ávidas de las riquezas del Mediterráneo, los emperadores optaron por aquello de que si no puedes con tu enemigo, lo mejor es que te unas a él. Fue así como contrataron los servicios militares de uno de esos pueblos invasores para que hicieran el trabajo de defensa que los dispersos y maltrechos restos de sus propias legiones se veían incapaces de afrontar.

El escogido fue el pueblo visigodo que, a cambio de su ayuda, recibió raciones anuales de trigo y una porción de tierra en el sur de Francia en la que crearían el reino de Toulouse. Así, en calidad de mercenarios, esta tribu germánica hizo su irrupción en Hispania y, con el apoyo de los hispanos, eliminó la amenaza bárbara de las regiones más romanizadas de la Bética y el Levante. La insurrección campesina de la bagauda en tierras gallegas, así como la ofensiva de los suevos, que conquistaron la Meseta y Andalucía y llegaron a poner en jaque el valle del Ebro, abrieron de nuevo las puertas de Hispania al ejército visigodo. Éste, comandado por su rey Teodorico II de Toulouse, logró frenarlos y arrinconarlos en Galicia, a la vez que aplastaba a los bagaudas.

Los francos acaban con el reino de Toulouse

Aplastados por la fuerza de las armas, los deseos de expansión en Hispania de los demás pueblos germanos, parecía que nada podría detener el avance de los visigodos. Y menos aún el poder imperial romano. Sin embargo, en el año 500 tendría lugar un acontecimiento imprevisto que tuvo incalculables consecuencias: el rey del pueblo franco, Clodoveo, abandonó la fe arriana tradicional entre los bárbaros y se convirtió al catolicismo, lo que le granjeó la amistad de la nobleza galorromana, que veía también con preocupación las ansias expansionistas godas hacia el Mediterráneo. Éstas quedaron enterradas en el año 507 en la batalla de Vouillé, en la que una alianza entre galorromanos y francos destrozó al ejército visigodo.

El golpe supuso la muerte del reino visigodo de Toulouse y obligó a los visigodos a buscar nuevos territorios en los que instalarse. Los encontraron allí donde no hacía tantos años habían prestado sus servicios como mercenarios: en la península Ibérica. Y hacia allí se encaminaron para acabar fundando un nuevo reino, el de Toledo.

Una tierra romanizada

Una de las primeras ambiciones de los visigodos fue la de intentar recomponer la unidad de la vieja Hispania romana. Nada más poner el pie en la Península se encontraron con una tierra completamente romanizada, marcada por la religión católica y azotada por las correrías de sus hermanos bárbaros y por el renacimiento indígena de tribus norteñas como los astures, los cántabros y los vascones, que tantos problemas habían dado siempre a las mismísimas legiones romanas.

Los visigodos eran plenamente conscientes de su minoría respecto a la población hispana, por lo que concentraron a su gente en las orillas del Ebro y el Tajo, en espacios reducidos donde era posible compensar la inferioridad numérica y defenderse de ser absorbidos por la mayoría nativa. Algunos efectivos militares y nobiliarios ocuparon plazas estratégicas como Toledo, Mérida y Pamplona, así como las ricas ciudades de Andalucía, con el ánimo de recaudar contribuciones y al mismo tiempo vencer los recelos de los poderosos de la región. Mientras, otras partidas acamparon en las despobladas tierras de Segovia para desarrollar en ellas su tradicional actividad ganadera.

Un solo reino para dos pueblos

RECUERDA

La inferioridad numérica en la que se encontraban llevó a los dirigentes godos a imponer una estricta separación entre ellos y los habitantes hispanos que, con el beneplácito de la nobleza hispanorromana y los obispos católicos, se tradujo en el llamado *Breviario de Alarico*, que implantaba dos categorías de ciudadanos en el reino según fuera su origen. Por un lado, los invasores visigodos, que se regirían por sus normas consuetudinarias, y por otro los hispanorromanos, para los cuales seguiría aplicándose el derecho romano. Incluso se prohibieron los matrimonios mixtos, aunque bien es verdad que con escaso éxito.

Esta división social, que hallaba su reflejo también en la jerarquía, provocó un alto grado de autonomía política y cultural de los hispanorromanos respecto a los visigodos, lo que favoreció la conservación y el progreso de la tradición romana en la Península.

El *apartheid* visigodo entra en crisis

Sin embargo, bastaron unas pocas décadas para que el experimento de *apartheid* visigodo, ese sistema de segregación social según el origen, acabara fracasando. Los viejos terratenientes hispanos no tardaron en pactar con los ocupantes para preservar sus privilegios y propiedades, y los visigodos pronto se dieron cuenta de que su preeminencia social basada en el caudillaje militar estaba bien, pero que procuraba más ganancias ser propietario de bienes inmobiliarios, por lo que, haciendo caso omiso de las prohibiciones legales, un grupo y otro empezaron a fundirse a través de matrimonios mixtos. La pureza de razas quedaba así aparcada a favor de los intereses económicos y sociales. Los ocupantes incluso acabaron haciendo suya la cultura clásica de los ocupados.

Un momento clave de ese proceso de asimilación fue la conversión al catolicismo del rey visigodo Recaredo (para más información sobre este rey véase el recuadro "La conversión de Recaredo según san Isidoro").

"La unión del país por la vía del bautismo", en el año 589, a la que seguirá, ya en el año 654 y bajo el reinado de Recesvinto, la aprobación de una reglamentación estatal de fuerte tradición romana, el *Liber Iudiciorum*, aplicable tanto a visigodos como a hispanorromanos (véase página siguiente).

Lucha de credos

Desde el siglo IV, cuando todavía gozaban del favor del Imperio romano, los visigodos eran arrianos. Una vez creado el reino de Toledo, los distintos reyes hicieron lo posible por tender puentes a la conversión de la mayoría hispanorromana católica, incentivando incluso económicamente su paso al arrianismo. Ninguna de esas iniciativas dio resultado; más bien avivaron las tensiones entre las dos comunidades, sobre todo después de que el príncipe Hermenegildo, primogénito del rey Leovigildo, se convirtiera al catolicismo y se alzara en armas, acabando su rebelión en el 585 con su captura y ejecución (mil años más tarde sería elevado a los altares con todos los honores).

La unión del país por la vía del bautismo

El ejemplo del príncipe Hermenegildo fue seguido por su hermano Recaredo, un pragmático que, una vez asentado en el trono en el año 586, practicó la vía del catolicismo escenificando su conversión en el III Concilio de Toledo. Con él se convirtieron todos los visigo-

LA CONVERSIÓN DE RECAREDO SEGÚN SAN ISIDORO

"En la era DCXXIIII (sic), en el año tercero del imperio de Mauricio, muerto Leovigildo, fue coronado rey su hijo Recaredo. Estaba dotado de un gran respeto a la religión y era muy distinto de su padre en costumbres, pues el padre era irreligioso y muy inclinado a la guerra; él era piadoso por la fe y preclaro por la paz; aquel dilataba el imperio de su nación con el empleo de las armas, este iba a engrandecerlo más gloriosamente con el trofeo de la fe. Desde el comienzo mismo de su reinado, Recaredo se convirtió, en efecto, a la fe católica, y llevó al culto de la verdadera fe a toda la nación gótica, borrando así la mancha de un error enraizado. Seguidamente reunió un sínodo de obispos de las diferentes provincias de España y de la Galia para condenar la herejía arriana. A este concilio asistió el propio religiosísimo príncipe, y con su presencia y su suscripción confirmó sus actas. Con todos los suyos abdicó de la perfidia que, hasta entonces, había aprendido el pueblo de los godos de las enseñanzas de Arrio, profesando que en Dios hay unidad de tres personas, que el Hijo ha sido engendrado consustancialmente por el Padre, que el Espíritu Santo procede conjuntamente del Padre y del Hijo, que ambos no tienen más que un espíritu y, por consiguiente, no son más que uno".

dos según el principio de que un pueblo ha de profesar la misma fe de su caudillo, con lo que el nuevo rey tuvo vía libre para intentar atar definitivamente los lazos de la sociedad y cerrar las heridas entre los distintos grupos del reino. Además, su conversión sirvió para poner fin al problema de la existencia de dos Iglesias rivales y confirmó el sometimiento definitivo de los vencedores a la cultura de los vencidos.

El *arrianismo* es una herejía que toma su nombre del obispo libio Arriano (256-336), quien discutía el dogma católico de que en Dios hay tres personas (Padre, Hijo y Espíritu Santo), para defender que sólo hay una, el Padre. Por tanto, el Hijo, Jesús, no tiene naturaleza divina, sino que ha sido creado por el Padre. A pesar de que Arrio fue excomulgado en el 320, sus ideas lograron una gran difusión, sobre todo entre los soldados del ejército romano en época del emperador Constancio, y entre las tribus germánicas, que abrazaron esa fe en el siglo IV.

La alianza del trono y el altar

El año 589 es un momento señalado para la Iglesia, que se ve enriquecida con la requisa de los bienes arrianos y a la vez respaldada en sus pretensiones de poder social. Los obispos se convierten desde ese momento en verdaderas autoridades del reino y pasan a desempeñar competencias en asuntos sociales, fiscales y judiciales que desbordan el mero ámbito de la fe. Nobles y prelados conviven en los distintos concilios de Toledo, mientras la alianza del trono y el altar inicia el largo camino por el que habría de discurrir la historia de España.

Católico, quieras o no

Sin embargo, la victoria del catolicismo sobre el arrianismo no trajo la paz religiosa a la Península, sino todo lo contrario: provocó una cascada de persecuciones que anegó por igual los reductos de paganismo y las juderías. Los reyes visigodos protagonizaron el primer intento del Estado, luego repetido con manifiesta tozudez por otros monarcas hasta los Reyes Católicos, por erradicar el judaísmo de la faz de Hispania.

Las leyes promulgadas obligaban a los judíos a abjurar de su fe. Y no sólo eso, sino que se les acusaba de conspirar contra el reino y, por ello, se les prohibía viajar, lo que suponía un grave perjuicio a su actividad comercial. En época del rey Chintila, en el siglo VII, una ley prohibió a los no católicos vivir en el reino, y aún más allá fue Chindasvinto, quien ordenó que se castigara con la muerte a todos aquellos que mantuvieran sus liturgias una vez hubieran renegado de ellas.

La monarquía visigoda

Cuando los visigodos eran un pueblo errante que obedecía a las leyes del derecho germánico, su institución fundamental de gobierno fue la asamblea de hombres libres, que transfería el poder a la figura del rey. Esta práctica empezó a cambiar a raíz de los contactos con Roma, cuando esos mismos soberanos visigodos pretendieron hacer suyo el absolutismo del Imperio, pero sin acabar nunca de triunfar en su intento. Tanto es así que la monarquía visigoda nunca fue estable, lo que malogró para siempre la construcción de un Estado fuerte y centralizado.

El regicidio como tradición

El déficit del reino visigodo y lo que a la postre lo hirió de muerte, fue su incapacidad para articular un método pacífico de sucesión al trono entre los partidarios de la monarquía electiva y los de la vía hereditaria. De este modo, el *regicidio* se convirtió en toda una tradición entre los visigodos, de tal modo que aquellos que tenían la "fortuna" de acceder a la cúspide del reino tenían pocas posibilidades de terminar sus días de forma natural. Con el correr de los años iría dulcificándose un tanto y fue así como en lugar del asesi-

SAN ISIDORO, EL GRAN DIVULGADOR DE LA CULTURA

La Alta Edad Media ha quedado como una época oscura, de guerras y violencia extrema. Sin embargo, también tuvo sus eruditos. Uno de los más grandes vivió en la Hispania visigoda. Se llamaba Isidoro de Sevilla (h. 560-636), y fue tanto su saber que se le consideró el hombre más sabio de su tiempo.

Ningún campo del saber escapaba a la curiosidad de Isidoro, y así lo dejó reflejado en su monumental *Etimologías*, una especie de enciclopedia que recoge y sistematiza todos los conocimientos de su tiempo, desde la teología a la gramática, pasando por la cosmología, el arte, el derecho y la literatura.

También se ocupó de obras históricas, como la *Historia de los reyes godos*, y aún le quedó tiempo para participar en política y contribuir a la conversión de la realeza visigoda al catolicismo. En 1598 fue elevado a los altares.

nato puro y duro, acabó imponiéndose el derrocamiento y posterior enclaustramiento en un monasterio del ya ex rey.

La Hispania unificada

Con los visigodos, Hispania recuperó la antigua unidad que había alcanzado bajo los estandartes de Roma. Leovigildo, con la anexión en el 585 del reino suevo de Galicia y Suintila y con la conquista en el año 624 de los enclaves que el Imperio bizantino había establecido en Cartagena en el siglo VI, consiguió completar esa labor de unificación. Desde ese momento, la integridad del reino no se puso en cuestión. Las insurrecciones endémicas del régimen visigodo no tendrían como objetivo tanto cuestiones de disgregación territorial como la consecución del poder en la Península entera.

Nace una idea de España

Es en esta época visigoda cuando nace también la idea de España. Sus límites geográficos ya habían sido establecidos en tiempos de Roma, pero es ahora cuando, sobre todo mediante los escritos de san Isidoro de Sevilla, se empieza a difundir una noción nacional más allá de las fronteras peninsulares. En su prólogo a la *Historia de los reyes godos*, este ilustre pensador escribió: "Eres, ¡oh, España!, la más hermosa de las tierras que se extienden del Occidente a la India; tierra bendita y madre siempre feliz de príncipes y de pueblos. Eres ahora la madre de todas las provincias... Tú, honor y ornamento del mundo, la porción más ilustre de la Tierra" (para más información sobre este tema véase el recuadro "San Isidoro, el gran divulgador de la cultura").

La imposibilidad de un Estado

Sin embargo, todos los progresos en la construcción de un Estado se vieron oscurecidos por una situación endémica de autarquía e inestabilidad en la que mucho tenían que ver:

» La tradición del regicidio y las conspiraciones.

» La pasión de la nobleza por liquidar sus diferencias por la fuerza.

» Las acusadas diferencias sociales.

» El afán conspirador de una Iglesia para la cual su reino se hallaba en la tierra y no en el cielo.

En vano trataron algunos obispos de poner fin a las conspiraciones y las sublevaciones. En el año 710, la muerte del rey Vitiza fue seguida por una nueva guerra civil entre los partidarios de escoger sucesor entre el linaje del finado, en la figura de su hijo Agila II, y los que querían entronizar a otro noble, el duque de la Bética, don Rodrigo. Esta vez, sin embargo, la enconada batalla doméstica abrió las puertas de la Península a las tropas musulmanas del gobernador de Tánger. Siete mil soldados, la mayoría bereberes, atravesaron el estrecho de Gibraltar e invadieron un reino arruinado y exhausto sin apenas encontrar resistencia. Fue el fin de la Hispania visigoda.

EN ESTE CAPÍTULO

Comprender cómo se desarrolló la conquista musulmana de la Península

Apreciar la variedad de la población andalusí

Valorar el esplendor cultural de la corte califal de Córdoba

Asistir al nacimiento de la España de las taifas

Capítulo 5

Bajo el estandarte de la media luna

Procedían de Tánger, y una vez puesto el pie en el puerto de Tarifa, aunque originalmente sólo eran siete mil hombres comandados por el general bereber Tariq ibn Ziyad, ya nada ni nadie pudo detener su avance. Como los visitantes cartagineses, romanos o godos que les precedieron, llegaban con querencia de palacios, sueños de agua y ansias de conquista. Y ante su empuje poca resistencia pudieron oponer los anticuados ejércitos visigodos, enfrascados además en una guerra fratricida entre los partidarios de Agila II, hijo del fallecido rey Vitiza, y los de don Rodrigo, duque de la Bética. Este último intentó oponérseles ese mismo año de 711 en la batalla de Guadalete, pero sus tropas fueron destrozadas y él mismo perdió la vida en el intento.

La conquista musulmana

La victoria militar de Guadalete no sólo permitió a los árabes controlar las llanuras y ciudades del sur peninsular, sino que les abrió también las puertas de Toledo, la capital del reino visigodo. Más tarde, sellando pactos con los notables locales o explotando la energía de nuevos soldados llegados del norte de África en número de dieciocho mil, lograron someter el valle del Ebro y la antigua provincia romana de la Tarraconense, y amenazaron la soledad de las tierras de Galicia. En apenas tres años, todo el territorio peninsular, a excepción de las regiones montañosas del Cantábrico y los Pirineos, había sido sometido a los ejércitos musulmanes.

El camino se acaba en las Galias

La destrucción del reino visigodo era sólo una etapa más en la creación de un imperio que había conocido su gestación en el otro extremo del Mediterráneo, en tierras de Siria. La siguiente era el asalto a las Galias, pero ahí es donde el hasta entonces imparable avance musulmán sufrió su primer revés serio. En la batalla de Poitiers (732), el

LOS CONCILIOS DE TOLEDO

La historia dice que fueron los partidarios del pretendiente al trono visigodo Agila II los que llamaron en su ayuda a las tropas musulmanas de Tariq ibn Ziyad. Para la leyenda, el verdadero responsable fue el conde don Julián, gobernador visigodo de Ceuta y hombre de confianza del rey Vitiza, quien se alió con Tariq y le prestó sus naves para que alcanzaran la Península y vengarse así del lascivo don Rodrigo, quien habría deshonrado a su hija Florinda la Cava. Desde entonces, don Julián ha quedado como el traidor por antonomasia y su figura inmortalizada en romances como el *Romance de don Rodrigo o la pérdida de España*, donde la Fortuna le dice al último soberano visigodo:

"Si duermes, rey don Rodrigo / despierta por cortesía, / y verás tus malos hados, / tu peor postrimería, / y verás tus gentes muertas, / y tu batalla rompida, / y tus villas y ciudades / destruidas en un día; / tus castillos, fortalezas / otro señor los regía. / Si me pides quién lo ha hecho, / yo muy bien te lo diría, / ese conde don Julián / por amores de su hija, / porque se la deshonraste/ y más de ella no tenía. / Juramento viene echando / que te ha de costar la vida".

ejército franco, liderado por Carlos Martel, acabó con la ilusión de una Europa llena de mezquitas y alejó definitivamente la amenaza árabe de Francia.

El nacimiento de Al Andalus

La derrota en los campos de Poitiers hizo que los servidores de Alá concentraran sus esfuerzos en la península Ibérica. Fue así como nació Al Andalus, nombre dado a la provincia hispana del islam y cuya etimología todavía hoy es fuente de encendidas controversias entre los especialistas. La versión más extendida ahora afirma que procede de la locución árabe *Jazirat al-Andalus*, que significa "península del Atlántico".

Una sociedad heterogénea

Muy pocos hispanos lamentaron la muerte del reino visigodo o el que los nuevos amos profesaran unas creencias tan diferentes a las suyas. Hábilmente, los recién llegados respetaron todos los credos religiosos a cambio de un impuesto especial. Por otro lado, el que atenuaran la desorbitada presión fiscal visigoda les garantizó la adhesión de los campesinos. De este modo, la sociedad de la España musulmana pronto quedó dividida en varios grupos de población:

» Una minoría árabe, que ocupó los puestos dirigentes, imponiéndose a un ejército integrado sobre todo por bereberes procedentes del norte de África.

» Los muladíes, hispanos que aceptaron la religión musulmana atraídos por las ventajas sociales que suponía la conversión y por la oportunidad de quitarse de encima el tributo religioso que en caso de permanecer fieles al cristianismo tendrían que pagar.

» Los mozárabes, cristianos bajo el dominio musulmán, que encabezaron posturas de rechazo contra las autoridades musulmanas y a veces incluso buscaron el martirio.

» Los judíos, que rápidamente se acomodaron a la nueva situación y hallaron en Al Andalus un clima de convivencia desconocido en un reino visigodo que se había comportado de forma especialmente intolerante y beligerante con ellos.

Conversos y no conversos vivieron una profunda arabización, ya que las costumbres y el idioma de los nuevos inquilinos echaron raíces en el alma de los habitantes de Al Andalus. Como prueba, las *jarchas*, unas cancioncillas populares compuestas hacia el siglo X en lengua romance, pero escritas con caracteres árabes. El amor es el tema predilecto de estas pequeñas joyas. Como en aquella que reza: "Tanto amare, tanto amare, / habib, tant amare! / Enfermeron olios nidios, / e dolen tan male", versos que nos acercan a los mismísimos orígenes de nuestra lírica.

El exilio cristiano al norte

La aristocracia hispana también se dividió ante el empuje del islam. Mientras algunos pastelearon con los conquistadores mirando de proteger sus intereses, otros encontraron refugio en los aislados riscos del norte. La alianza con sus habitantes, los irreductibles astures, cántabros y vascones que tantos problemas habían dado a las mismísimas legiones romanas, permitió a esa incipiente resistencia zancadillear a los musulmanes en la escaramuza de Covadonga (722) y restablecer en la corte de Oviedo, capital del nuevo reino de Asturias, un vínculo histórico con el difunto y añorado reino de Toledo.

El esplendor del período omeya

En un primer momento, Al Andalus estuvo gobernada por un emir o delegado de los califas omeyas de Damasco. A mediados del siglo VIII, una serie de circunstancias contribuiría a cambiar drásticamente ese panorama:

» La lejanía de los territorios conquistados con los centros de poder del Imperio, radicados en Damasco.

» La honda crisis abierta por las guerras civiles que se dieron a ambos lados del estrecho de Gibraltar.

» La eliminación de la familia omeya por la revolución de la familia abasí, que se hizo con el poder del califato.

Una huida de Damasco a Córdoba

Todos esos acontecimientos contribuyeron a cuestionar los lazos de Al Andalus con la metrópoli damascena. Pero la mecha definitiva la

LOS VIKINGOS LLEGAN A SEVILLA

La España musulmana no sólo hubo de hacer frente a las incursiones cristianas del norte peninsular o a los conatos de rebelión interna, sino también a amenazas mucho más distantes e improbables, pero no por ello menos peligrosas. Una de ellas fue la de los vikingos, quienes en el año 844 remontaron con sus naves el Guadalquivir y llegaron a conquistar y saquear Sevilla. La respuesta de los omeyas no se hizo esperar, y así, Abd al-Rahman II movilizó un poderoso ejército que en noviembre ya estaba dispuesto para enfrentarse a los invasores. La batalla tuvo lugar en los campos de Tablada y se saldó con una estruendosa derrota para los vikingos. Treinta de sus barcos fueron incendiados, un millar de sus tripulantes perdieron la vida durante los combates y cuatrocientos más fueron ejecutados *in situ*.

prendió Abd al-Rahman I, el único omeya que sobrevivió a la carnicería abasí. Después de múltiples peripecias logró escapar a Córdoba, donde en el año 756 fundó la primera entidad política del mundo musulmán completamente autónoma. El nuevo emir puso fin así a la dependencia política de Al Andalus con respecto a los califas abasíes, quienes habían trasladado la capital a Bagdad, aunque respetaba su autoridad espiritual.

Abd al-Rahman I consiguió poner orden en Al Andalus, estableció la administración en Córdoba y logró encajonar las ambiciones de los cristianos del norte en el desierto del valle del Duero. Su muerte, no obstante, destapó los conflictos y los descontentos que sólo un mandato de hierro como el suyo había podido neutralizar.

La difícil sucesión del emirato

La sucesión de Abd al-Rahman I provocó un estallido de separatismo en las regiones más alejadas de Córdoba, que los distintos emires se esforzaron en atajar como podían. La tolerancia religiosa se vio perjudicada en esos años, con episodios como la decapitación del clérigo Eulogio, acusado de arrastrar a los mozárabes a la rebelión, lo que empujó a miles de cristianos a partir hacia el norte. Las rebeliones de los gobernadores musulmanes y el desplome de las fronteras estimuló, además, la ofensiva de los todavía pequeños Estados cristianos.

La creación del califato

Córdoba, sin embargo, resistió y a principios del siglo VIII consiguió sacudirse de encima la crisis y estrenar un nuevo período de esplendor gracias a las dotes de gobierno de Abd al-Rahman III. Su proclamación en el año 929 como califa significó que asumía la más alta dirección, tanto en las cuestiones políticas como en las religiosas, rompiendo así los últimos lazos con Oriente. Con él se recuperaba la idea unitaria de Al Andalus, extendiendo su autoridad a casi toda la Península a costa de los belicosos reinos norteños, a la vez que sorprendía al conjunto de Europa con el esplendor de su cosmopolita corte.

Califa era el título que usaban los líderes del islam. Cuando murió el profeta Mahoma en el año 632, su suegro, Abu Bakr, fue designado *Khalifa rasul-Allah* (sucesor del mensajero de Dios), y así fueron designados a partir de él los sucesivos gobernantes musulmanes, a la vez jefes políticos y religiosos.

Una capital califal de ensueño

"Yo te saludo, oh rey de Al Andalus, a la que los antiguos llamaban Hispania". Así se dirigía el embajador del emperador del Sacro Imperio romano-germánico, Otón, a Abd al-Rahman III, un soberano tan poderoso que contar con su favor militar significaba la rúbrica de apetitosos tratados comerciales. Durante su reinado, el más fascinante de la historia del islam hispano, Córdoba se erigió como la cabeza del reino más poderoso de Occidente.

Y ello no sólo en lo militar y político, pues el califa protegió la libertad de pensamiento e hizo de su corte un centro de arte, filosofía y ciencia, que potenciaba incluso las corrientes de pensamiento menos ortodoxas (para más informacion sobre la ciudad cabeza del reino véase el recuadro "La Córdoba más monumental"). En Córdoba:

» Los filósofos se preguntan sobre el origen de la materia, leen y comentan las obras del filósofo griego Aristóteles, y organizan sus conocimientos en tratados sistemáticos que atesoran los saberes de la Antigüedad grecorromana.

» Llegan los progresos matemáticos y científicos de Oriente, como el sistema numeral actual, procedente de India y que Córdoba difunde por los reinos cristianos del norte y por el resto de Europa.

» La medicina se renueva con la traducción del tratado del griego Dioscórides, regalado por el emperador bizantino al califa.

Ese esplendor cultural, imán también de poetas y escritores, se mantuvo durante el reinado del sucesor de Abd al-Rahman III, Al Hakam II, quien creó la mayor biblioteca de Occidente, cuyos cuatrocientos mil volúmenes se ocupaban de todas las ramas del saber.

Algarabía en los mercados

A los árabes les gustaban las ciudades con sus mezquitas y zocos bullangueros, llenos de gente, mercaderes, puestos de seda, joyas, cerámicas... Bajo su impulso, las urbes de Andalucía, Levante y valle del Ebro despertaron con nuevos bríos tras el letargo visigodo. Es el caso de Almería, Granada, Sevilla, Toledo, Zaragoza, Valencia y sobre todo de Córdoba, que con sus cien mil habitantes era la más importante de todas ellas.

El espíritu mercantil

A la par, revivió el espíritu mercantil. Caravanas de mercaderes comerciaban con la Europa cristiana, pero también con el resto del mundo islámico a través de una doble vía:

» De Oriente y el norte de África llegaban objetos de lujo como libros, perlas y seda, además de materiales de construcción, cereales y esclavos.

LA CÓRDOBA MÁS MONUMENTAL

Bajo los emires y califas, Córdoba llegó a ser la gran capital cultural y política de Europa occidental. Y para que no hubiera duda alguna, sus diferentes gobernantes se encargaron de refrendarlo en sus monumentos.

Los dos monumentos más impresionantes de Córdoba son la mezquita y el palacio de Medina Azahara. La primera se levanta en el mismo solar que ocupaba la basílica visigoda de San Vicente. Su espacio interior, dominado por un concierto de columnas bicolores, configura una estampa irrepetible. Hoy es la catedral de Córdoba. En cuanto a Medina Azahara, Abd al-Rahman III la mandó construir hacia el año 936 para dar cuenta del esplendor del califato por él fundado. La residencia real, las viviendas de los dignatarios, la sede del gobierno y del aparato del Estado, todo se trasladó hasta aquí desde Córdoba, distante unos cinco kilómetros, hasta conformar una auténtica ciudad áulica. Por desgracia, su vida fue breve, pues las guerras civiles de principios del siglo XI provocaron su destrucción y saqueo.

» De Al Andalus partían los excedentes de aceite hacia los puertos norteafricanos.

Artesanías envidiadas al otro lado de la frontera

Tampoco los artesanos desaprovecharon las posibilidades que les brindaba la nueva situación política y económica: tejidos de seda, muy apreciados incluso entre la aristocracia cristiana del norte; brocados cordobeses; armas toledanas... Todos esos productos, además de papel, cuero y orfebrería, escribieron un capítulo importante en el comercio de Al Andalus.

La trama de las comunicaciones

Todo eso, sin una buena red de comunicaciones, habría quedado fácilmente en nada. Los árabes heredaron la trama de vías creada por Roma y semiabandonada por los visigodos, que permitió acercar el campo a la ciudad.

Sin proponérselo, el influjo árabe ahondó la diversidad entre norte y sur, al enriquecer la vida de las gentes andalusíes, tan distinta del ruralismo de las grises comunidades del norte del río Duero y los Pirineos.

El florecer de la agricultura

RECUERDA

La edad de oro del comercio y las ciudades no se explica sin la prosperidad de la agricultura. El campo era la auténtica llave de la economía y las técnicas árabes dieron el empujón definitivo a su productividad, que apenas había conocido avances desde el Imperio romano.

LAS RAZIAS CONTRA EL NORTE

El peso de la mano de Almanzor se hizo notar no sólo en el ruinoso califato, sino también, y de qué manera, sobre los reinos cristianos. Las tropas del caudillo musulmán emprendieron campañas periódicas hacia las tierras del norte que no fueron tanto de conquista como de saqueo y castigo, y que redujeron a escombros ciudades e iglesias.

León, Barcelona y Santiago de Compostela, de la que se llevaron como trofeo las puertas de la catedral, toda una afrenta para la cristiandad, fueron algunos de los tristes episodios que revelan la ferocidad de esas terroríficas campañas.

Las innovaciones en el regadío andaluz y levantino (sistemas de ace-quias, construcción de norias, régimen de reparto equitativo del agua e introducción de nuevos cultivos) repercutieron en el aumento y la calidad de las cosechas, y en la recuperación de algunos suelos des-preciados hasta entonces. Lo mismo cabe decir de la implantación de nuevos cultivos. Así, arroz, algodón y azafrán enriquecieron las hoyas granadinas, las huertas murcianas y los campos levantinos, aunque el grueso de la producción siguió girando en torno a la tríada mediterrá-nea: trigo, vid y olivo.

La ruina del califato

El flanco débil de Al Andalus fue su ineptitud para establecer un mode-lo territorial que conjugara la unidad con la diversidad. Los califas con-siguieron poner en pie la maquinaria institucional de un Estado, pero no domesticar los riesgos de la resistencia norteña ni borrar las ambicio-nes provinciales. Cuanto más lejos de Córdoba, más difuso se hacía el poder de los califas. Así, en los territorios fronterizos el gobierno esta-ba en manos de los jefes locales. Fue el caso de Toledo o Zaragoza, entre otros, cuyos dirigentes actuaron a su gusto, independientemente de los deseos cordobeses.

El paréntesis de Almanzor

A la muerte de Al Hakam II en el 976, el califato era ya un edificio ruinoso, objeto de todo tipo de intentonas golpistas acrecentadas por la minoría de edad de Hisam II. Si Córdoba no sucumbió antes fue por las dotes de un aguerrido general que en el 978 se adueñó de los des-tinos del califato. Se trataba de Abi Amir Muhammad, más conocido por el sobrenombre de Almanzor, del árabe *al-Mansur bi-Allah* (el victorioso de Dios). De la noche a la mañana, suplantó al califa, se-cuestró el poder y dio rienda suelta al fanatismo religioso de los alfa-quíes, doctores del islam que no veían con buenos ojos ni la tolerancia ni las inquietudes culturales de los omeyas. Las consecuencias en el ámbito cultural no se hicieron esperar:

>> La sombra de la censura se abatió sobre filósofos y astrónomos, que debieron continuar sus estudios clandestinamente.

>> Se expurgó la biblioteca reunida por Al Hakam II y miles de libros se perdieron para siempre en las llamas de la intolerancia.

El fin del califato

La muerte de Almanzor en el 1002 ratificó la enfermedad incurable del Estado cordobés. De inmediato, se recrudecieron las ambiciones localistas que el caudillo había sabido reprimir con puño de hierro, produciendo una situación exasperada por conflictos étnicos y sociales.

De nada sirvieron los esfuerzos de la aristocracia cordobesa por recomponer el orden ante la ineptitud de los últimos califas, los deseos secesionistas y las conspiraciones de los poderosos. Cada provincia buscaba su independencia según su componente racial o la autonomía militar de sus gobernadores.

El califa Hisam III fue derrocado en el 1031 y ese mismo año, en plena anarquía, los notables de Al Andalus se reunieron para firmar el acta de defunción del califato y proclamar la época de las taifas.

La España de las taifas

La palabra árabe *taifa* significa "bando" o "facción" y se refiere a los pequeños reinos en que quedó fragmentado Al Andalus. Hasta treinta y nueve estados independientes formaron ese abigarrado tablero: Almería, Carmona, Denia, Zaragoza, Murcia, Alpuente, Arcos, Badajoz, Granada, Morón, Huelva, Toledo, Tortosa, Valencia... Algunas de estas taifas eran demasiado ridículas como para sobrevivir a un ataque de los cada vez mejor organizados reinos cristianos. La mayoría, sin embargo, prefirieron comprar la benevolencia de los reyes del norte o el servicio de sus ejércitos mediante el pago de tributos y parias anuales. Una solución humillante, pero que al menos les permitió sobrevivir durante un tiempo.

El verso y el arte no duermen

La decadencia política y militar de Al Andalus no tuvo su correspondencia en el marco de las artes y las ciencias. Una vez superada la intransigente ortodoxia alfaquí de los tiempos de Almanzor, los reyezuelos de cada taifa se embarcaron en una labor de mecenazgo que estimuló la creatividad y evitó que el llanto por el derrumbamiento de Córdoba empañara la mirada de los artistas. Es el caso del poeta Ibn Hazm, en cuya obra resuenan los latidos de aquella época dorada de la sabiduría, pronto golpeada por los aldabonazos religiosos de las tribus guerreras norteafricanas.

Capítulo 6

La Reconquista y la contraofensiva musulmana

La rápida conquista de la Península por parte de los ejércitos musulmanes en el año 711 provocó que los restos del ejército visigodo se refugiaran en el escarpado norte y allí trabaran alianzas con las indómitas tribus de los astures, los cántabros y los vascones. A la larga, la tenaz resistencia protagonizada por todos ellos durante los años de predominio árabe en la vieja Hispania acabó traduciéndose en una doble frontera, política y cultural.

Con la protección de las montañas, los guerreros cristianos consiguieron taponar el avance hasta entonces victorioso de los ejércitos árabes en su camino hacia el norte, a la vez que la geografía conspiraba contra la perdida unidad hispana, al favorecer la aparición de diversos núcleos políticos cristianos. El más antiguo de todos ellos fue el reino astur.

Un pequeño reino de las montañas

El nacimiento del reino de Asturias está unido a la oscura figura de don Pelayo, quien posiblemente fuera un noble visigodo que, aliado con las tribus norteñas, consiguió frenar en el año 722 a las tropas islámicas en Covadonga. Aunque la batalla de este nombre parece que en realidad no pasó de ser una simple escaramuza, en el imaginario popular ha quedado como el inicio de la Reconquista cristiana de Hispania de manos musulmanas.

Una capital para un sueño

Apenas se inauguraba el siglo IX cuando los monarcas asturianos ya habían conseguido extender sus dominios por la cordillera Cantábrica y ocupar los valles gallegos. Las noticias de las revueltas intestinas de Al Andalus no tardarían en llegar también hasta estas remotas tierras, y los monarcas no dudaron un solo instante en aprovecharse de la debilidad del emirato cordobés para reorganizar sus dominios y fundar en Oviedo la capital de su nuevo reino, levantada a imagen y semejanza de la añorada Toledo visigoda.

La tumba de un apóstol

Un reino necesita una capital, pero aún más importante si cabe para el futuro de Asturias y su monarquía fue el descubrimiento del sepulcro del apóstol Santiago en el año 813 en tierras gallegas muy próximas al mismísimo confín del mundo. Poco importaba que su autenticidad fuera cuando menos discutible. Ya se las ingeniarían los cronistas para explicar cómo esos restos se las habían apañado para llegar hasta ahí desde la lejana Jerusalén en la que su propietario había sido decapitado (para más información sobre el tema véase el recuadro "Nace el Camino de Santiago").

Lo verdaderamente importante es que la noticia del descubrimiento del sepulcro corrió como la espuma por todos los rincones de Europa, llegando incluso a oídos de los cristianos que habitaban en tierras musulmanas. Y fue tanto el fervor que despertó, que los reyes asturianos se vieron poco menos que empujados desde lo más alto a tomar las armas y reconquistar esas tierras hispanas que en un tiempo no tan lejano profesaron la fe de Cristo.

NACE EL CAMINO DE SANTIAGO

El descubrimiento del sepulcro del apóstol Santiago a principios del siglo IX convirtió el Finisterre gallego en la meta lejana de un tropel de devotos y aventureros. Con el paso del tiempo, la exaltación religiosa que recorre la Europa de las cruzadas contra el islam y el esfuerzo de Sancho III el Mayor de Navarra y Alfonso VI de Castilla harían del Camino de Santiago la columna vertebral de comunicación humana y económica entre los reinos peninsulares y Europa.

No es de extrañar que todos los reyes impulsaran la construcción de puentes y caminos, y concedieran exenciones fiscales a los campesinos, mercaderes y artesanos que se asentaban en las villas surgidas a lo largo del trayecto. Pero por la ruta jacobea discurren también nuevas formas e ideas, modernos lenguajes literarios y el románico de inspiración francesa, que irradia fantasía en la catedral de Santiago de Compostela, sobre todo en esa Biblia pétrea que es el Pórtico de la Gloria del maestro Mateo.

Dicho y hecho: cuarenta años más tarde, el rey Ordoño I ya había extendido sus dominios hasta León, ciudad que con Ordoño II pasaría a ser la capital del reino homónimo.

Los reinos del arado, la cruz y la espada

Con el tiempo, la complejidad y extensión de los dominios del reino de León desembocaron en la formación de dos realidades distintas: León y Castilla. Esta última, en la frontera oriental del reino, era la región más expuesta a los coletazos de la Córdoba musulmana, lo que hizo de sus habitantes una raza guerrera que levantaba ásperas fortalezas y se forjaba en el cruento arte de la guerra. Mientras, en el este peninsular aparecerían también otras entidades que poco a poco fueron ganando peso y protagonismo:

» Castilla: La amenaza de los ataques musulmanes retrasó durante un tiempo la llegada de la vieja nobleza visigoda a Castilla, lo que hizo de ella una comarca cada vez más diferenciada del resto del reino de León y con ganas de romper la

FERNÁN GONZÁLEZ, EL BUEN CONDE

Todos los pueblos tienen una figura más o menos legendaria a la que consideran su fundador, y Castilla no iba a ser una excepción. Esa figura es la del conde Fernán González, el "buen conde", como se le llama en el anónimo *Poema de Fernán González*, compuesto a mediados del siglo XIII. En él se encuentra una de las primeras glorificaciones de esa tierra que tan gran papel iba a jugar en la historia de España:

"Pero de toda España Castilla es la mejor / porque fue de las otras el comienzo mayor / por honrar y temer siempre a su señor/ quiso engrandecerla el Creador. / Aún Castilla la Vieja, según mi entendimiento / mejor es que lo otro, pues que fue su cimiento / y conquistaron mucho con poco doblamiento; / así lo podéis ver en el acabamiento".

legalidad vigente y encontrar su propio camino. La secesión llegaría finalmente con Fernán González, quien, autotitulado conde de Castilla y Álava, forjó la unión de tierras de la actual Cantabria y Vizcaya en torno a Burgos. La secesión definitiva llegaría en el siglo XI y desde ese momento León y Castilla vivirían un proceso de uniones y desuniones que sólo concluyó dos centurias después, en 1230, cuando Fernando III recibió la corona de ambos reinos.

» Navarra: Al otro lado de los Pirineos, el Imperio franco se mostraba profundamente preocupado por los movimientos de la Península. A pesar de la victoria de Poitiers, que había cerrado la posibilidad de una expansión musulmana en Francia, el emperador Carlomagno sabía que no había que menospreciar el peligro cordobés y así extendió la actividad de sus ejércitos hacia la zona occidental de los Pirineos. Entre los asaltantes islámicos y las ambiciones francesas surgió el reino de Navarra, que avanzaría por las tierras bajas de La Ribera y La Rioja.

» Aragón: A la vez que nacía Navarra, en los Pirineos centrales se formó el condado de Aragón, que pronto se sacudió de encima el gobierno carolingio. Jaca fue la primera capital de una entidad política que en el siglo XI consiguió erigirse en reino.

» Los condados catalanes: Ni en Navarra ni en Aragón la presencia francesa fue duradera. En tierras catalanas el resultado fue diferente, y así brotaron cinco condados que durante dos siglos formaron parte de la llamada Marca Hispánica, una especie de barrera defensiva que protegía el Estado creado por Carlomagno de las incursiones islámicas. Fueron los condados de Barcelona, Gerona, Ausona, Rosellón y Urgel-Cerdaña. Sin embargo, la falta de ayuda del otro lado de los Pirineos ante esos ataques de Al Andalus, así como las guerras fratricidas entre los nobles francos, acabaron provocando el debilitamiento de la figura del emperador en esas tierras catalanas, tan importantes desde el punto de vista estratégico. El punto de ruptura definitivo se produjo por los saqueos musulmanes del año 985, que llevó a los condes catalanes a romper los últimos lazos con el Imperio carolingio. Más tarde, Barcelona conseguiría aglutinar ese mosaico de condados y consolidar su liderazgo en Cataluña.

La lenta e imparable expansión hacia el sur

Atentos a las revueltas internas de Al Andalus, los reinos del norte pronto empezaron a valorar la posibilidad de expansionarse hacia el sur. Primero tímidamente, pues eran demasiado débiles como para medirse de igual e igual con las temidas tropas cordobesas. Así, en lugar de plantear batallas a campo abierto en las que tenían todos los números para llevarse la peor parte, lo que hicieron fue poner en práctica la estrategia de rápidas incursiones en busca de botín. Y el éxito les sonrió. Tanto, que los campos del Duero, la cuenca de Aragón y las tierras de Vic quedaron a su disposición y fueron prontamente repobladas por familias sin medios de subsistencia, aventureros en busca de fortuna o mozárabes que huían de los períodos de intolerancia islámica.

EL NACIMIENTO DE LAS LENGUAS ROMANCES

A impulsos del discurrir de cada reino nacieron un conjunto de manifestaciones lingüísticas que eran el fiel reflejo del mosaico peninsular. Desgajadas del latín brotan diversas lenguas romances que ocupan el lugar dejado por el idioma de la antigua Roma. Sólo el gallego, el catalán y el castellano, a costa de la fusión de los dialectos vecinos y del progresivo desplazamiento del árabe, rebasarán las barreras del tiempo.

Los reinos del norte fueron los principales artífices del acrecenta-
miento de los primitivos reductos cristianos al apropiarse y cultivar
solares vacíos y defenderlos de nuevas incursiones andalusíes.

El terruño y la aldea

La sociedad y la economía de los pequeños reinos y condados cristianos vivía atada al campo. La fisonomía de sus capitales apenas se dis-
tinguía de la de los poblados: Oviedo, Jaca, León, Astorga, Lugo, Pamplona, Gerona o Barcelona no podían compararse a ninguna ciudad de
Al Andalus y apenas eran otra cosa que sedes solitarias de una corte y
la jerarquía eclesiástica.

La infancia de la cultura

También la cultura vivía un período oscuro. Mientras en Al Andalus se
auspiciaba el estudio de todas las ramas del saber y se recuperaban
muchos textos grecorromanos, en el norte la sabiduría hallaba su
único refugio en los monasterios. Allí, monjes letrados copiaban textos bíblicos y reglas monacales. El rígido control de la cultura que
mantenía la jerarquía eclesiástica, limitándola sólo al campo religioso, impidió que los destellos de la ciencia andalusí penetraran en los
monasterios. De este modo, esos cenobios quedaban reducidos a simples centros de conservación, que no de creación, de saber.

Pagar a cambio de protección

La defunción del califato cordobés en el 1031 abrió un nuevo y más
agresivo capítulo en la crónica de la expansión cristiana hacia el sur.
La crisis islámica coincide con un momento de prosperidad para los
reinos norteños. Es el turno de las órdenes militares y de grandes
guerreros como Rodrigo Díaz de Vivar, el Cid Campeador, que sin es-
crúpulo ni prejuicio alguno sirven por igual a cristianos y musulmanes hasta lograr amasar ingentes fortunas y convertirse en señores de
regiones enteras. Ellos fueron los primeros en descubrir que Dios y
Alá eran dos caras de la misma moneda... (para mas información sobre el Cid véase el recuadro "El campeón que ganaba batallas después
de muerto").

La disgregación del califato en pequeños reinos o taifas cambió radicalmente el panorama político de la Península. Muchos caudillos árabes, bien fuera por garantizar su propia supervivencia o por ampliar
sus dominios a costa del vecino, no dudaron en pedir ayuda a los cris-

EL CAMPEÓN QUE GANABA BATALLAS DESPUÉS DE MUERTO

Si hay una figura que encarne el espíritu de aventura y las contradicciones de la España de las taifas, ésa es la de Rodrigo Díaz de Vivar, el Cid Campeador, nombre derivado del árabe *sidi*, que significa "señor". No fue rey, ni siquiera miembro de la familia real, pero sí un caballero que llegó a reunir un fiel ejército que puso al servicio primero de los reyes castellanos y que después usó para su propio beneficio y con el cual llegó a conquistar la taifa de Valencia en el 1094. Allí murió unos cinco años más tarde y dice la leyenda que incluso ganó una batalla después de muerto: la sola visión de su cuerpo a caballo fue suficiente como para hacer huir a las mesnadas musulmanas... El *Cantar de mío Cid*, compuesto entre los siglos XII y XIII, no sólo narra sus hazañas, sino que es una de las primeras joyas de la literatura en castellano.

tianos. Y estos, atraídos por las riquezas del sur, aprendieron pronto a sacar partido de esa situación. En más de una ocasión, un reino de la cruz protegería a otro musulmán del acoso de un hermano cristiano... A cambio, obtenían el pago de las parias que enriquecieron las arcas de nobles y reyes durante buena parte del siglo XI.

Por *parias*, una palabra derivada del latín *pariare*, "pagar", entendemos un impuesto que las *taifas* (pequeños reinos) pagaban a los reinos cristianos para que no les atacasen o para que les defendieran en caso de ataque, fuera musulmán o cristiano el agresor.

Un negocio fabuloso

Gracias al pago de las parias, por ejemplo, Sancho III el Mayor hizo del reino de Navarra a comienzos del siglo XI el primer gran Estado cristiano. Y lo mismo su hijo Fernando I, el primer rey de Castilla, quien extendió su influencia hasta las taifas de Zaragoza, Badajoz, Sevilla y Toledo que, para evitar ser asaltadas por los castellanos tuvieron que aceptar el humillante régimen de las parias. Y el rey cumplió con el trato al frenar las acometidas de aragoneses, catalanes y navarros contra esas tierras.

Si el asalto al sur se retrasó durante años fue en parte por el fabuloso negocio de las parias y las querellas continuas que enfrentaban a los propios cristianos.

RECUERDA

Los Estados cristianos pactan y se alían con las taifas musulmanas según sus intereses territoriales, se unen y desunen bañados en la sangre de violentas sucesiones al trono y, en su avance hacia el sur, se ven bloqueados por la necesidad de repoblar las tierras conquistadas, único modo de dar consistencia a las nuevas adquisiciones.

El espíritu de cruzada

A la par que los musulmanes hispanos se replegaban en sus taifas asustados por la crisis general del mundo islámico, la renovación religiosa alentada desde el papado romano alumbró un espíritu de cruzada que serviría para dar salida a los excedentes humanos del norte, que se desparramaron por el valle del Duero y la sierra de Guadarrama para colonizarlos. Sin embargo, estas pequeñas parcelas de labradores acabaron pasando a ser propiedad de la nobleza y de la Iglesia que, envalentonados por el avance de los ejércitos, presionaron a la Corona para hacerse con las mejores tierras a cambio de sus servicios en el campo de batalla. Sólo allí donde la frontera estaba cercana, la guerra lograría retrasar el sometimiento de los más débiles y alimentaría su sueño de vida y libertad.

Cambalaches entre reyes

El camino hacia el sur conoció un poderoso impulso a finales del siglo xi con Alfonso VI, rey de Castilla y León. Tras absorber las tierras al este del Ebro y extender su influencia a La Rioja, Álava, Vizcaya y Guipúzcoa, el monarca volvió sus ojos hacia las taifas sureñas. Era allí donde se encontraban las fuentes de riqueza que alimentaban sus arcas en forma de parias, tan necesarias para mantener su preeminencia sobre la nobleza y la Iglesia, pagar sus ejércitos y superar al resto de monarquías cristianas peninsulares.

Toledo resultaba una pieza clave en sus planes, si bien su conquista suponía perder los jugosos cargamentos de oro que esa taifa le enviaba periódicamente. Su soberano era Alcadir, y Alfonso VI negoció con él la cesión de Toledo a cambio de su ayuda para instalarlo en el trono de Valencia, a lo que el reyezuelo accedió sin que tampoco le quedaran muchas posibilidades de hacer otra cosa. El rey castellano-leonés, además, se comprometía a respetar a la población islámica que reconociera su autoridad. Fue así como en el 1085 la antigua capital de la Hispania visigoda pasó a manos cristianas.

El rey que se proclamó emperador de España

La caída de Toledo, la mayor ciudad del campo cristiano, estimuló la pretensión de Alfonso VI de convertir Castilla en la cabeza de los reinos peninsulares. Acto seguido, se proclamó emperador de toda Hispania y hasta los burócratas islámicos le siguieron el juego asignándole la dignidad de "emperador de las dos religiones", la cristiana y la musulmana.

La extensa zona situada entre el Duero y el Tajo fue también incorporada a la Corona, que estimuló la llegada de colonos que repoblaran esas tierras. Todos, campesinos y aventureros, eran bien recibidos siempre que se comprometieran a establecerse en la región al menos durante un año. Y para que el convencimiento fuera aún mayor, nada mejor que apelar al bolsillo y ofrecer tentadoras exenciones fiscales que compensaban la amenaza existente al otro lado de la frontera, siempre tan inestable.

La conquista almorávide

La presión de Alfonso VI sobre Murcia y el envío de lugartenientes a las taifas de Sevilla, Granada, Badajoz, Valencia y Zaragoza para reclamarles fidelidad y tributos, provocaron que los reyezuelos de éstas se revolvieran inquietos en sus tronos y buscaran a alguien que les salvara de la creciente amenaza cristiana. Ese alguien lo encontraron en Yusuf, el emir de los almorávides, unas tribus del Sahara que habían creado un imperio en el norte de África. Y no desatendieron las peticiones de socorro. Así, el último día de junio del 1086, las tropas norteafricanas desembarcaron en Algeciras, bajaron los humos a los ufanos ejércitos cristianos y tomaron las riendas de la España musulmana.

Granada, Córdoba, Badajoz, Zaragoza... fueron engullidas por los invasores, que de inmediato depusieron a los reyezuelos autóctonos y se propusieron reconstruir la unidad de Al Andalus. Alfonso VI a duras penas pudo salvar Toledo de su empuje... Pero la presión almorávide, las derrotas militares, la muerte en el campo de batalla de su heredero Sancho Alfónsez y la rebeldía de los dominios portugueses acabaron por convertir sus ambiciones imperiales en una pesadilla de sangre, fuego y lágrimas... (para más informacion sobre el tema véase el recuadro "Los almorávides expulsan a los reyezuelos de las taifas").

LOS ALMORÁVIDES EXPULSAN A LOS REYEZUELOS DE LAS TAIFAS

Llamados por la taifa de Sevilla, los almorávides norteafricanos penetraron en la Península y pusieron en jaque a las tropas cristianas. Sin embargo, al advertir la debilidad de la sociedad arabigoandaluza, pronto se animaron a tomar ellos mismos las riendas del poder, expulsando a los reyezuelos de las taifas.

El siguiente texto de Ben al-Labbana de Denia refiere el camino de Mutamid, rey de Sevilla, hacia el destierro:

"Todo lo olvidaré menos aquella madrugada junto al Guadalquivir, cuando estaban en las naves como muertos en sus fosas. Las gentes se agolpaban en las dos orillas, mirando cómo flotaban aquellas perlas sobre las espumas del río. Caían los velos porque las vírgenes no se cuidaban de cubrirse, y se desgarraban los rostros como otras veces los mantos..."

Una moral islámica intransigente

Los almorávides trajeron consigo una interpretación radicalmente ortodoxa del islam, que atizó la persecución religiosa por todo Al Andalus. A sus ojos, el escaso celo religioso de los reyezuelos de las taifas, que por lo general se habían distinguido por una actitud tolerante respecto a judíos y cristianos, era tan escandaloso como inadmisible. Y rápidamente se propusieron arreglar tal desaguisado destruyendo iglesias, cazando a los fieles de otros credos y persiguiendo a aquellos filósofos que se atrevieran a pensar por sí mismos. Miles de cristianos fueron deportados como esclavos a Marruecos y muchos otros se vieron obligados a huir hacia el norte para salvar su vida y libertad.

La soledad de los almorávides

La estrella almoravide, sin embargo, se reveló fugaz. La inestabilidad de su imperio al otro lado del Estrecho y las tensiones con la población hispanomusulmana, que despreciaba su rudeza y fanatismo, los dejaron solos ante la recuperación de los ejércitos cristianos, encabezados ahora por el rey navarro-aragonés Alfonso I el Batallador. La derrota almoravide dio paso a las segundas taifas y éstas, a su vez, a una nueva amenaza procedente también del norte de África: la invasión almohade.

Los almohades toman el relevo

Al morir Alfonso I el Batallador en 1134 sin descendencia, la apertura de su testamento deparó toda una sorpresa a sus súbditos y allegados, pues el rey dejaba sus dominios aragoneses y navarros nada menos que a las órdenes militares que, nacidas en Tierra Santa, habían llegado a la Península para seguir combatiendo por la cruz contra el islam.

El nacimiento de la Corona de Aragón

Las consecuencias de tan delirante testamento no se hicieron esperar: por un lado Navarra se independizó de Aragón y por otro los aragoneses se aprestaron a sacar del monasterio a Ramiro, el hermano menor del rey, lo coronaron y lo casaron con la princesa francesa Inés de Poitou. El nacimiento de Petronila supuso la llegada de una heredera que fue muy bien recibida y que de inmediato (e inmediato en el sentido literal, pues la infanta sólo contaba un año de edad) fue comprometida en matrimonio con el conde de Barcelona, Ramón Berenguer IV, 22 años mayor. Su unión puso las bases de lo que sería la Corona

LA LEYENDA DE LAS BARRAS DE ORO Y SANGRE

En 1555, un historiador valenciano, Pedro Antonio Beuter, escribió en su *Crónica general de España* la leyenda del origen de la bandera catalana:

Estando Vifredo el Velloso (878-897), conde de Barcelona, herido de muerte tras un combate contra los musulmanes, recibió la visita del emperador carolingio, quien, admirado del valor demostrado por el noble en la batalla, mojó su mano derecha en la sangre que manaba de las heridas y pasó cuatro dedos ensangrentados por la superficie del escudo dorado condal, dejando así cuatro rayas mientras decía: "Éstas serán vuestras armas, conde". Esas cuatro rayas de sangre sobre fondo dorado son el escudo de Cataluña. Ninguna evidencia histórica certifica la leyenda, pero sí queda atestiguado que tras la muerte de Vifredo el Velloso los condados catalanes acabaron desvinculándose del Imperio franco y conformando una unidad autónoma.

de Aragón, un gran reino que englobaba Aragón y Cataluña, y que durante toda la Edad Media se iría ampliando con nuevos territorios como Valencia, Mallorca e incluso posesiones italianas y griegas. Alfonso II el Casto, hijo de Ramón Berenguer IV y Petronila, sería su primer monarca.

Castilla sigue sus campañas

Por su parte, a mediados del siglo XII Castilla recuperaba la hegemonía política en la Península bajo Alfonso VII, quien se autoproclamó emperador de toda España y consiguió que Navarra, Aragón y la taifa de Zaragoza le rindieran vasallaje. Una forma bien gráfica de que todos reconocieran la preeminencia castellana y quisieran estar a buenas con ella...

Alfonso VII prosiguió la expansión hacia el sur y en 1147 conquistó Almería, la joya del comercio hispanomusulmán en el Mediterráneo. Fue la mayor operación militar del siglo XII y en ella participaron naves de las repúblicas italianas de Génova y Pisa, y tropas aragonesas y navarras, además de las huestes castellanas. El conde Ramón Berenguer IV no desaprovechó las operaciones de sus vecinos y conquistó para sí Tortosa y Lérida.

Las taifas piden de nuevo socorro

Pero tanta operación militar acabó por asustar a los reyezuelos musulmanes, que se vieron en el dilema de someterse a los reyes cristianos bajo un asfixiante régimen de parias o solicitar nueva ayuda de aquellos vecinos africanos a los que, por otro lado, detestaban. Otra vez eligieron la segunda opción y pronto acudieron a su llamada los montañeses del Atlas, que no hacía tanto tiempo se habían deshecho del imperio almorávide. Los nuevos visitantes eran los almohades, y pronto se ganaron fama de fieros guerreros con hechos como la reconquista de Almería para los estandartes de la media luna.

Diferencias entre los reinos cristianos

La muerte del castellano Alfonso VII en 1157 rompió la idea de unidad de los reinos cristianos peninsulares frente al islam: León y Castilla volvieron a separarse, Castilla y Aragón se enzarzaron en una lucha por controlar Navarra, y leoneses, castellanos y portugueses pelearon entre sí en tierras extremeñas...

Todas estas diferencias por fuerza beneficiaron a los musulmanes, que incluso contaron en algunas campañas con la complicidad de algún reino cristiano. Así, Castilla se cruzó de brazos cuando los almohades atacaron León, y los leoneses hicieron lo propio cuando las víctimas de las incursiones musulmanas fueron los castellanos y los portugueses...

El asalto almohade, no obstante, se estrelló con la resistencia de las órdenes militares, que actuaron de dique de contención de la poderosa marea norteafricana.

El esplendor de la Sevilla almohade

Al final del siglo XII, los cimientos del imperio almohade parecían sólidos, y eso se plasmó sobre todo en Sevilla, convertida en ese tiempo en la capital de Al Andalus. Es una época dorada para la ciudad en el plano cultural. Allí fue donde vivió y trabajó Averroes, el gran introductor del pensamiento de Aristóteles en la Europa medieval.

Persecuciones al amparo de la religión

Pero no hay bien que cien años dure, y así, a un primer momento de tolerancia, siguió otro de signo radicalmente contrario una vez los almohades buscaron el apoyo de los alfaquíes, los intransigentes doctores de la ley islámica. Averroes fue desterrado y las persecuciones religiosas motivaron la huida de miles de mozárabes que fueron a alimentar a unos reinos cristianos necesitados de nuevos y fuertes brazos con los que reorganizarse y emprender nuevas campañas.

Capítulo 7

El auge de los reinos cristianos

S i los reinos cristianos acabaron el siglo XII convencidos de que las ciudades musulmanas eran inexpugnables y que era imposible cualquier pretensión de seguir expandiéndose hacia el sur, la nueva centuria trajo consigo un cambio radical de aires. Sobre todo a partir del impulso dado por el papa Inocencio III y el arzobispo de Toledo Rodrigo Jiménez de Rada. Fueron ellos los que abanderaron en todos los rincones de la cristiandad la idea de la unidad frente al "enemigo común islámico". Y la mecha prendió, dando lugar a una Hispania en guerra permanente contra el islam, guerra teñida de intolerancia y hogueras. Para acabar de complicarlo todo, en el siglo XIV una terrible epidemia de peste asolaría toda la Península sin distinción de credos.

Los cristianos pasan al ataque

Después de tantas luchas fratricidas como las que había visto el siglo XII, los reyes cristianos supieron de nuevo unirse bajo la bandera de la defensa de la fe católica. Su alianza halló su recompensa el 16 de julio de 1212 en la batalla de las Navas de Tolosa, cerca de Despeñaperros, en la que participaron guerreros venidos del otro lado de los Pirineos y soldados de todos los reinos peninsulares encabezados por sus monarcas, Alfonso VIII de Castilla, Sancho VII de Navarra y Pedro II de Aragón, además de contingentes portugueses y leoneses, y de las huestes de las órdenes militares de Santiago, Calatrava, el Temple y San Juan. Enfrente, un ejército temible y mayor en número al cristiano, comandado por el califa almohade Muhammad an-Nasir. La victoria sonrió al bando de la cruz y enterró para siempre la amenaza norteafricana, transmitiendo nuevos bríos para reemprender la Reconquista.

Las conquistas de los reinos del norte

El colapso musulmán que siguió a la batalla de las Navas de Tolosa abrió paso a la más fabulosa expansión territorial de los reinos cristianos y al ocaso definitivo de la presencia islámica en la Península. Dos serían los actores principales de esta historia: Castilla y Aragón.

» Castilla: Unida de nuevo a León en la figura de Fernando III el Santo, Castilla se comprometió a recomponer el sueño asturiano de la antigua unidad perdida. La toma de Sevilla en 1248 fue el episodio más destacado y dio al reino un vasto territorio, superior al de todos los otros Estados peninsulares juntos. A esa conquista le seguiría en 1266 la de Murcia por su hijo Alfonso X el Sabio.

» Aragón: Lejos de ser un reino unitario, en él las fronteras interiores entre aragoneses y catalanes estaban bien delimitadas, lo que no impidió que, bajo la dirección de Jaime I el Conquistador, asaltaran Mallorca y ocuparan Valencia, cerrándose así el capítulo de las conquistas catalanoaragonesas en la Península.

Los esfuerzos de Fernando III el Santo, Alfonso X el Sabio y Jaime I el Conquistador ultimaron prácticamente la conquista de los dominios musulmanes. Sin embargo, la taifa de Granada todavía conseguiría sobrevivir hasta finales del siglo XV. Hasta que llegara el momento de su toma, los reyes cristianos se dedicaron en cuerpo y alma a la construcción de sus Estados y al afianzamiento de su autoridad sobre las acechanzas de la aristocracia y la Iglesia, siempre recelosas de un poder real fuerte.

Una sociedad de muchos colores

El avance hacia el sur introdujo en las sociedades cristianas una gran diversidad étnico-religiosa, sustrato de no pocos conflictos sociales y culturales en el futuro. Fernando III de Castilla y Jaime I de Aragón permitieron que una parte de los musulmanes permanecieran en los territorios conquistados. Contra lo que pudiera parecer, no era un acto de benevolencia lo que guiaba sus decisiones, sino el reconocimiento de su incapacidad para sustituir ese estrato de población musulmana por otra cristiana que consiguiera explotar sus recursos.

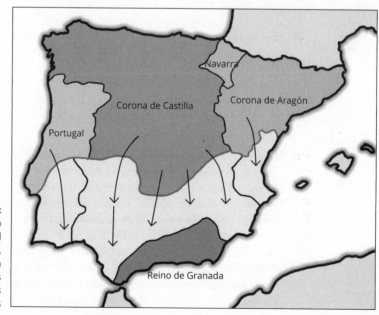

FIGURA 7-1: España a lo largo del siglo XIII, avance hacia el sur de los reinos cristianos

ALFONSO X, UN REY SABIO EN TIEMPOS DE CRISIS

Alfonso X el Sabio fue uno de los primeros reyes castellanos que supo ver que el prestigio de la monarquía no se gana sólo en el campo de batalla. Y así, aunque en un primer momento prosiguió las conquistas de su padre Fernando III con la toma de Murcia (1266), su reinado se caracterizó por el impulso dado a la cultura y a la reforma del Estado.

El rey mismo fue un erudito interesado por todas las ramas del saber, cuyo talento para la creación se revela en algunas *Cantigas de santa María*, de su autoría, compuestas en gallego. Bajo sus auspicios, pues más que escribir con sus propias manos dirigía y animaba la escritura, se compusieron no sólo obras historiográficas como la *Crónica General de España*, sino también jurídicas, como las *Siete partidas*, u otras tan curiosas como el *Lapidario*, sobre las propiedades de los minerales, o el *Libro de juegos*.

Las minorías de las sociedades cristianas

Dos fueron las grandes minorías de los territorios conquistados por los reinos cristianos:

» Los mudéjares, o musulmanes bajo dominio cristiano. Vivían en morerías o barrios extramuros de la ciudad y conservaron su religión y costumbres. La artesanía y la agricultura eran sus principales labores. La revuelta de 1264 contra los abusos a los que se veían sometidos desembocó más tarde en una fuerte represión que empujó a muchos mudéjares a buscar cobijo en el reino nazarí de Granada.

» Los judíos, que también vivían en barrios apartados, las juderías, y debían vestir y peinarse de forma que no se los confundiera con los cristianos. Además, tenían prohibido celebrar sus ritos en público. Sus profesiones eran muy variadas, pero sobre todo se desenvolvían bien en el ámbito de las finanzas, lo que a la postre sería su perdición: la animadversión contra los prestamistas y recaudadores de impuestos, oficios desempeñados por judíos, extendió el odio popular contra esta comunidad, a pesar de la protección que le dispensó una monarquía siempre necesitada de su dinero.

La cultura toma nuevos bríos

Las conquistas cristianas comportaron una revisión del sistema cultural cristiano. Las nuevas escuelas que empiezan a surgir entonces no se concentran ya sólo en las catedrales o monasterios, a lo que se añade que los mismos estudiantes se desplazan de un lugar a otro en busca del saber de los grandes maestros.

La apertura de las universidades

Fruto del movimiento cultural de entonces será el nacimiento de los Estudios Generales, luego llamados *universidades*, del latín *universitas*, que el cuerpo normativo las *Partidas* de Alfonso X el Sabio define como "ayuntamiento [agrupación] de maestros et de escolares que es fecho en algún logar con voluntat et con entendimiento de aprender los saberes" (para más información sobre este movimiento cultural véase la sección "El auge de las lenguas romances", más adelante en este capítulo, y el recuadro "Alfonso X, un rey sabio en tiempos de crisis").

La universidad más antigua en la Península fue la de Palencia, muy pronto eclipsada por la de Salamanca. A ellas se sumarían pronto las de Valladolid, Lérida y Huesca.

LA ESCUELA DE TRADUCTORES DE TOLEDO

A pesar de los problemas entre las diferentes comunidades que vivían en los reinos cristianos, bajo algunos monarcas se estableció un fructífero diálogo entre las tres culturas, cristiana, judía y musulmana. Uno de sus mejores ejemplos fue la Escuela de Traductores de Toledo, fundada a comienzos del siglo XII y consagrada bajo el mecenazgo de Alfonso X de Castilla, quien gustaba llamarse "rey de las tres religiones" y que no por nada recibe el sobrenombre de "el Sabio". Hasta allí acudieron intelectuales de toda Europa atraídos por las obras de los sabios musulmanes y griegos, hindúes o persas, traducidos previamente al árabe, al latín, al hebreo y, también, al castellano.

FIGURA 7-2:
Interpretación de unas de las ilustraciones que aparecen en las *Cantigas de Santa María*, de Alfonso X el Sabio

El triunfo del cielo

Al mismo tiempo que las universidades, la Península se llena de muestras de un nuevo estilo artístico llegado del otro lado de los Pirineos. Es el gótico, caracterizado por sus arcos apuntados, sus bóvedas de crucería y sus grandes vidrieras, todo lo cual da la sensación de edificios altos y majestuosos que aspiran a arañar el cielo. Nada que ver con las vetustas, pesadas y oscuras arquitecturas románicas... Gracias al Camino de Santiago el estilo cuaja rápido y da lugar a obras maestras tan incomparables como las catedrales de Burgos y León.

Las lenguas romances prosperan

Pero también las lenguas surgidas del latín irrumpen en esta época con fuerza, no sólo en la vida cotidiana, sino también en el ámbito de la creación donde hasta entonces había reinado el latín:

> » El castellano obtiene su reconocimiento en la obra poética de Gonzalo de Berceo, el primer poeta de nombre conocido de la

ATENAS CON ACENTO CATALÁN

Los catalanes que se aventuraban por el Mediterráneo no sólo tuvieron vocación comercial. También sabían usar la espada, y si no que se lo digan al emperador bizantino Andrónico II Paleólogo, quien en 1303 contrató a un grupo de mercenarios de esa nacionalidad para ayudarle en la lucha contra los turcos.

Los mercenarios contratados por el emperador eran los almogávares, agrupados en la Compañía Catalana de Oriente. Dos años más tarde, el asesinato de su líder, Roger de Flor, a manos de sus aliados bizantinos, provocó que sus hombres desencadenaran una devastadora campaña contra Constantinopla (la llamada "venganza catalana") que culminó con la conquista en 1310 de Atenas y posteriormente de la también griega Tebas, agrupadas bajo la denominación de ducado de Atenas y Neopatria. En 1377, el título lo asumió el rey Pedro IV el Ceremonioso, y aunque en 1388 los catalanes perdieron la plaza, el ducado permaneció entre aquellos que son patrimonio de la Corona. Todavía hoy lo ostenta el rey Juan Carlos I.

lírica en esa lengua. Fue el principal autor del llamado Mester de Clerecía, un grupo de escritores surgido en los ambientes escolásticos y religiosos, que cultivó un arte culto, generalmente sobre temas religiosos o morales. En el terreno de la prosa, Alfonso X el Sabio reunió todo el saber de la época en el idioma de sus súbditos y en él redactó obras jurídicas como las *Siete partidas,* o historiográficas, como la *Crónica General de España,* donde se muestra una nación idealizada, bañada por la savia de romanos, visigodos y árabes.

» El gallego, convertido en la lengua por excelencia de la poesía, cuya vitalidad queda patente en las *Cantigas de santa María,* también de Alfonso X el Sabio, que no sólo es una joya poética sino también uno de los mejores ejemplos de la música de los trovadores, a la que la presencia de ritmos de aroma árabe presta una inconfundible originalidad.

» El catalán vislumbra en esta Edad Media su edad de oro en las cuatro grandes crónicas que, al valor puramente histórico, añaden el cuidado por el idioma, como son las de Jaime I el Conquistador, Bernat Desclot, Ramón Muntaner y Pedro IV el Ceremonioso. Sin olvidar la figura universal del políglota Ramón Llull, quien se ocupó de todos los campos del saber y dejó libros

DESCRIPCIÓN DE LOS ALMOGÁVARES

El gran cronista catalán Bernat Desclot nos dejó una vívida descripción de los almogávares antes de su incursión por tierras griegas:

"Estas gentes que se llaman almogávares no viven más que para el oficio de las armas. No viven ni las ciudades ni las villas, sino en las montañas y los bosques, y guerrean todos los días contra los sarracenos (...). Y soportan condiciones de existencia muy duras, que otros no podrían soportar. Que bien pasarán dos días sin comer si es necesario, comerán hierbas de los campos sin problema (...). Y son muy fuertes y muy rápidos, para huir y para perseguir; y son catalanes y aragoneses y sarracenos".

como *Blanquerna,* una novela didáctica que incluye el *Libro de Amigo y Amado,* testimonio primigenio de la mística hispana que inmortalizarán santa Teresa de Jesús y san Juan de la Cruz.

Florece la economía

Ya desde tiempos del Imperio romano, la diferencia entre el interior peninsular, más apegado a la tierra, y el Levante, abierto al contacto con otros mundos, definió el carácter y el desarrollo económico de los pueblos que habitaron esas zonas. La Edad Media no rompió muchas de esas tradiciones, y así en Castilla el desarrollo económico se centró en varios frentes muy desiguales:

» La ganadería: Tras las grandes conquistas del siglo XIII, las extensiones de terreno castellanas se vieron invadidas por ovejas, cabras, caballos y cerdos. Los concejos municipales sacaban así partido de sus territorios en una época en la que la escasez de mano de obra hacía impensable roturaciones a gran escala del campo. Las pequeñas asociaciones de pastores acabaron uniéndose en la Mesta, una institución que con el tiempo llegaría a acumular un gran poder y a convertirse en un auténtico lastre para la modernización de España.

» El comercio: Muy vinculado en un principio a la ganadería, favoreció una industria de la lana de gran calado que exportó con éxito su mercancía a los centros consumidores de Inglaterra y Flandes desde puertos norteños como el de Santander, San

Sebastián o Bilbao, de donde también partían excedentes agrarios como vino y aceite. En el ámbito interno, la actividad comercial empezó a generar ferias en ciudades como Burgos, Valladolid o Medina del Campo, sin olvidar Sevilla y Córdoba, en las que todavía estaba latente el espíritu mercantil del período musulmán.

» La agricultura: El interés de la monarquía por los rebaños y los arriendos a bajo precio de los pastos dejaron noqueada a una agricultura ya de por sí estancada en técnicas y aperos, que recordaban en exceso a los patentados por el campesinado romano.

El primer imperio español

En lo que respecta a la Corona de Aragón, el comercio fue la actividad más lucrativa, sobre todo en Barcelona y Valencia, dos urbes que lanzaron a la monarquía a una aventura expansionista por las islas del Mediterráneo.

La conquista de Mallorca y Menorca por Jaime I animó la aventura de los mercaderes y armadores catalanes por las aguas del Mare Nostrum y abrió vías seguras a la posterior expansión por Sicilia y Cerdeña, causante de los enfrentamientos con Génova y Pisa. A finales del siglo XIII, Barcelona incluso logró introducir una cuña en los intercambios comerciales que las repúblicas italianas mantenían con Asia:

CRUEL PARA UNOS, JUSTICIERO PARA OTROS

En el terreno histórico, como en la mismísima vida, es fácil que todo tienda al blanco o al negro. Un ejemplo es el rey Pedro I de Castilla (1350-1369), a quien sus partidarios llamaron el Justiciero, mientras que para sus enemigos, que fueron muchos, fue simple y llanamente el Cruel.

En el origen de todos estos sobrenombres estaba el deseo del rey de imponerse sobre la aristocracia, lo que provocó la revuelta de ésta. La respuesta real no se hizo esperar y, con el decisivo apoyo de las ciudades, se saldó con el asesinato o ajusticiamiento de muchos nobles influyentes. De ahí lo de Cruel, y de ahí también lo de Justiciero, pues las clases más populares, siempre recelosas de los privilegios nobiliarios, vieron en Pedro I a alguien que les hacía justicia.

>> De Cataluña partían paños, miel, vidrio y artículos de lujo a los puertos de Oriente.

>> De Asia llegaban a Barcelona cueros, tintes, esclavos, perfumes y especias, que luego se revendían con sustanciosas ganancias en Italia, África y Europa.

Mercaderes y artesanos

Tanto en Castilla como en la Corona de Aragón la prosperidad económica benefició a las ciudades, que conocieron una nueva etapa de esplendor. Los campos y los ganados seguían siendo el gran patrimonio de una sociedad esclava de la tierra y sujeta a la voracidad de la nobleza y la Iglesia, pero aun así las urbes de la Baja Edad Media recuperaron el latido artesanal y mercantil de cuando Roma aún mandaba los destinos de un Imperio que se extendía por todo el mundo conocido.

El pacto del rey con las ciudades

Finalizada la época de las grandes conquistas, la escasez de botines empujó a los reyes a buscar en las ciudades su fuente de ingresos. Y lo encontraron, pero no gratis: en los casos de debilidad de la monarquía, las clases urbanas más pudientes consiguieron imponer un pacto entre la Corona y sus súbditos, obligando al rey a gobernar con el consentimiento de una asamblea, las Cortes, con resultados dispares en los distintos territorios peninsulares:

>> En la Corona de Castilla, el fortalecimiento del Estado dio un paso considerable cuando en 1325 Alfonso XI unió en una sola asamblea a los representantes castellanos y leoneses.

>> La Corona de Aragón, en cambio, se mantuvo presa de unas elites divididas y enfrentadas, que hicieron de la alianza del comercio y las instituciones del pasado la mejor trinchera contra cualquier cambio.

Llega la peste más apocalíptica

Pero toda esa época de esplendor conocerá un dramático final al poco de entrar en el siglo XIV. Los jinetes del Apocalipsis harán su violenta irrupción en la Península y la dejarán devastada con toda una oleada de crisis de hambre, epidemias y destrozos bélicos:

» La peste bubónica, importada en barco de Europa, desembarcó en Baleares en 1348 y pronto se extendió por las rutas comerciales que llevaban a Castilla.

» Los problemas de abastecimiento mermaron la población española, castigaron los estómagos de las clases populares y desangraron el campo.

» La crisis económica y los intereses territoriales arrastraron a los reinos hispanos a los campos de batalla. Castilla y Aragón combatieron entre sí de 1356 a 1365, y nada más acabar esa contienda, la guerra civil castellana estalló con toda virulencia hasta 1369.

» Las persecuciones contra los judíos que se convierten en los chivos expiatorios de una época de epidemias y miserias. En 1391, una marea de gente caldeada por el odio arrasó la aljama de Sevilla, situación que se repitió en otras juderías de la Península y provocó un éxodo judío que aún dejó más maltrechos la artesanía y el comercio.

Crisis dinásticas

A todo ello se unen las crisis dinásticas de los dos grandes reinos hispánicos:

» En Castilla, el asesinato en 1369 de Pedro I el Cruel o el Justiciero, que también así fue llamado, llevó al trono a su hermanastro Enrique de Trastámara, quien pagó con enormes privilegios a la nobleza que le había ayudado, y lo mismo su heredero Juan I. La consecuencia fue que los más poderosos acabaron dominando las Cortes y evitaron la consolidación de cualquier poder ajeno al conjunto de la nobleza.

» En Aragón tampoco el rey gozaba de un poder fuerte. Pedro IV el Ceremonioso tuvo que ceder a las presiones de las Cortes cuando las ofensivas castellanas revelaron el peligro de invasión, y así los parlamentarios catalanes lograron arrancarle la creación de la Diputación General de Cataluña, un organismo que se iba a encargar de recaudar los impuestos y controlar su gasto. De este modo, el poder real pasaba a depender de las Cortes, fiel espejo a su vez de los intereses de las clases privilegiadas urbanas.

Hacia la unión territorial

En 1410, el rey de Aragón Martín I el Humano falleció sin herederos. Esa situación abrió un vacío de poder en la Corona catalanoaragonesa, y durante dos años el trono se lo disputaron hasta seis pretendientes. Para impedir que dirimieran sus razones en los campos de batalla, en 1412 se celebró el Compromiso de Caspe, una comisión de electores que acabó poniendo fin a ese interregno al entregar la corona a Fernando de Antequera, nieto de Pedro IV el Ceremonioso y regente de Castilla.

El nuevo rey Fernando I no tardó en reforzar los vínculos de castellanos y aragoneses al consolidar el poder de su familia, los Trastámara, en Aragón, y al mismo tiempo intrigar en la corte castellana para colocar a sus hijos en el trono. Su sueño acabó cumpliéndose en 1469, cuando Isabel I de Castilla y Fernando de Aragón, primos entre sí, contrajeron matrimonio y unieron los dos grandes reinos bajo una misma corona. El anhelo de tantos monarcas, guerreros y sabios de una España unida estaba cada vez más cerca de convertirse en una realidad...

Capítulo 8

La boda de España

E l matrimonio celebrado en 1469 entre Fernando de Aragón e Isabel de Castilla abrió un capítulo trascendental en la historia de España, al unir bajo un mismo cetro los dos reinos peninsulares cristianos más poderosos. Y aunque la unión dinástica todavía tardaría en hacerse una realidad, con ellos en el trono se puso el punto y final a la presencia musulmana en la vieja Hispania y se abrieron nuevas y hasta entonces inimaginables vías de expansión territorial que ocuparían a la monarquía durante la siguiente centuria.

No sólo eso: durante el reinado de los Reyes Católicos, España sale de la Edad Media como un Estado unido, vagamente consciente de su identidad, dueño de una cultura rica y diversa, bañada por el influjo árabe, semita y europeo, y amenazado por los brotes de intolerancia de la Inquisición.

LA DIVISA DEL REY CATÓLICO

En la mayoría de edificios construidos bajo el patrocinio de los Reyes Católicos puede leerse, bajo el escudo real, la frase "Tanto monta". Era el lema personal de Fernando II de Aragón y parece que le fue sugerido por el gramático Antonio de Nebrija. Se trata de una alusión a una anécdota referida a Alejandro Magno, quien en un templo de Gordio, la capital del antiguo reino de Frigia, halló un intrincado nudo que haría señor de Asia a quien fuera capaz de deshacerlo. El macedonio lo cortó con su espada al tiempo que decía "tanto monta", es decir, tanto da desanudarlo que cortarlo...

Una corona para dos reinos diferentes

En 1479, Fernando II accedía al trono aragonés tras la muerte de su padre Juan II. Isabel I no lo tuvo tan fácil para convertirse en reina de Castilla. El fallecimiento en 1474 de su hermanastro Enrique IV, llamado el Impotente, provocó el estallido de una guerra civil entre sus partidarios y los defensores de los derechos de su sobrina Juana la Beltraneja, apoyada también por los portugueses. Ese conflicto se alargó entre 1475 y 1479, cuando al fin Isabel consiguió imponerse. Siete siglos después de la invasión musulmana, había sonado ya la hora de la unión, de reforzar los lazos entre los dos grandes territorios peninsulares.

La forja de un Estado moderno

En un primer momento, la nueva unidad alcanzada era frágil, con un carácter dinástico y patrimonial, pero con la previsión de compartir un monarca común en el futuro. Aragón y Castilla eran también realidades muy diferentes:

» La Corona aragonesa era una sociedad exhausta, que había visto cómo el poder de los reyes se diluía al no poder estos dominar a la nobleza.

» El reino de Castilla, en cambio, redondeaba su éxito en la lucha contra la aristocracia y ofrecía una imagen de unidad que iba desde las tierras gallegas o vizcaínas hasta los campos andaluces, imagen robustecida por su pujanza demográfica y sus buenas expectativas económicas.

A pesar de compartir soberanos, Aragón y Castilla mantuvieron instituciones, aduanas y monedas separadas, a la vez que conservaron su identidad y normas jurídicas. No obstante, la voluntad de caminar más allá de la unión personal de los reyes quedaría reflejada en la política exterior de las dos Coronas.

Conquistado el poder, los reyes se esforzaron en forjar un Estado nuevo, embrión de las monarquías absolutas que muy pronto alumbraría Europa. De ahí que se volcaran en domesticar las aspiraciones políticas de la nobleza y que asumieran la práctica totalidad de la acción de gobierno en sus reinos. A tal efecto, no vacilaron a la hora de poner a la Iglesia a su servicio, colocando a la jerarquía bajo su autoridad y acaparando el derecho a presentar candidatos a los obispados españoles.

Adiós al islam

Una de las primeras empresas de los Reyes Católicos fue la de imponerse sobre el último bastión musulmán en la Península. Así, y con la vista puesta en ofrecer una salida a la nobleza recién sometida, Isabel y Fernando marcharon sobre las fértiles vegas de Granada. La campaña no fue ni mucho menos un paseo, todo lo contrario, pero sirvió para reforzar la unidad de la nueva monarquía y recabar el apoyo de los súbditos de las dos Coronas en pos de un objetivo común.

EL TÍTULO DE REYES CATÓLICOS

Fue un papa de origen valenciano, Alejandro VI, quien otorgó el título de Reyes Católicos a Isabel y Fernando. Fue el 19 de diciembre de 1496, en la bula *Si convenit*. Todavía hoy la distinción de "rey católico" sigue vigente en la monarquía española. La conquista de Granada a manos del islam, la expulsión de los judíos que se habían negado a la conversión al catolicismo y las virtudes personales de los dos soberanos fueron algunas de las razones esgrimidas por el sumo pontífice para tal reconocimiento.

La resistencia del reino nazarí

De poco sirvió la tenaz resistencia de los dirigentes nazaríes, debilitados además por sus propias disputas internas, ante el empuje de unas tropas cristianas que conjugaban el espíritu de las gestas heroicas de la Edad Media con el devastador uso de la artillería. Ronda cayó en 1485 y más tarde le siguieron Marbella, Málaga y Baza. Por fin, el 2 de enero de 1492, el último de los soberanos nazaríes, Boabdil, entregaba las llaves de Granada después de arrancar a los conquistadores la promesa de que respetarían a la población musulmana.

Una España católica a ultranza

Poco duró la promesa de respeto: la España que imaginaban los Reyes Católicos estaba libre de mezquitas y sinagogas. Para ellos, la religión católica debía ser el cemento de la unión política de sus reinos, y a conseguirlo dirigieron todos sus esfuerzos organizativos.

La creación del Tribunal del Santo Oficio

Uno de los primeros capítulos de esa ofensiva católica de la monarquía había tenido lugar ya antes de la conquista de Granada, en 1478, cuando Isabel y Fernando obtuvieron del papa Sixto IV los medios para crear y controlar el Tribunal del Santo Oficio o Inquisición. Se trataba de un artefacto represivo creado en la Edad Media para combatir las herejías y llevar a la hoguera a cualquiera que se atreviera a cuestionar el dogma católico.

Con los Reyes Católicos, la Inquisición iría más allá aún al convertirse en un sistema de información y represión que permitió silenciar las voces contrarias a los intereses de la monarquía. Y más si se tiene en cuenta que para el Tribunal no existían las fronteras interiores económicas, políticas o administrativas que separaban a Aragón y Castilla, por lo que sus temibles tentáculos llegaban a todo el territorio peninsular sin que nada ni nadie los pudiera detener...

Piensas o vives diferente, ¡culpable!

El cáncer de la intolerancia se abatió pronto sobre España y dio una estocada definitiva al mestizaje surgido de siete siglos de vida en común. En pos de la unidad religiosa se eliminó a los que profesaban una fe diferente a la oficial, de tal modo que la sola posibilidad de salvación de estos y de continuar en las tierras en que habían nacido ellos, sus padres y sus abuelos era la gracia del bautismo. Judíos y musulmanes fueron sus primeras víctimas, pero no las únicas, pues la Inquisición no se detenía sólo en cuestiones religiosas:

» La expulsión de los judíos: La población judía fue la primera en padecer el hostigamiento de las autoridades. A finales de abril de 1492, los Reyes Católicos decretaron la expulsión de sus reinos de todos aquellos judíos que no se bautizaran. De la noche a la mañana, miles de gentes de este pueblo se vieron desposeídas de sus bienes y obligadas a marchar, con todo lo que eso supuso para una economía muy necesitada de su actividad financiera y comercial. Tampoco los que quedaron hallaron descanso tras la conversión, ya que la Inquisición acecharía sobre ellos, vigilando sus pasos y blandiendo la amenaza de acusarlos de herejía (para más información sobre el tema véase el recuadro "Lejos de Sefarad").

» La conversión de los musulmanes: También la Inquisición se abatió sobre los musulmanes granadinos, obligándolos a aceptar el bautismo en contra de sus creencias. La conversión obligatoria se impuso y pronto se extendió a toda la población islámica de Castilla. Los mudéjares castellanos desaparecían así para dejar paso a una casta nueva, los moriscos.

» Los heterodoxos: Los protestantes, los pensadores, los polígamos o los homosexuales fueron algunos otros grupos que sufrieron el acoso de la Inquisición. Negar los dogmas de la fe,

LEJOS DE SEFARAD

La expulsión de los judíos que se negaron a ser bautizados arrancó a miles de personas de sus casas y haciendas. Muchos de ellos encontraron refugio en Europa oriental y en el norte de África, donde todavía hoy pervive el sueño de Sefarad, el nombre que daban a la península Ibérica.

Entre la nostalgia y el rencor, estos sefarditas incluso conservarían vivo el castellano de la época, último vínculo de unión con aquel país que durante siglos habían soñado y amado como suyo. Basta recorrer cementerios judíos como el de Sarajevo, en Bosnia-Herzegovina, para comprobar la terca persistencia de esa añorada lengua: "Clara, no lloras hija mía, / no temes la fosa fría" o "Madre que non conoce otra justicia que el perdón ni más ley que el amor", rezan algunas inscripciones.

investigar la naturaleza con las armas de la ciencia y la filosofía o llevar un estilo de vida diferente eran motivos más que suficientes para que el Santo Oficio actuara con todo rigor.

RECUERDA

Cualquiera podía ser detenido o encarcelado, pues bastaba una delación anónima para que se pusiera en marcha toda la maquinaria de los inquisidores y su ejército de licenciados, notarios, guardianes y verdugos, cuyo trabajo mantuvo los calabozos del Santo Oficio siempre provistos de pobres diablos, enemigos políticos o enajenados mentales.

Hallazgo de América

Justo cuando los Reyes Católicos se disponían a expulsar a los judíos de España, recibieron a un aventurero genovés en Granada. Se trataba de Cristóbal Colón, quien ya unos años antes les había expuesto un plan para alcanzar las costas de Oriente a través del océano Atlántico.

El proyecto de Colón, considerado un disparate por algunos sabios de la corte, fue rechazado, e idéntica suerte corrió en Portugal, que por aquellas fechas estaba a punto de alcanzar la India bordeando África y que por tanto no estaba dispuesto a dejar esa vía, peligrosa pero segura, por otra no menos arriesgada y que encima podía ser que sólo existiera en la fantasía de su promotor.

Pero el marino, con la tozudez propia de quien sabe que la razón le asiste, seguía empeñado en alcanzar su meta y volvió a la carga. La

LOS INDIOS VISTOS POR COLÓN

En su *Diario de a bordo*, Cristóbal Colón dejó anotadas sus impresiones sobre los habitantes de las Indias, con las que tanto había soñado:

"Me pareció que era gente muy pobre de todo. Ellos andan todos desnudos como su madre los parió, y también las mujeres, aunque no vi más de una harto moza. Y todos los que yo vi eran mancebos, que ninguno vi de edad de más de 30 años. Muy bien hechos, de muy hermosos cuerpos y muy buenas caras (...). Los cabellos traen por encima de las cejas, salvo unos pocos detrás que traen largos, que jamás cortan (...). Ellos no traen armas ni las conocen, porque les mostré espadas y las tomaban por el filo, y se cortaban con ignorancia".

toma del reino nazarí y la euforia de los Reyes Católicos, dispuestos a afrontar nuevas audacias, favoreció el acuerdo entre el explorador y los monarcas.

Al mar en tres carabelas

Colón partió finalmente de las playas de Huelva al mando de tres carabelas, la *Pinta*, la *Niña* y la capitana, la *Santa María*. En su mente se mezclaban el idealismo ávido de aventuras y una gran ambición de poder que había quedado plasmada en las *Capitulaciones de Santa Fe* suscritas con los monarcas. Entre otras cosas, en ellas se especificaba que el genovés recibiría el título de almirante, con carácter hereditario, de todas las tierras que descubriese, y que le correspondería el diez por ciento del producto neto de las actividades económicas que en ellas se realizaran.

Tras dos meses de viaje, el 12 de octubre de 1492, el esfuerzo de Colón dio el fruto deseado: América. Aunque el almirante nunca llegaría a saber que se trataba de un continente nuevo que multiplicaba asombrosamente el mundo conocido hasta entonces...

El hallazgo de América marcó un nuevo rumbo en la historia de España. De pronto, el suelo ibérico se transformó en un puente entre la vieja Europa y un continente virgen, insólito, exuberante y poblado por civilizaciones tan ricas como fascinantes y desconocidas.

Un planeta para dos reinos

Poco le gustó a Portugal, que por entonces ya había conseguido llegar a Asia siguiendo las costas africanas, que España alcanzara por otra

LA AMÉRICA DE AMÉRICO

Por una de esas razones extrañas de la historia, América no lleva el nombre de su descubridor sino el de un marino, cartógrafo y maestro de pilotos florentino, Américo Vespuccio. Fue él quien reveló que lo que los españoles llamaban Indias era en realidad un continente nuevo. Por ello, en 1507, el humanista alemán Martin Waldseemüller, en su introducción a la *Cosmografía* de Ptolomeo, propuso llamar "América" al nuevo continente. Así, en femenino, como los nombres de los otros continentes, Europa, Asia y África. El término hizo fortuna y así el Nuevo Mundo fue bautizado, no como Colombia, sino como América.

ruta lo que en un primer momento todo el mundo pensaba que era la India. Las diferencias entre ambos Estados por la primacía en la conquista de esos territorios "asiáticos" quedó saldada en 1494 con la firma del Tratado de Tordesillas, que dividía el globo terrestre entre las dos potencias marítimas. La hegemonía ibérica sobre los océanos quedaba así ratificada y separaba los dominios de ultramar de los portugueses, que se quedarían con Brasil, y los castellanos.

El escenario europeo

Pero también Europa iba a ser escenario de los intereses de los Reyes Católicos. Si Castilla se convertiría en el motor de la conquista de América, la herencia medieval de Aragón en Italia concentró los esfuerzos de la monarquía en el Viejo Mundo. No sólo eso, pues Fernando el Católico se lanzó a la conquista de Navarra, ocupada por los tercios en 1512 y luego agregada a Castilla, donde el poder real tenía más margen de maniobra que en Aragón, cuyas Cortes seguían conservando un papel importante. La Península quedaba así ya totalmente unificada bajo un mismo cetro.

La acción sobre Italia convirtió a su vez España en una gran potencia europea. No era una empresa fácil, pues obligaba a planificar una política de acción permanente en todo el arco mediterráneo, destinada a contener el empuje francés y la amenaza turca.

Una política matrimonial enrevesada

Un eslabón esencial de esa política fue la creación de un sistema de alianzas internacionales sustentado en los matrimonios de los hijos de los Reyes Católicos con los herederos de las casas más poderosas europeas:

>> El príncipe Juan y su hermana Juana contrajeron matrimonio con los hijos del emperador Maximiliano I de Austria, Margarita y Felipe.

>> La princesa Catalina se casó con Enrique VIII de Inglaterra.

>> La infanta Isabel casó con el rey Manuel I de Portugal. Cuando murió en 1498, su hermana María contrajo matrimonio con el monarca viudo.

El humanismo

A pesar de la ola de intolerancia religiosa capaz de ahogar cualquier atisbo de pensamiento propio, la España de los Reyes Católicos no se quedó al margen de la irrupción de las ideas humanistas procedentes de las cosmopolitas repúblicas italianas, sobre todo de Florencia. El gusto por las humanidades, las lenguas clásicas y los saberes de la Antigüedad clásica queda reflejado en el auge experimentado por la Universidad de Alcalá de Henares. Unos años antes, la imprenta había abierto nuevos horizontes a la efervescencia cultural del momento, y así, en 1492, vio la luz la *Gramática castellana*, de Antonio de Nebrija, que no sólo es la primera de esta lengua, sino también la primera de una lengua vulgar europea.

La gloria de la literatura

En este ambiente nuevo y culto, los nobles no desdeñan tomar la pluma a la vez que empuñan la espada, como hizo Jorge Manrique con sus *Coplas a la muerte de su padre*, antes de morir él mismo, en 1479, durante el asedio de un castillo de Cuenca.

En el terreno de la prosa, en 1499 Fernando de Rojas entregaba a la imprenta *La Celestina*, cuya protagonista es una vieja alcahueta, archivo de refranes populares y espejo de aquellas brujas de boca desdentada que poblaban las ciudades medievales. Con ella quedaba inaugurada la gloriosa galería de arquetipos universales de la literatura española, enriquecida luego con la filosofía popular de Sancho Panza, el idealismo alucinado de don Quijote, la picardía de Lazarillo de Tormes o la pasión erótica de don Juan. Frases como "nadie es tan joven que no se pueda morir mañana, ni tan viejo que no pueda vivir un día más" o "no es vencido sino el que se cree serlo" dan cuenta de la sabiduría del creador de *La Celestina*.

La Edad
Moderna

EN ESTA PARTE...

La tercera parte recorre el período en que gobernó la dinastía de los Habsburgo, bajo cuyo cetro España se convirtió en un imperio en el que nunca se ponía el sol. La conquista de América, las guerras en el continente europeo, la crisis económica y el esplendor de las artes y las letras serán algunos de los capítulos que marcarán el devenir de los siglos XVI y XVII, hasta que la muerte de Carlos II sin herederos traiga una nueva dinastía al trono, la de los Borbones. Con ésta en el poder, España encarará durante el siglo XVIII el fin del Antiguo Régimen en una lucha sin cuartel entre los defensores de la tradición y las nuevas ideas venidas de la Francia revolucionaria.

Capítulo 9

Un imperio donde no se pone el sol

España salía de la Edad Media convertida en un Estado unido, que dejaba atrás la división de los reinos peninsulares y los años de la Reconquista (para más información sobre ambos temas véanse los capítulos 6 y 7). Nuevos retos se le presentan: la conquista de América y la defensa de sus territorios europeos. Y saldrá airosa de ellos, pues durante los siglos XVI y XVII la monarquía hispánica se convertirá en el primer imperio universal de la historia. Y su gran protagonista será el primer rey de la familia Habsburgo, el heredero de los Reyes Católicos: su nieto Carlos, I de España y V de Alemania.

La España de Carlos

El 26 de noviembre de 1504, la reina Isabel I murió en Medina del Campo. Se inició así una compleja sucesión, pues en primera instancia el trono pasó a su hija Juana, casada con el príncipe borgoñón Felipe el Hermoso, hijo a su vez del emperador austríaco Maximiliano I. Fernando el Católico prefirió hacer mutis por el foro y recluirse en sus dominios aragoneses, pero el repentino fallecimiento de su yerno en 1506 y los desvaríos mentales de su hija, que le merecieron el sobrenombre de la Loca, le obligaron a volver de nuevo a la escena como regente de Castilla (para más información véase el recuadro "La locura de la reina Juana"). Junto con el poderoso cardenal Francisco Jiménez de Cisneros, Fernando gobernó hasta que su nieto Carlos, primogénito de Juana y Felipe, alcanzó la mayoría de edad.

El nieto que llegó de Flandes

Fue así como la Corona hispana tomó el rumbo de Flandes, donde había nacido y crecía el nieto de los Reyes Católicos. Fernando, que tras enviudar se había casado con Germana de Foix y buscaba un hijo que heredara su reino aragonés, murió en 1516, por lo que éste pasó también, lo mismo que Castilla, a manos de ese joven príncipe borgoñón.

Carlos había nacido en Gante en 1500 y con diecisiete años se encontró dueño de un conjunto de Estados agrupados en torno a los dos grandes reinos españoles, Castilla y Aragón. Hasta entonces su educación había sido la propia de un príncipe flamenco y no hablaba ni una palabra de español, por lo que su desembarco en la Península en 1517 para hacerse cargo del trono despertó una gran expectación y no pocos recelos. Familia obliga, y así su primera visita fue a Tordesillas, donde vivía enclaustrada su madre Juana, de la que obtuvo el permiso para reinar.

Ni aun así pudo evitar Carlos la desconfianza de los nobles castellanos, aragoneses y catalanes, perplejos ante la coronación de un extranjero como rey de las Españas. Carlos, además, llegaba acompañado por un aparatoso séquito flamenco y con los modos autoritarios propios de Europa, que chocaron con la peculiar organización de los Estados hispánicos, cada uno de ellos con sus leyes y costumbres propias.

La ambición imperial

La rapacidad de los cortesanos flamencos, a los que Carlos otorgaba generosamente obispados, títulos y oro, acabó despertando el aletargado espíritu conspirador de los nobles castellanos. Pero el conflicto entre el nuevo rey y sus súbditos se enquistó definitivamente cuando, a la muerte del emperador Maximiliano, Carlos recorrió los reinos peninsulares para solicitar a sus Cortes subsidios con los que poder optar a la puja final por la corona del Imperio alemán que su abuelo había ostentado.

Las Cortes se negaron a sufragar lo que consideraban una aventura personal ajena a los intereses del Estado, e incluso exigieron al monarca que no se ausentara de la Península y que expulsara a los cortesanos extranjeros. Con el ímpetu propio de la juventud, Carlos hizo caso omiso a tales recomendaciones y abandonó España tras ese sueño imperial, dejando como gobernador a su preceptor flamenco, el cardenal Adriano de Utrecht.

Comuneros de Castilla

La ausencia del rey tuvo respuesta inmediata en forma de una oleada de levantamientos que se extendió por todas las ciudades de Castilla: Segovia, Zamora, Salamanca, Ávila, Madrid... Sólo Burgos, por sus especiales relaciones comerciales con Flandes, guardaría fidelidad al monarca. Era el movimiento comunero, cuyos líderes infructuosamente intentaron que la reina Juana bendijera su causa. La nobleza castellana, que en un principio había apoyado la insurrección, se retiró de ella cuando vio el aliento igualitario que tomaba en manos de campesinos y artesanos, pasándose a las filas del rey. Éstas consiguieron derrotar a las milicias ciudadanas el 23 de abril de 1521 en la batalla de Villalar. Los cabecillas rebeldes,

LA LOCURA DE LA REINA JUANA

Dicen que fue el amor y la desesperación por la repentina muerte en 1506 de su esposo, Felipe el Hermoso, lo que oscureció su juicio. Los hay, sin embargo, que, más prosaicos, afirman que su desequilibrio mental venía de familia, pues su abuela Isabel de Portugal también sufría una enajenación parecida. Sea como fuere, Juana, tercera hija de los Reyes Católicos, ha pasado a la historia con el sobrenombre de "la Loca". Reina de Castilla desde 1504 hasta su muerte en 1555, vivió casi medio siglo prisionera en Tordesillas, primero por orden de su padre Fernando y luego de su hijo Carlos I.

LOS MUDÉJARES PAGAN LOS PLATOS ROTOS

La principal víctima de la revuelta de los artesanos y comerciantes del reino de Valencia contra la nobleza no fueron tanto los miembros de ésta como los mudéjares, los campesinos de fe islámica. Y por partida doble: no sólo perdieron vidas y haciendas, sino que cuando el ejército real pacificó la zona, la Corona intentó ganarse la voluntad de los rebeldes agermanados aprovechando el interés de estos por cristianizar las huertas levantinas. A partir de entonces a los mudéjares se les hizo bautizar para convertirlos en cristianos nuevos o moriscos.

Juan de Padilla, Juan Bravo y Francisco Maldonado, fueron hechos prisioneros y decapitados al día siguiente.

Germanías de Valencia

Por las mismas fechas de la revuelta castellana, los artesanos y pequeños comerciantes de Valencia tomaron el control de la ciudad para poner fin a los abusos de los señores. La insurrección se propagó rápidamente por toda la costa levantina e incluso contagió a Mallorca, y no sólo se cebó en las propiedades de la nobleza sino también sobre los desvalidos mudéjares, la población musulmana que habitaba y trabajaba los campos. Sólo la alianza de la aristocracia y el clero, y el refuerzo de las tropas reales, consiguieron acabar con los disturbios y devolver la paz y el orden al territorio.

Un título que hay que pagar

El título de emperador del Sacro Imperio romano–germánico que había ostentado Maximiliano I no era algo patrimonial que se transmitiera de padres a hijos. Un colegio de siete electores, formado por los arzobispos de Maguncia, Tréveris y Colonia, el rey de Bohemia, el conde palatino del Rin, el duque de Sajonia y el margrave de Brandenburgo, era el encargado de valorar las aptitudes de los distintos candidatos y escoger a uno de ellos para que ciñera la corona. Por supuesto, estos podían usar todo tipo de medios, incluidos los pecuniarios, para llamar la atención sobre sus cualidades. Y eso es lo que hizo el joven Carlos. El dinero adelantado por los banqueros alemanes acabó resultando un argumento harto convincente como para vencer toda posible discrepancia, y fue así como el rey de España se convirtió también en emperador. O lo que es lo mismo, en señor de Castilla y

Aragón, pero también de Alemania, Austria, Nápoles, Sicilia, los Países Bajos y el inmenso Nuevo Mundo cuyos límites aún eran una incógnita. La solemne coronación se celebraría en Aquisgrán el 22 de octubre de 1520.

Un monarca, un imperio y una espada

La herencia de Carlos I era tan inmensa como inmanejable, y le obligó a embarcarse en créditos bancarios sobrehumanos y a viajar de un reino a otro y de campo de batalla en campo de batalla, de tal modo que en la Península sólo pasaría dieciséis de los cuarenta años que duró su reinado. Eso sí, su odisea guerrera hizo de España el centro del mundo.

Milicia de Roma

La obsesión de Carlos I fue la de articular la unidad política de la cristiandad bajo una monarquía universal por él gobernada. Es lo que, en un poema dedicado al emperador y titulado *Al rey nuestro señor*, Hernando de Acuña supo resumir en tres palabras: "un monarca, un imperio y una espada".

RECUERDA

Ese sueño imposible llevó al nieto de los Reyes Católicos a defender la fe católica en una Europa convulsionada por las tesis reformistas de Martín Lutero. Las 95 tesis que este fraile agustino clavó en 1517

EL EMPERADOR POLÍGLOTA

Nacido en Flandes y señor de medio mundo, Carlos I presumía de su condición de políglota. Y con toda razón. Según el testimonio de un jesuita francés de finales del siglo XVII, si el emperador volviera al mundo no le parecería nada bien que el francés se situara por encima del castellano, a él que decía que si quería hablar con las damas lo haría en italiano; que si quisiera hacerlo con los hombres lo haría en francés; que si quisiera hablar con su caballo, le hablaría en alemán, pero que si quisiera hablar a Dios, le hablaría en español. A fin de cuentas, el hombre es tantas veces hombre cuanto es el número de lenguas que ha aprendido.

en las puertas de la iglesia del castillo de Wittenberg eran un ataque frontal contra el papado, pues criticaban los excesos de la Iglesia católica y el poder de las indulgencias para redimir el castigo por los pecados a cambio de dinero. Con ellas, la reforma protestante iniciaba una marcha que habría de ser imparable.

El polvorín de Europa

La vocación universalista de Carlos I fue recibida con escaso entusiasmo por el resto de casas reinantes europeas, de tal modo que el emperador no tardó en encontrarse con diferentes frentes abiertos por todo el continente:

>> Francia: El enfrentamiento con el rey francés Francisco I por el control de Navarra, Borgoña e Italia fue una constante durante todo el reinado de Carlos I. En 1525, la batalla de Pavía acabó con buena parte de la nobleza gala y con el propio soberano prisionero y obligado a firmar un tratado por el que renunciaba al Milanesado, Nápoles, Flandes, Artois y Borgoña.

>> Roma: La disputa del emperador con el papa Clemente VII, aliado de Francia, acabó bruscamente el 6 de mayo de 1527. Ese día, el defensor de la fe católica, el más católico de los monarcas, no titubeó a la hora de lanzar a su ejército de mercenarios contra la Ciudad Eterna, que fue saqueada. La acción dejó tan profunda huella, que la expresión "saco de Roma" es allí sinónimo de caos y violencia extremos. Al papa no le quedó otro remedio que proclamar a Carlos V "Emperador de Romanos"...

>> Imperio otomano: Mientras la guerra con Francisco I absorbía las fuerzas de Carlos I, el sultán otomano, Solimán el Magnífico,

LA LUCHA POR LOS DERECHOS INDÍGENAS

A medida que las armas se apoderaban de América, iban arreciando también las voces de teólogos, abogados y clérigos que denunciaban los atropellos cometidos contra los indígenas. Las denuncias del fraile sevillano Bartolomé de las Casas, quien llegó a entrevistarse con el mismísimo emperador, encontraron especial eco y acabaron plasmándose en las *Leyes de Indias* (1542), impregnadas de un espíritu de justicia que no se halla en las normas coloniales de otros países y que entre otras cosas prohibía la esclavitud.

se adueñaba de los Balcanes y en 1532 llegaba hasta las mismísimas puertas de Viena, salvada in extremis por el ejército imperial.

» **Túnez:** Los intereses comerciales de Cataluña en el Mediterráneo se veían una y otra vez torpedeados por la acción de los piratas berberiscos. Para proteger esas rutas marítimas de tanta importancia mercantil y para la defensa de las posesiones de la Corona en Italia, Carlos I organizó una expedición que ocupó Túnez, aunque fracasó en su intento de tomar Argel.

» **Alemania:** Los príncipes de los pequeños Estados alemanes vieron en la figura de Lutero el camino para preservar su poder territorial frente al creciente protagonismo del autoritario emperador. Pronto los príncipes y duques de Hesse, Sajonia, Anhalt, Bremen y Estrasburgo, entre otros, se organizaron en la liga Smalkalda, pero los distintos conflictos en el continente hicieron que sólo a partir de 1544, tras la firma de un nuevo acuerdo de paz con Francia, Carlos I se viera con las manos libres para enfrentarse a ellos.

La batalla entre los príncipes alemanes y Carlos I tuvo lugar en Mühlberg, en el actual estado de Brandenburgo, el 24 de abril de 1547, y se saldó con una victoria total sobre los príncipes germanos. "Vine, vi y Dios conquistó", dijo el emperador emulando a Julio César, mientras el gran Tiziano le inmortalizaba en un célebre retrato ecuestre. Pero el emperador no consiguió redondear el triunfo militar al fracasar en la integración de los luteranos en su proyecto universal. Los príncipes, tozudos, volvieron a los campos de batalla hasta conseguir el recono-

LA PRIMERA VUELTA AL MUNDO

Durante el reinado de Carlos I, Europa no sólo asistía admirada a sus gestas militares, sino también a las aventuras y proezas de los marinos españoles que surcaban mares desconocidos a sus órdenes. La más asombrosa tuvo como protagonista a un marino guipuzcoano, Juan Sebastián Elcano. En 1522, llegó a los muelles de Sevilla después de abrirse paso entre los océanos y de cruzar mares y tierras sin nombre todavía. Había completado el viaje más largo realizado hasta la fecha: la vuelta al mundo. De los riesgos de esa empresa, que duró tres años, da cuenta el que sólo regresaran a casa dieciocho de los 265 hombres que partieron. El propio capitán de la expedición, el portugués Fernando de Magallanes, quedó como un trofeo de carroña en manos de los indígenas de Filipinas...

cimiento de la división religiosa del Imperio. Era la victoria de los príncipes sobre el monarca, de las incipientes naciones sobre la idea de una Cristiandad unida...

Hazañas de los conquistadores

Si en Europa el sueño de Carlos I de un continente católico declinaba, en América parecía hacerse realidad. Durante su reinado, los límites del continente descubierto por Cristóbal Colón se vieron multiplicados sin cesar gracias a las gestas de un puñado de aguerridos soldados. Castilla la guerrera, la heredera de la Reconquista, cruzaba así el Atlántico decidida a adueñarse de unas Indias legendarias:

>> Hernán Cortés conquistó México y redujo a cenizas el Imperio azteca con un pequeño ejército de jinetes, lanceros, ballesteros y escopeteros, ayudados por los pueblos indígenas sometidos a Moctezuma.

>> Francisco Pizarro y Diego de Almagro asaltaron Cuzco, la capital del Imperio inca, cuyas riquezas parecían inagotables y alentaron nuevas expediciones hacia selvas impenetrables y ríos como mares, siempre en busca del mítico El Dorado.

Con la llegada de los españoles, América contempla el fin de una época, pero los conquistadores no sólo despojaron a los nativos de sus riquezas, sino que también trajeron consigo:

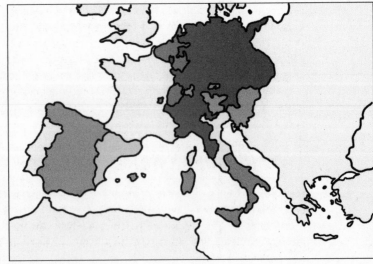

FIGURA 9-1:
Mapa del imperio de Carlos I de España y V de Alemania

» La religión cristiana.

» La lengua castellana.

» La organización política y administrativa de la monarquía hispana.

» La imprenta y las primeras universidades.

» Cultivos como el trigo, el arroz, la cebada, la vid y el olivo.

» Las enfermedades de la vieja Europa, como la viruela, que pronto aniquilarían a pueblos enteros.

Por su parte, América no tardó tampoco en ofrecer sus otros tesoros al Viejo Mundo, quizá más valiosos que el oro y la plata arrancados de sus minas y transportados hasta Sevilla por los galeones: el maíz, la patata, que salvó del hambre endémica a no pocos pobres; el cacao, una exquisitez para los más pudientes, y el tabaco. Mientras, los metales preciosos abastecerían las depauperadas arcas reales e imperiales, y darían a Carlos I los medios necesarios para seguir cabalgando por Europa.

El fracaso de un ideal

Al final de su vida, Carlos I tuvo que reconocer el fracaso de su empeño por desterrar las ideas reformistas de Lutero de Europa y mantener una cristiandad unida.

El Concilio de Trento, cuyas sesiones empezaron en 1545 y se extendieron hasta 1563, no logró que los protestantes abjuraran de sus herejías y volvieran al redil católico, al tiempo que las luchas contra los príncipes alemanes y la vuelta a la carga de los ejércitos franceses por el control de Italia arruinaron las últimas fuerzas del emperador. Un emperador cansado de tanta batalla y de defender con la espada unas ideas caballerescas pasadas de moda en una Europa dividida por los conflictos religiosos y el auge de los Estados.

La abdicación del emperador

En 1556, Carlos I de España y V de Alemania decidió que ya había hecho todo lo que podía hacer y que llegaba el tiempo de descansar. El monasterio de Yuste sería su destino. Allí, con los pies inflados de gota, quien había sido monarca de medio mundo se retiró buscando la paz de la plegaria, eso sí, sin renunciar a los placeres de la buena mesa ni a su bebida favorita, la cerveza. Es más, el séquito que llevó hasta esa comarca cacereña incluía un maestro cervecero... Antes, empero, repartió sus dominios entre su hijo Felipe y su hermano Fernando:

- » A Felipe le correspondieron España y sus dominios americanos, Borgoña, los Países Bajos, Nápoles y Sicilia.
- » A Fernando, el Sacro Imperio romano-germánico.

El 21 de septiembre de 1558, el que fuera el emperador más poderoso del mundo, alguien en cuyos dominios nunca se ponía el sol, murió en Yuste, víctima del paludismo. Allí fue enterrado, según su expreso deseo, bajo el altar mayor de la iglesia, con medio cuerpo bajo las losas donde los monjes oficiaban misa para que el sacerdote pusiera los pies encima de su pecho y cabeza. Hoy sus restos reposan en el monasterio de El Escorial, donde su hijo Felipe II hizo construir el panteón de la realeza hispana.

Capítulo 10

El esplendor de los Habsburgo

La abdicación de su padre, el emperador Carlos, dejó a Felipe II como señor de un reino inmenso. Es cierto que no ostentaba la corona del Sacro Imperio romano–germánico, que había recibido su tío Fernando, pero aún así heredaba un legado gigantesco, que además no dejaba de crecer pues con cada año que se sucedía llegaban noticias de nuevos descubrimientos en la todavía sorprendente e inabarcable América. Su reinado marcará el punto culminante de un Imperio español que, a su muerte, entrará en una lenta, larga y dolorosa decadencia.

Una monarquía plural

Felipe II contaba 29 años cuando heredó de su padre España y sus dominios americanos, Borgoña, los Países Bajos, Nápoles y Sicilia. Por entonces era rey consorte de Inglaterra e Irlanda por su matrimonio con María Tudor, corona que ciñó hasta la muerte de su esposa en 1558. Años más tarde, en 1580, se convertiría también en rey de Portugal y de todos sus territorios de ultramar, que incluían Brasil y un buen puñado de colonias en África y Asia, como Macao (China) o Nagasaki (Japón). Durante su reinado incluso se añadió a la Corona el archipiélago de las Filipinas, nombradas así en su honor. Pero las naves del monarca no se quedaron ahí, sino que llegaron también a explorar algunas islas de Nueva Zelanda...

Si en el imperio de su padre nunca se ponía el sol, otro tanto, y con más razón, cabría decir del que gobernó Felipe II.

El Rey Burócrata

El imperio de Felipe II, se extendía más allá de lo que cualquier otro monarca pudiera soñar. Era un gigantesco Estado plurinacional, cuyos territorios mantenían su autonomía no sólo porque ésta se adecuaba a las ideas políticas de la época, sino también porque así se facilitaba la labor de gobierno de la Corona, al completar su plantel burocrático con las elites locales.

Pero el autonomismo habsburgués hallaba sus límites en el poder incontestable del soberano. Felipe II era consciente de ello, por lo que él mismo se encargó personalmente de construir una compleja maquinaria de administración que transformó el Estado de Carlos V en el más sofisticado sistema de gobierno de la Europa del siglo XVI. No en balde a Felipe II se le conoce como el "Rey Burócrata"...

Madrid capital del Imperio

Un elemento básico para una administración como la que Felipe II deseaba era una capital. Hasta entonces, el que era el mayor imperio del mundo conocido no disponía de un escenario urbano adecuado desde el que la monarquía pudiera hacer valer su poder. De ahí que el rey decidiera romper la tradición itinerante de las cortes medievales que su padre había mantenido. Pese a que Toledo y Valladolid parecían destinadas por su historia a ser las cabezas del Imperio, Felipe II se fijó en la zona sur del Guadarrama y en 1561 trasladó el corazón de su sede a Madrid.

La llegada de la familia real a la villa madrileña arrastró consigo a los Consejos, la Inquisición, la hacienda, las embajadas... y a innumerables servidores del Estado, por no hablar de la nobleza, que así se hallaba más cerca de los centros de decisión y gobierno. De este modo, en poco tiempo Madrid se transformó radicalmente y su población aumentó de forma aparatosa: en apenas medio siglo pasó de 9.000 habitantes a 150.000...

Imperio rico, metrópoli pobre

Mientras Madrid crecía y aprendía su nuevo papel de capital imperial, otra ciudad, Sevilla, se enriquecía a manos llenas gracias a la Casa de Contratación de Indias, desde la que se regulaban el comercio y la navegación al Nuevo Mundo. Los galeones que partían de la capital hispalense cargados de vino, aceite, herramientas, armas o tejidos, regresaban con los tesoros de las minas peruanas y mexicanas que financiaban las compras en el extranjero y las campañas militares de Felipe II. Ese monopolio de las Indias convirtió Sevilla en la más rica urbe hispana.

Pero ese Imperio rico tenía una metrópoli pobre, pues Felipe II había heredado una Corona hipotecada y exhausta. Lejos de solucionarse, la situación se agravaba aun más ya que, al igual que hiciera su padre, el rey no ahorró esfuerzo alguno para preservar el viejo orden europeo en el campo de batalla. Así, las partidas de oro y plata llegadas de las Indias ya estaban gastadas antes de recalar en puerto, acabando en los bolsillos de los prestamistas flamencos e italianos. Y es que, como bien diría Francisco de Quevedo en su poema *Poderoso caballero es don Dinero*, éste "nace en las Indias honrado, / donde el mundo le acompaña, / viene a morir a España / y es en Génova enterrado"...

LA ESPAÑA DE LOS PÍCAROS

La miseria que oscurecía el brillo del Imperio de Felipe II halla su mejor retrato en un género completamente original y genuinamente hispano como es la novela picaresca. Las descarnadas correrías de sus protagonistas, esos pícaros, antihéroes, marginados y delincuentes que consiguen sobrevivir sólo gracias a su ingenio sin conseguir nunca escapar a su destino y mucho menos medrar, desnudan las lacras de una sociedad obsesionada por la nobleza, la hipocresía religiosa y el ridículo sentido del honor. El anónimo *Lazarillo de Tormes* (1554) inaugura un género al que también pertenecen *Guzmán de Alfarache* (1604), de Mateo Alemán, y *El Buscón* (1626), de Francisco de Quevedo.

FIGURA 10-1:
Escultura en bronce de Lazarillo y el cieglo (Salamanca)

El guardián de la fe católica

Nada más subir al trono, Felipe II se convirtió en el más fervoroso guardián del catolicismo, lo que le llevó a lanzar sus ejércitos contra los turcos y los centros de la herejía protestante. Éstas fueron sus principales campañas:

» Francia: Nada más recibir el poder, Felipe II puso en marcha su maquinaria bélica contra el vecino galo para defender sus intereses en Italia y contestar el apoyo francés a los rebeldes flamencos. La victoria en la batalla de San Quintín (1557) confirmó la hegemonía hispana en Italia, mientras que la firma del tratado de paz de Cateau-Cambrésis (1559) certificó una reconciliación entre los dos reinos que iba a ser desacostumbradamente duradera.

» Imperio turco: Las invasiones turcas en el Mediterráneo y las razias de los corsarios berberiscos en las costas peninsulares provocaron que España y Venecia se unieran y formaran una gran flota para poner freno a la ofensiva islámica.

A las órdenes de don Juan de Austria, hijo natural de Carlos V, la armada cristiana arrasó a la turca en la batalla de Lepanto, el 7 de octubre de 1571. En ella participaría un oscuro soldado que, años más tarde, se revelaría como un escritor universal.

UN PALACIO EN FORMA DE PARRILLA

En contraste con la imagen de una España cerrada y sombría, El Escorial irradia una atmósfera de cultura cosmopolita, representada por su rica biblioteca, en la que alternan las obras científicas con las literarias, las cristianas con las islámicas, las teológicas con las astronómicas.

Dominante sobre la sierra de Guadarrrama, El Escorial fue construido por Felipe II para conmemorar su victoria frente a las tropas francesas en la batalla de San Quintín. Y como ese día, el 10 de agosto de 1557, era la festividad de san Lorenzo, el edificio no sólo se puso bajo la advocación de ese santo, sino que su misma planta tomó la forma de una inmensa parrilla que recordaba la forma en que fue martirizado. Palacio y a la vez monasterio, panteón real donde descansan los reyes y reinas desde Carlos I hasta Alfonso XIII, a excepción de Felipe V y Fernando VI, El Escorial es la representación exacta de la imagen austera y devota del reinado de Felipe II.

Su nombre, Miguel de Cervantes. La victoria, sin embargo, no fue todo lo fructífera que pudo haber sido: la muerte del papa Pío V, principal promotor de la alianza, y la divergencia de intereses entre venecianos y españoles acabaron disolviéndola, lo que impidió asestar el golpe de gracia al poder otomano.

» Países Bajos: Fue el reto más doloroso del reinado de Felipe II. Las demandas de mayor autonomía de la aristocracia flamenca, contestadas en tono desafiante por el rey, motivaron un levantamiento contra el poder español, que se volvió aún más enconado por la difusión del calvinismo y las estrecheces de la economía hispana. En 1566, grupos calvinistas arrasaron los conventos e iglesias de Amberes y Gante, provocando la entrada en Flandes de un ejército de 70.000 hombres al mando del duque de Alba. La represión fue atroz, pero no consiguió ni limpiar la herejía ni sofocar los deseos de independencia de las provincias del norte.

» Portugal: La muerte sin descendientes del rey Sebastián I de Portugal en 1578 hizo que Felipe II reivindicara su derecho a la corona como hijo de la infanta Isabel de Portugal. Había otros tres aspirantes, pero el español contaba con el prestigio de su imperio y el dinero de los comerciantes lusitanos de origen judío para ablandar la voluntad de la aristocracia. Aun así, hubo de abrirse camino hasta el trono con sus ejércitos. Completado el asalto a Lisboa, en 1580 fue proclamado rey de Portugal, rehaciendo así la unidad de la península Ibérica perdida desde el hundimiento del reino visigodo.

» Inglaterra: La rivalidad comercial en América, la ayuda de la flota inglesa a los rebeldes flamencos, las agresiones de los corsarios británicos a los galeones españoles y la ejecución de

LA FE DE UN MONARCA

Como su padre Carlos V, el sobrio y devoto Felipe II hizo de la defensa de la fe católica uno de los principios rectores de su política europea. Como él mismo dijo a uno de sus embajadores:

"Podéis asegurar a Su Santidad que antes de sufrir la menor cosa en perjuicio de la religión o del servicio de Dios, perdería todos mis Estados y cien vidas que tuviese, pues no pienso, ni quiero ser señor de herejes... y si no se puede remediar todo como yo deseo, sin venir a las armas, estoy determinado de tomallas...".

la reina católica de Escocia, María Estuardo, hirieron de muerte las relaciones entre Isabel I de Inglaterra y Felipe II. Éste, aconsejado por sus cortesanos, planeó la invasión de Gran Bretaña con una enorme escuadra. Fue una pesadilla, pues la Armada Invencible o la Grande y Felicísima Armada, como en realidad fue bautizada, quedó completamente destruida en 1588 por una tempestad. De ahí la frase atribuida al rey de "envié a mis naves a pelear contra los hombres, no contra los elementos"...

Una sociedad replegada en sí misma

A pesar de la actividad bélica de Felipe II, España a duras penas consiguió mantener su posición en el mundo. El único consuelo fue la incorporación de Portugal a la ya larga lista de Estados dependientes del rey. En su contra se confabularon las deudas, las bancarrotas y la intransigencia político-religiosa.

En brazos de la Inquisición

Víctima de la obsesión religiosa, el país se alejó de las corrientes del pensamiento moderno y se replegó en torno a una fe militante. Son los tiempos de los místicos santa Teresa de Jesús y san Juan de la Cruz, y de la primera expansión por el mundo de la Compañía de Jesús, cuyo

LA LEYENDA NEGRA

El secretario de Felipe II, Antonio Pérez, estaba llamado a hacer más daño a la monarquía española que todos los ejércitos enemigos juntos. Acusado de alta traición, huyó a Aragón y de ahí a Francia, donde escribió unos demoledores panfletos contra Felipe II, hábilmente publicitados por Holanda y Francia. En ellos se daba una imagen guerrera y salvaje de España, devorada por la intolerancia y la religión, que se expandió rápido por Europa alimentada por los atropellos de los conquistadores en América, la actividad de la Inquisición y la misteriosa muerte del príncipe Carlos, primogénito del rey... La España de Felipe II no fue, sin embargo, diferente del resto de monarquías de la época, pero la Leyenda Negra, como luego se la bautizó, hizo fortuna.

fundador, Ignacio de Loyola, había guerreado al servicio de Castilla. Mientras, la Inquisición entregaba a las llamas purificadoras la vida de los luteranos de Valladolid y Sevilla, cerrando toda posibilidad de diálogo con la Europa protestante.

Amenazas a la paz

Lejos de los frentes de Europa, las tierras de la Península disfrutaron de un período de paz general con alguna excepción:

» La rebelión de las Alpujarras: Desde la prohibición de la religión islámica, la convivencia entre cristianos y moriscos (los musulmanes convertidos) no fue fácil y acabó estallando en la sublevación de las Alpujarras granadinas después de que una pragmática o ley real de 1567 limitara las libertades lingüísticas y culturales de los herederos hispanos del islam. Estos se alzaron en armas la Nochebuena de 1568 y durante dos años lucharon con ardor contra los tercios mandados por don Juan de Austria. La represión no se hizo esperar y más de 80.000 moriscos fueron deportados a otras tierras de Castilla.

» La sublevación de Aragón: Felipe II hubo de combatir también el alzamiento popular de Aragón. Allí, en Zaragoza, había buscado refugio un secretario suyo, Antonio Pérez, a quien se acusaba de haber instigado el asesinato de Juan de Escobedo, uno de los hombres de confianza de don Juan de Austria (para más información sobre Antonio Pérez véase el recuadro "La Leyenda Negra"). El rey reclamó la entrega de su secretario e incluso movilizó contra él a la Inquisición, cuya larga mano pasaba por encima de fronteras internas, pero lo único que obtuvo fue un alzamiento popular en 1591 que obligó a dirigir hacia allí a los exhaustos ejércitos reales. Antonio Pérez consiguió escapar a Francia, pero la invasión real trajo consecuencias negativas para Aragón, que tuvo que decir adiós a sus fueros.

Días de pesimismo

Enfermo de gota y vencido, Felipe II se encerró en El Escorial. Tras décadas de sostener la mitad del mundo sobre sus hombros, buscaba como su padre descanso y olvido. Allí, en ese palacio-monasterio que él mismo había levantado para conmemorar la victoria de San Quintín, murió el 13 de septiembre de 1598. La grandeza del Imperio español comenzaría pronto a resquebrajarse.

Capítulo 11

La España de los validos

Cuando en el año 1598 Felipe II cierra los ojos por última vez en El Escorial, la grandeza del Imperio español comienza a derrumbarse. Todavía tendrán que pasar muchos años antes de que la monarquía pierda su envidiada posición de gran potencia y la corte madrileña deje de atraer las miradas de Europa, pero los malos augurios parecen conjurarse contra España...

Malos augurios para un Imperio

Entre finales del siglo XVI y principios del siglo XVII, el Imperio recibe varios golpes que le dejarán profundas secuelas de las que nunca acabará de recuperarse:

» La población se estanca: Debilitada por la sangre derramada en los campos de batalla de Europa, el desembarco de la peste y su extensión por todo el territorio peninsular provocarán una crisis demográfica que durará todo el nuevo siglo.

>> La economía se resiente: Muy castigada por la continua subida de precios y presa de la falta de tradición y el retroceso demográfico, la industria española no termina de despegar. Los productos extranjeros conquistan los mercados peninsulares e incluso los americanos. Además, la caída de la producción del campo y las sucesivas bancarrotas estatales dan el golpe de gracia a la ya de por sí maltrecha economía hispana.

Al estrenarse el siglo XVII, Castilla, el corazón y la despensa de la monarquía, estaba agotada. Las malas cosechas, las oleadas pestíferas y las embestidas del hambre dejaron desangrado el campo y lanzaron a las ciudades batallones de gentes obligadas a mendigar su sustento a las puertas de las iglesias o a malvivir en los centros de caridad. Los que podían marchaban a las colonias enrolados en el ejército, hiriendo aún más a la demografía.

El cansancio del gobierno

Su padre, por su inagotable capacidad de trabajo, se había ganado el sobrenombre de "Rey Burócrata", pero Felipe III no parecía dispuesto en modo alguno a seguir sus pasos. Por abulia o cansancio, el nuevo soberano dejó las riendas del gobierno en otras manos. Había llegado el tiempo de los *validos*, esas figuras intermedias entre el trono y la burocracia, dueños de la economía y el Estado, señores de palacio y los ejércitos, que irrumpen en las cortes de toda Europa.

LOS ARBITRISTAS Y LA CRISIS DE UN IMPERIO

La estricta dieta forzada por la crisis económica y demográfica propició la aparición de los *arbitristas*, hombres de Estado y pensadores que trataron de llamar la atención sobre los males de la monarquía y de entregar al rey la receta milagrosa para enderezar el rumbo vacilante de España. Su nombre derivaba de "arbitrio", que es una medida que el rey puede tomar en beneficio de su reino y según su voluntad soberana.

"Arbitrista", pues, era quien enviaba una propuesta a la Corona y le sugería que la llevara a cabo. Sin embargo, esas propuestas por lo general cayeron en saco roto y el mismo término de arbitrista acabó tomando un cariz despectivo y su figura siendo objeto de la sátira de escritores como Francisco de Quevedo, quien se refiere a ellos como "locos repúblicos y razonadores".

Paz entre algodones

El escogido por Felipe III fue Francisco Gómez de Sandoval-Rojas y Borja, primer duque de Lerma. Consciente de la debilidad de la economía española, el favorito del rey renunció a la política ofensiva de la centuria anterior y dedicó los mayores esfuerzos a la diplomacia, concertando acuerdos con Inglaterra e incluso fraguando la llamada Tregua de los Doce Años (1609), que venía a pacificar temporalmente un territorio tan conflictivo como los Países Bajos. También lo logró con Francia, con la firma en 1615 de un tratado de alianza dinástica entre las casas de Borbón y Habsburgo sin precedentes en la historia.

La expulsión de los moriscos

En el interior de la Península, la situación no era tan placentera. Más bien todo lo contrario. Era un peligroso polvorín con un problema político de primer orden: los moriscos valencianos y granadinos. Desde la revuelta de las Alpujarras del reinado anterior, la Corona tenía miedo de que esos herederos del islam en la Península pudieran ser manipulados por Francia o el Imperio otomano y desataran de nuevo el fantasma de la guerra que Lerma tanto se había esforzado por erradicar (para más información véase la sección "Amenaza a la paz" en el capítulo anterior).

Llanto de la acequia

Felipe III aprovechó el respiro concedido por la mejora de la situación internacional para poner orden en casa y, ante el peligro real o ima-

LA EXPULSIÓN DE LOS MORISCOS VISTA POR CERVANTES

Buena parte de la obra de Miguel de Cervantes refleja la persistencia del influjo islámico en el mundo español, empezando por *Don Quijote de la Mancha*, una de cuyas voces narrativas es la del supuesto historiador "arábigo y manchego", o sea, morisco, Cide Hamete Benengeli. El episodio del morisco Ricote en la segunda parte de la misma novela o algunas alusiones en su última creación, *Los trabajos de Persiles y Segismundo*, son una muestra de esa ternura hacia lo musulmán que el manco de Lepanto, cautivo durante cinco años en Argel, nunca trató de disimular. La excepción, *El coloquio de los perros*, donde la "morisca canalla" es objeto de las más crueles pullas...

ginario de una sublevación, en 1609 ordenó expulsar a la única minoría étnico-cultural que había logrado sobrevivir a la ola de intolerancia europea medieval. Así, como los judíos en tiempos de los Reyes Católicos, los moriscos fueron expulsados en una operación que intentaba disimular la crisis económica y ofrecer un triunfo que compensara la sensación de derrota provocada por la firma de la paz con los Países Bajos.

Aragón y Valencia fueron las comunidades más afectadas por esta expulsión porque los moriscos eran un grupo demasiado importante de la población como para que su marcha no desgarrara su débil demografía y pusiera en peligro el trabajo en el campo; en ellos se fundamentaba la agricultura y en ésta la riqueza de la aristocracia, la Iglesia y la burguesía... La ruina de los propietarios agrarios y prestamistas fue su consecuencia más destacada.

Relevo en palacio

En 1618, las sátiras sobre la gestión del duque de Lerma y las críticas a la corte hicieron mella en el ánimo de Felipe III, quien decidió sustituir a su favorito. Él mismo, lentamente, se hundía en la enfermedad, ausentándose del mundo sin saber corregir los problemas que deterioraban al Imperio. La muerte en 1621 fue como una liberación para el monarca, que entregó España a su hijo Felipe IV, cuyo reinado, marcado por el ímpetu arrollador de otro valido, el conde-duque de Olivares, se abrió con grandes proyectos para la monarquía.

España pierde brío

Gaspar de Guzmán y Pimentel Ribera y Velasco de Tovar, conde-duque de Olivares, fue el hombre fuerte del nuevo rey, que, como su padre, delegó en otro las tareas de gobierno. No obstante, el esfuerzo del valido por retener el esplendor político del pasado nada podía hacer ante el ascenso de nuevas potencias en el tablero europeo, como la burguesa Holanda, la arrolladora Francia de Luis XIII y Luis XIV, y la marítima Inglaterra. Nada más llegar al poder, dos fueron sus prioridades:

>> Defender los bienes heredados del siglo anterior, considerados por el rey como una especie de mayorazgo indivisible.

>> Renovar el prestigio de la monarquía de los Habsburgo en el continente.

La guerra en los Países Bajos y la de los Treinta Años, con todo lo que ello supuso para las apolilladas arcas estatales, abocó al fracaso la desmesurada política de Olivares. Mientras, el rey pasaba su tiempo entre fiestas, representaciones teatrales y veladas musicales en su nuevo palacio del Buen Retiro de Madrid, ejemplo del esfuerzo de la monarquía hispana por hacer del arte un medio de propaganda, ajeno a la realidad de un Imperio que se hundía...

Un estadista sin suerte

Olivares era consciente de que precisaba remediar el cansancio de Castilla, para lo cual ideó una contribución económica más equitativa de los diversos territorios peninsulares a las causas comunes. Su deseo era centralizar la monarquía hispánica y crear un ejército de 140.000 hombres, la Unión de Armas, reclutado y mantenido por los reinos de los que se componía España en función de sus habitantes y riqueza.

Pero los planes del valido chocaron frontalmente con la oposición de Aragón y Cataluña, y la negativa de Portugal. La guerra con Francia en el contexto internacional de la guerra de los Treinta Años (1618-1648) volvía aún más crítica la situación.

La rebelión de Cataluña

Olivares desplazó el frente de batalla contra Francia a Cataluña, con la esperanza de que ésta, sintiéndose amenazada por el vecino del norte, acabara integrándose en los proyectos de la monarquía. Sin embargo, el resultado no fue el esperado: los continuos abusos de las tropas reales despertaron la ira de los payeses hasta provocar una subleva-

UN HIMNO REVOLUCIONARIO

La revuelta catalana de 1640 recibe también el nombre de guerra de los Segadores, pues fue un grupo de estos, con su irrupción en Barcelona y el asesinato del virrey, el conde de Santa Coloma, el que provocó el conflicto. De entonces data un romance, *Els segadors*, que llama a luchar por la libertad de la tierra, al grito de "a las armas, catalanes, que el rey nos declara guerra".

En 1899, Emili Guanyavents readaptó esta letra dándole un sentido más reivindicativo y nacionalista, que, puesta en música por Francesc Alió, es hoy el himno de Cataluña.

ción general del Principado en 1640. Liderada por las clases acomodadas, la revuelta era un acto más de una larga resistencia contra el proyecto de unificación promovido por el valido.

Olivares optó por la represión militar para arrancar de raíz el problema, pero la falta de dinero para levantar un nuevo ejército dio a los rebeldes un tiempo precioso para negociar con Francia, cuyas tropas entraron en Cataluña...

Secesión de Portugal

Aprovechando que Cataluña se alzaba en armas, un sector de la nobleza portuguesa, encabezado por el duque de Braganza, proclamó la secesión de Portugal de la Corona española. Varios fueron los factores de este levantamiento:

» La hostilidad de la aristocracia contra las intenciones centralizadoras del valido.

» El odio hacia los banqueros judíos, dueños de las finanzas reales.

» Las acusaciones contra Castilla de no defender los intereses lusos en Asia y América...

El Principado vuelve al redil

La ocupación francesa de Cataluña y la rebelión portuguesa consumaron el desprestigio de Olivares y Felipe IV, a tal punto que en 1643 el rey decidió prescindir de su valido.

La caída del conde-duque y el aumento de las cargas exigidas por la ocupante Francia para alimentar a sus tropas abrieron la posibilidad de un acuerdo entre Cataluña y la corte de Madrid. El mismo Felipe IV marchó al frente de su ejército a principios de 1644 con una promesa de reconciliación basada en el respeto a las tradiciones regionales y presentándose como un soberano benévolo y paternal. Finalmente, en 1652, Barcelona abría sus puertas a los soldados españoles y la oveja rebelde volvió así al redil español.

RECUERDA

La paz definitiva, no obstante, llegó en 1659 con la firma por parte de España y Francia del Tratado de los Pirineos, un acuerdo que durante mucho tiempo fue motivo de elegía entre los poetas hispanos, pues supuso renunciar a territorios como el Rosellón y la Cerdaña, situados en la vertiente septentrional de los Pirineos, y que hasta entonces habían formado parte del patrimonio de Cataluña. Como refrendo de la paz, Felipe IV entregó también a su hija María Teresa, que partió hacia París para contraer matrimonio con Luis XIV. Esa boda daría a Versalles la llave del trono madrileño en un futuro no muy lejano...

Sonetos de la decadencia

El intento de recuperar Portugal supuso un nuevo fracaso para el rey. La derrota de su ejército ante los secesionistas lusos en 1665 arruinó definitivamente el sueño de una Iberia unida bajo la égida de los Habsburgo, a la vez que consumió las últimas fuerzas de la monarquía. Ese mismo año, Felipe IV murió y dejó su decadente y empobrecido trono en manos de un niño enfermo, Carlos II, y de una enredadora reina madre, Mariana de Austria.

La agonía de una dinastía

Cuatro años tenía Carlos II cuando murió su padre, Felipe IV. Su madre se encargaría de la regencia hasta su mayoría de edad en 1675, pero el suyo no era un problema de edad, sino de salud física y mental.

EL REY HECHIZADO

Carlos II ha pasado a la historia con el sobrenombre del "Hechizado", tal era su aspecto quebradizo y su deficiente desarrollo mental. Estudios recientes aseguran que padeció el síndrome de Klinefelter, una anomalía cromosómica.

Los contemporáneos de Carlos II habían visto ya que algo no iba bien en el último de los Habsburgo. Uno de ellos, el nuncio del papa, lo describió en 1685 como "más bien bajo que alto, no mal formado, feo de rostro; tiene el cuello largo, la cara larga y como encorvada hacia arriba; el labio inferior típico de los Austria; ojos no muy grandes, de color azul turquesa y cutis fino y delicado. El cabello es rubio y largo, y lo lleva peinado para atrás, de modo que las orejas quedan al descubierto. No puede enderezar su cuerpo sino cuando camina, a menos de arrimarse a una pared, una mesa u otra cosa. Su cuerpo es tan débil como su mente. De vez en cuando da señales de inteligencia, de memoria y de cierta vivacidad, pero no ahora. Por lo común tiene un aspecto lento e indiferente, torpe e indolente, pareciendo estupefacto. Se puede hacer con él lo que se desee, pues carece de voluntad propia".

Los diferentes matrimonios consanguíneos de los Habsburgo acabaron pasando factura en este rey incapaz. Durante el tiempo de su reinado, a duras penas la maquinaria del Estado conseguiría otra cosa que cumplir a trancas y barrancas su cometido de gobierno y mantener vivo un Imperio agonizante, alejándolo, eso sí, de cualquier aventura militarista (para más información sobre Carlos II véase el recuadro "El rey hechizado").

Una herencia disputada

A pesar de sus problemas económicos, sociales, administrativos y estructurales, la Corona española era un plato especialmente apetitoso para el resto de potencias, sobre todo para Francia y Austria, que no dejaron de intrigar en las cortes para intentar imponer sus candidatos al trono después de que tras dos bodas y 35 años de reinado quedara claro que el rey no tendría herederos...

A los cuarenta años, Carlos II era un viejito que agonizaba rodeado de confesores, exorcistas, cortesanos y embajadores que sin disimulo alguno se disputaban el trono. Finalmente, presionado por Francia y Austria, el rey decidió buscar un sucesor amigo de París, ya que la potencia gala parecía la única capaz de asegurar la integridad de la Corona. Así, el 3 de octubre de 1700, nombró a Felipe de Anjou, nieto de Luis XIV, su heredero a condición de que no cediera ninguna posesión española ni uniera el reino a otro. Apenas un mes después, el 1 de noviembre, él mismo murió y con él la dinastía que había hecho de España un Imperio en el que nunca se ponía el sol.

El Oro de las letras

La decadencia del Imperio no se vio reflejada en las artes, que conocieron su verdadera edad de oro en ese siglo XVII gracias al trabajo de un buen puñado de autores universales. La permanente búsqueda de la belleza, la combinación de lo antiguo y lo moderno, lo foráneo y lo "nacional", impregnaron la tinta de los mejores escritores.

> » Miguel de Cervantes (1547-1616): Su obra descubre el doloroso conflicto entre la realidad y la ficción en la triste odisea de *El ingenioso hidalgo don Quijote de la Mancha*. Además de esta novela, considerada la mejor de todos los tiempos, el manco de Lepanto escribió también la colección Novelas ejemplares, de la que forman parte joyas como "La gitanilla", "Rinconete y

Cortadillo", "El licenciado Vidriera" o "El coloquio de los perros", cuyos géneros van de lo autobiográfico a la sátira, pasando por la picaresca o el divertimento. Al teatro, su gran vocación, dio la tragedia clásica *El cerco de Numancia,* aunque es en los pequeños entremeses como *El retablo de las maravillas* donde brilla todo su genio en este campo.

» Félix Lope de Vega (1562-1635): Fue el gran revolucionario de la escena con lo que dio en llamarse "comedia nueva", y el más firme defensor de la ideología tradicional y los valores casticistas. Pero sobre todo fue un polígrafo incansable, como él mismo reconocía hablando de sus propias obras: "Y más de ciento en horas veinte y cuatro, / pasaban de las musas al teatro"... Tan es así, que Cervantes le llamó "monstruo de la naturaleza"...

Fuenteovejuna, El caballero de Olmedo, Peribáñez y el comendador de Ocaña, El perro del hortelano, La dama boba, El villano en su rincón... La lista de sus dramas y comedias resulta inabarcable, pero no por ello conviene olvidar que Lope de Vega fue también un grandísimo poeta lírico, épico y religioso.

» Luis de Góngora (1561-1627): Enemigo acérrimo de Lope de Vega y Quevedo, fue un poeta que buscó refugio en una belleza intrincada y llena de referencias cultas, que alcanzó su máxima expresión en la *Fábula de Polifemo y Galatea* y, sobre todo, en las *Soledades,* consideradas en su tiempo de una osadía y oscuridad ininteligibles. Aunque a él las críticas poco le afectaban. Como él mismo decía, "ande yo caliente, y ríase la gente"...

» Francisco de Quevedo (1580-1645): Frente a la oscuridad esteticista de Góngora, a quien dedicó las más afiladas pullas en verso ("era un hombre a una nariz pegado"), Quevedo escarbó en las contradicciones del barroco con una pluma que dio algunos de los versos de amor más conmovedores de las letras españolas: "Serán ceniza, mas tendrá sentido; / polvo serán, mas polvo enamorado". Escribió también la novela picaresca *El Buscón,* una de las cumbres del género.

» Baltasar Gracián (1601-1658): Este jesuita asombró con su dominio del concepto y el lenguaje, lo que le convirtió en un maestro del aforismo. "Lo bueno, si breve, dos veces bueno, y aún lo malo, si breve, no tan malo", "el primer paso de la ignorancia es presumir de saber" y "el no y el sí son breves de decir pero piden pensar mucho" son algunas muestras de su ingenio. La novela alegórica *El Criticón* es su obra maestra.

» Pedro Calderón de la Barca (1600-1681): Mediante una serie de autos sacramentales como *El gran teatro del mundo*, pregonó el espíritu religioso de la Contrarreforma. Sus grandes dramas, como *El alcalde de Zalamea, El príncipe prodigioso* y, sobre todo, *La vida es sueño* (donde se dice aquello tan barroco de "que toda la vida es sueño, y los sueños, sueños son") marcan la cima del teatro del Siglo de Oro español.

Los pinceles del siglo

La literatura del Siglo de Oro fascinó a Europa y paseó el prestigio del idioma español por medio mundo en un momento en que los tercios empezaban a renquear en las tierras del Imperio.

Pero no sólo las letras vivieron una edad de oro. Los pintores y escultores tienen también mucho que decir en esta época, pues Felipe IV, como su abuelo Felipe II, sentía una profunda pasión por la cultura y las artes plásticas. Tanto es así, que consiguió reunir la mayor y más relevante pinacoteca conocida en Europa, siempre renovada por la paleta de los grandes pintores españoles.

» Diego Velázquez (1599-1660): Pintor de corte del rey, más tarde ascendido al cargo de aposentador real que le obligaba a supervisar la decoración del palacio real, Velázquez marca una de las cumbres de la pintura española. Sus retratos de Felipe IV y su familia nos devuelven a personajes humanos, huyendo de frías alegorías. Pero lo más asombroso es su técnica, que anuncia lo que dos siglos más tarde será el impresionismo. *Las Meninas, Las hilanderas, La rendición de Breda* o *La Venus del espejo* son algunas muestras de su genio.

» Francisco de Zurbarán (1598-1664): Amigo de Velázquez, brilló en el terreno de la pintura religiosa, con figuras de gran presencia escultórica y solemnidad ascética, y en la naturaleza muerta, en la que objetos de lo más cotidiano adquieren una presencia nueva y casi mística.

» José de Ribera (1591-1652): Establecido en Italia, donde era conocido como el Spagnoletto, hizo suyo el estilo dramático y tenebrista de Caravaggio en unos cuadros que hicieron decir al poeta británico Lord Byron que "pintaba con la sangre de los santos".

» Bartolomé Esteban Murillo (1617-1682): Sus lienzos de vírgenes e Inmaculadas, en los que la gracia de sus figuras queda realzada por una pincelada etérea e impresionista, le convirtieron en uno de los pintores más populares de su tiempo.

Capítulo 12

Una dinastía llegada de Francia

En 1700, rodeado de confesores y exorcistas, Carlos II el Hechizado murió sin descendencia. Su propia figura era una especie de caricatura de ese Imperio español que había dominado un territorio tan extenso como ningún otro antes (para más información sobre Carlos II véase el capítulo 11). Pero, a pesar de los graves problemas económicos, sociales y culturales, esa herencia era demasiado jugosa para que el resto de grandes monarquías europeas se quedaran de brazos cruzados. Como sucesor, el último de los Habsburgo designó a un nieto de su hermana María Teresa, casada con el francés Luis XIV, el Rey Sol, en virtud del llamado Tratado de los Pirineos de 1659. Pero la otra rama de los Habsburgo, la que reinaba en Austria, no estaba ni mucho menos dispuesta a aceptar alegremente esa decisión...

La guerra de Sucesión

Al despedirle en su palacio de Versalles, su abuelo el Rey Sol le había dicho: "Sé buen español, ése es tu primer deber, pero acuérdate de que has nacido francés, y mantén la unión entre las dos naciones; tal es el camino de hacerlas felices y mantener la paz de Europa". Y así, con ese consejo bajo el brazo, en 1700 partió quien sería Felipe V hacia España para inaugurar una nueva dinastía real, la de la casa de Borbón, que salvo en distintas ocasiones, habría de mantenerse en el trono hasta nuestros días.

Un reino apetecido por toda Europa

No sólo consejos. Felipe V trajo también consigo un nuevo sentido del Estado y una idea más moderna de la monarquía, inspirada, cómo no, en el modelo francés, mucho más centralista y autoritario que el hispano. No obstante, al principio de su reinado el joven monarca se mostró respetuoso con las tradiciones y leyes de los diferentes reinos. Es más, incluso dispensó abundantes privilegios entre aquellos más reacios a sus proyectos centralizadores, como los catalanes, a quienes concedió la libertad de crear una compañía marítima y la posibilidad de comerciar con América, hasta entonces patrimonio de Castilla.

Pero no todo iba a ser tan fácil. La prepotencia del Rey Sol al mover los hilos de la corte madrileña entre bastidores, y el miedo a que se hiciera con los metales preciosos de América, movieron a Austria, Holanda y Gran Bretaña a cerrar una gran alianza para desalojar a los Borbones de Madrid y poner en su lugar al archiduque Carlos de Habsburgo. Rodeada, Francia pronto se vio enfrentada al resto de potencias europeas...

Dos príncipes, dos bandos

La respuesta de los distintos territorios de la Corona tampoco fue uniforme, y así, mientras Castilla permaneció fiel a Felipe V, cuyo proyecto de Estado centralista y monarquía fuerte se adaptaba mejor a sus intereses, la Corona de Aragón se unió al bando del pretendiente austríaco, Carlos III. La promesa de éste de mantener el régimen federal de libertades que había regido bajo los Habsburgo fue importante para dar tal paso, como también los deseos particulares de cada uno de los territorios que la constituían:

» Cataluña, por convencimiento de que la victoria de los Habsburgo haría de Barcelona el centro económico de España.

» Valencia y Aragón, porque veían en el apoyo al archiduque la oportunidad perfecta para liberarse de la soga de la nobleza y sus pesados tributos.

El trono vacante del emperador

La guerra de Sucesión acabó convirtiendo España en un campo de batalla. Rodeadas por todos los frentes, Francia y Castilla conseguían resistir a duras penas, pero nadie sabía hasta cuándo. Incluso el Rey Sol aconsejó a su nieto que abandonara la empresa... Hasta que un acontecimiento inesperado vino a trastocarlo todo: la muerte sin hijos del emperador austríaco José I. Su hermano, el archiduque Carlos, quedó como heredero único del Sacro Imperio romano–germánico. La consecuencia inmediata fue el enfriamiento de la alianza contra los Borbones. Si antes nadie quería que Francia y España quedaran unidas bajo una misma dinastía, ahora menos que una misma persona reinara en el Imperio y en la Corona hispánica como en los tiempos del emperador Carlos V...

La negociación de la paz

RECUERDA

En 1713, las potencias europeas se reunieron para firmar el Tratado de Utrecht, una paz digna para todos. Según ella:

» Felipe V fue confirmado en el trono español.

» El Imperio se hizo con las posesiones españolas de Flandes, Milán y Cerdeña.

» Inglaterra arrancó a España un racimo de ventajas comerciales en América, como el monopolio de la trata de esclavos en las colonias. Y no sólo eso, pues se le concedían también Gibraltar y Menorca, dos plazas de gran importancia estratégica.

Un francés en la corte de Madrid

El nieto del Rey Sol podía gobernar ya sin que nadie interfiriera en sus asuntos. Como él mismo dijo: "Ya que Dios ciñó mis sienes con la Corona de España, la conservaré y la defenderé mientras me quede en las venas una gota de sangre; es un deber que me imponen mi conciencia, mi honor y el amor que a mis súbditos profeso".

Hacia un Estado fuerte y centralizado

La ocupación de la rebelde Corona de Aragón, completada el 11 de septiembre de 1714 con la toma de Barcelona, brindó a Felipe V la posibilidad de acelerar el proceso de unificación del Estado, para lo cual emprendió una ardua tarea centralizadora plasmada en los Decretos de Nueva Planta. Los correspondientes a Aragón y Valencia fueron promulgados en 1707, mientras que los de Cataluña se publicaron en 1716. Entre otras cosas prescribían:

» La abolición de los fueros y las Cortes de cada reino, éstas incorporadas al Parlamento de Castilla.

LAS REALES FÁBRICAS

Para dar un empujón a la decrépita industria española, Felipe V creó las Reales Fábricas. Se trataba de unas empresas financiadas y gestionadas por la Corona, que elaboraban una industria de lujo destinada a desplazar de los mercados los productos franceses, alemanes o ingleses, y a colmar los caprichos de las elites americanas y peninsulares. La fábrica de tapices de Santa Bárbara, la de cristal de la Granja de San Ildefonso y la de porcelana del Buen Retiro, habilitadas con los mejores artesanos extranjeros, eximidas de impuestos y abastecidas con las materias primas de mejor calidad, fueron algunas de ellas.

>> La sustitución del virrey de los Habsburgo por un capitán general.

>> El establecimiento de un catastro que gravaba las actividades económicas y las propiedades.

>> La imposición del castellano como lengua de la administración de justicia en Cataluña.

Tampoco la administración central, tan anquilosada durante el reinado anterior, resistiría el ímpetu reformista de Felipe V:

>> La alta nobleza es alejada de las tareas burocráticas.

>> Se crean las Secretarías de Estado, Justicia, Hacienda, Marina y Guerra, precedentes del gabinete de ministros del siglo XIX.

La meta perseguida era clara: dotar a España de un Estado moderno. De ese proceso centralizador sólo se libraron las Provincias Vascongadas y Navarra, cuyos fueros fueron respetados por Felipe V por la fidelidad que le habían dispensado en la guerra.

Pero no acabaron ahí las reformas del rey, quien, haciendo caso omiso de las reticencias de sus súbditos, también:

>> Implantó el servicio militar obligatorio.

>> Extendió la reforma fiscal por todo el territorio nacional.

>> Suprimió las aduanas internas entre Castilla y Aragón para crear un mercado unificado.

UN *CASTRATO* PARA LA MELANCOLÍA REAL

Ser rey no te libra de los achaques del resto de la humanidad, y Felipe V no era una excepción. Desde su adolescencia, depresiones y ataques de melancolía lo dejaban postrado y ausente de las labores de gobierno. Y lo peor es que ningún médico sabía hallarles remedio. Su esposa, Isabel de Farnesio, lo intentó con la música y para ello comprometió a la estrella más rutilante del universo operístico, a una voz idolatrada en toda Europa: Farinelli. Era un *castrato*, un cantante sometido en su niñez a la extirpación de sus testículos para que en su madurez mantuviera intacto su timbre infantil agudo. Durante una década, el divo cantó para Felipe V en Madrid, cada noche las mismas canciones.

América quita el sueño

Tras el Tratado de Utrecht, el Imperio español dejó de ser universal para convertirse en americano. De ahí que la preocupación por el control de las Indias quitara el sueño a Felipe V. Ahí se encontraban las fuentes de riqueza para rehacer la fortaleza de la monarquía, y por ello el nuevo rey impulsó una política destinada a atajar el contrabando y a estimular el tráfico mercantil entre la Península y las colonias.

Tarea prioritaria para salvaguardar el vínculo con el Nuevo Mundo fue la reconstrucción de la marina, muy castigada durante la guerra de Sucesión y siempre acechada por el hostigamiento de los piratas y la Armada británicos. Del tiempo, dinero y esfuerzo invertidos resultó la renovación de los astilleros y la creación de arsenales y bases navales, todo lo cual redundó en un renacimiento naviero que posibilitó que el Imperio oceánico se mantuviera casi dos centurias más.

Modernización a la francesa

En 1746, y después de 45 años de reinado (el más largo de la monarquía española), Felipe V murió en Madrid. La España que heredaba su hijo Fernando VI era muy diferente a la que él había recibido. Varios elementos habían incluso restaurado el prestigio internacional de la monarquía española:

» El absolutismo del monarca.

LUIS I, EL REY EFÍMERO

Felipe V fue el rey español que más años ocupó el trono: 45. Una cifra alejada del récord establecido por su abuelo el Rey Sol, que permaneció 72 en el de Francia, pero en todo caso muy respetable. Otro récord, pero muy distinto, lo tiene el olvidado Luis I el Bien Amado. En 1724 su padre Felipe V abdicó en él para poder optar a la corona gala, huérfana desde la muerte de Luis XV, pues el Tratado de Utrecht dejaba bien claro que la misma persona no podía reinar en España y en Francia. Luis I subió así al trono el 15 de enero de 1724, a los diecisiete años de edad, y lo dejó el 31 de agosto de ese mismo año fulminado por una viruela. En total, 229 días que hacen del suyo el reinado más breve y que obligaron a su padre a volver a Madrid.

» La uniformidad lograda en los distintos territorios del reino.

» El crecimiento económico y demográfico de España.

Las reformas no se detienen

Fernando VI prosiguió la política de renovación del Estado emprendida por su padre centrándola sobre todo en dos aspectos:

» El sometimiento de la Iglesia española a las directrices de la Corona, algo ya perseguido por Felipe V, y que en 1753 se plasmó en la firma de un Concordato con Roma por el que el papa reconocía la facultad del rey para intervenir en la administración eclesiástica.

» La modernización de la Hacienda real, con vistas a cerrar los agujeros provocados por el excesivo coste de la burocracia, el ardor belicoso de Felipe V y la injusticia de un sistema de impuestos anclado en los privilegios de la Edad Media.

El segundo punto, sobre todo, tenía una importancia vital. Así, con el ilustrado Zenón de Somodevilla y Bengoechea, marqués de la Ensenada, al frente como ministro, se abordó la confección de un censo de todos los hogares y de sus ingresos para gravarlos con un impuesto único. La novedad, que podría calificarse de revolucionaria, fue que ese impuesto convirtió en contribuyentes por primera vez en la historia de España a los grupos privilegiados.

Los privilegios no se tocan

Como no podía ser de otro modo, la historia acabó mal. Conscientes de que su inmunidad fiscal comenzaba a tambalearse en los despachos de Madrid, los grandes aristócratas se levantaron de sus aterciopelados sillones para conspirar y abortar las reformas emprendidas. Y vaya si lo consiguieron. En 1754 Ensenada cayó en desgracia y su política fiscal quedó bloqueada. Cinco años más tarde, el rey, sumido en la locura desde la muerte de su esposa en 1758, moría en Madrid.

Carlos III, el rey ilustrado

Fernando VI murió sin descendencia, y el trono pasó así a su hermanastro Carlos III, quien hasta entonces había reinado cómodamente en Nápoles ganándose una justa fama de monarca reformista. Con él llegó a Madrid un séquito de ministros napolitanos decididos a aplicar en España las fórmulas económicas y políticas que tan buenos resultados habían dado en el reino italiano.

Hacía así acto de presencia en la corte de Madrid una forma de gobierno procedente de Francia por la cual un rey absoluto se rodeaba de una minoría culta para proyectar las reformas encaminadas al progreso cultural y material del país. Era lo que ha dado en llamarse "despotismo ilustrado".

La primavera de la razón

La modernización de España era el gran reto de esos ilustrados, un grupo de pensadores que consideraba posible construir un mundo mejor, sin supersticiones ni tiranías, mediante el sabio uso de la razón. En permanente conflicto con la Iglesia y los tribunales de la Inquisición, esos filósofos, economistas y hombres de Estado creyeron encontrar en Carlos III la palanca ideal para levantar España. Todos defendían reformas, nunca revoluciones que rompieran los márgenes del Antiguo Régimen, el término con el que los revolucionarios franceses de 1789 designaban aquellas, para ellos caducas, formas de gobierno absolutistas anteriores a esa fecha.

Para esos profetas de la modernidad española, los problemas que atenazaban al país eran más que evidentes. Entre ellos citaban:

UNA BANDERA Y UN HIMNO

Con los Borbones en el trono el concepto de patria referido a España adquiere un sentido nuevo, más allá de regionalismos. España empieza a verse como una nación y en ese sentido cobrará una gran importancia la confección de una bandera que haga que todos sus ciudadanos se reconozcan en ella. Éste será un proceso lento, pero el primer paso se dio con Carlos III, quien en 1785 organizó un concurso para diseñar una enseña que se identificara fácilmente en el mar y a la vez se distinguiera de las de otros reinos borbónicos, que compartían un mismo color blanco. El diseño escogido fue el que todavía hoy representa a España, dos franjas de color rojo que enmarcan otra gualda. Otro elemento nacional, el himno, también halla su origen en este reinado, pues fue Carlos III quien en 1770 convirtió en marcha real una anónima marcha de granaderos. Con Isabel II alcanzará la categoría de himno oficial de España.

» El atraso económico.

» La parálisis crónica del campo.

» El anquilosamiento autocomplaciente de la aristocracia.

» El protagonismo asfixiante de la Iglesia.

» La ignorancia supina de las clases populares.

Todos aspiraban a una sociedad utópica, moldeada por el progreso y la ciencia, y así defendieron medidas como un cuerpo uniforme de leyes, una nueva división de provincias, un impuesto único, una enseñanza con estudios comunes, la exención de los privilegios militares...

Esencial en todo ese proceso será la difusión del concepto "nación" y sobre todo del de "patria", que hasta la llegada de Felipe V había tenido resonancias meramente localistas en España. El ensayista Benito Jerónimo Feijoo, autor del *Teatro crítico universal*, será uno de sus más eminentes adalides. Dicho en sus palabras: "La Patria a quien sacrifican su aliento las armas heroicas, a quien debemos estimar sobre nuestros particulares intereses, la acreedora a todos los obsequios posibles, es aquel cuerpo de Estado; donde debajo de un gobierno civil estamos unidos con la coyunda de unas mismas leyes".

Esperanzas frustradas

Los primeros años de reinado de Carlos III despertaron la ilusión de los ilustrados. Sin embargo, la obsesión del soberano por devolver a España su lugar en el mundo acabó arruinando las expectativas creadas. Amenazas de Inglaterra, participación en la guerra de los Siete Años (1756-1763) entre Prusia y Austria al lado de esta última, intervención en la guerra de Independencia de Estados Unidos... Toda esta política exterior acabó agravando el ya de por sí delicado estado de las finanzas a la vez que exigía paz interna en la Península. Y ésta sólo podía conseguirse si la monarquía respetaba el marco social heredado y arrinconaba las reformas que tanta urticaria producían en la alta nobleza y la Iglesia. No en balde Carlos III necesitaba el apoyo de las fuerzas más conservadoras...

La reforma de la economía

No obstante, consciente como era de la importancia de contar con una economía saneada, el nuevo rey emprendió una política de promoción de la industria y el comercio. Ésta, no obstante, tropezó pronto con un mercado excesivamente regionalizado y de baja demanda. Tampoco iban muy bien las Reales Fábricas creadas por su padre Felipe V, dirigidas por oportunistas acostumbrados a que el Estado cubriera sus pérdidas, y que entraron en crisis en cuanto la Hacienda se vio incapaz de hacerse cargo de ellas.

Un mercado para todo el país

Ante esta situación, los economistas defendieron la idea de que el país sólo podría lanzar el vuelo con un mercado unificado y unas comunicaciones modernas. Entre las medidas propuestas para tal fin figuraban:

>> Liberalizar las compras en el interior.

>> Abaratar los transportes.

>> Mejorar las infraestructuras.

>> Perfeccionar la organización de los recursos y la explotación de los mercados americanos.

El primer plan de carreteras de España, destinado a unir la capital con Andalucía, Cataluña, Valencia y Galicia, surgió de aquí, del convencimiento de que los caminos construyen la nación. La inestabilidad política y el alto coste de las obras en un país de orografía complicada acabaron frustrando, una vez más, el proyecto.

El fin del monopolio comercial en América

Los intentos de reforma llegaron también a América, donde la burguesía criolla, o lo que es lo mismo, los hijos de españoles nacidos en el Nuevo Mundo, criticaban abiertamente el monopolio comercial establecido en el eje Sevilla-Cádiz desde tiempos de los Habsburgo. Enriquecidos con la exportación de cacao, tabaco y azúcar, veían cómo los mercaderes europeos ofrecían productos a un precio muy inferior al de una Península incapaz, por otro lado, de satisfacer todas sus demandas. Para remediar la situación, Carlos III abrió el tráfico americano a todos los puertos peninsulares, aunque la medida acabó beneficiando sólo a los comerciantes españoles en sus transacciones con las colonias y no a los americanos respecto a la metrópoli...

La prosperidad de Cataluña

Lo que sí consiguió la apertura del mercado americano fue estimular la industria en las regiones de la periferia peninsular. La burguesía española se fortalecía así a la sombra de la Corona. Y la más beneficiada fue Cataluña. Sus productores agrícolas y textiles conquistaron el amplio mercado interior de Castilla y los puertos americanos, hasta los que navegaban barcos catalanes cargados de manufacturas o aguardiente. Fue así como la burguesía de la región consiguió acumular los capitales necesarios para abordar con éxito la revolución industrial de la centuria siguiente.

Educación para todos

La nueva clase social formada por la burguesía sintonizó de inmediato con el afán reformista de la minoría intelectual ilustrada. Y una de sus primeras demandas fue la de una educación fundamentada en el pensamiento crítico y el desarrollo de la investigación.

Las demandas para combatir la ignorancia de la población resonaron con fuerza en la corte de Carlos III, pero chocaron, cómo no, con la tradicional oposición de las clases dominantes y la Iglesia, que mediante el control de los Colegios Mayores, cantera de la burocracia estatal, bloqueaba cualquier intento de cambio. Sus tesis se impusieron y las aulas permanecieron sumidas en su letargo. No obstante su fracaso, el deseo ilustrado de convertir la enseñanza en un factor de integración nacional prepararía el camino al liberalismo de la centuria siguiente.

Estómagos alborotados

La regeneración de la economía trajo consigo la recuperación de la población, que pasó de los siete millones y medio de la época de la guerra de Sucesión a los más de diez millones y medio de mediados del siglo XVIII. Sin embargo, la salud demográfica seguía muy vinculada al campo y las cosechas. Éstas habían progresado con la exitosa introducción de productos americanos como el maíz, la remolacha y la patata, pero doblada la centuria la sensación de prosperidad se vio truncada por una fatal conjunción de sequías, epidemias, caídas de salarios e inflación, que hicieron todavía más pronunciados los desequilibrios sociales. El número de indigentes se multiplicó dramáticamente y con él las posibilidades de rebeliones y amotinamientos.

El motín de Esquilache

Hábilmente manipulado por la Iglesia y la alta nobleza, el polvorín social acabó estallando en 1766 en un motín que se convertiría en símbolo del rechazo de la política ilustrada. Las medidas emprendidas por el marqués de Esquilache, ministro y hombre de confianza del rey, en busca de la libertad de precios agrarios, la recuperación de los señoríos por la Corona o la desamortización de los bienes de la Iglesia asustaron una vez más a unos privilegiados del reino que últimamente no ganaban para sustos.

La espita que precipitó todo fue, como casi siempre en estos casos, anodina: un decreto que pretendía erradicar el uso de la capa larga y el sombrero de ala ancha en Madrid, para asegurar el orden público (los embozados podían esconder armas entre sus prendas y cometer las más diversas tropelías amparados por el anonimato) y, sobre todo, mejorar la imagen de una capital que Carlos III quería adecentar y renovar. El 23 de marzo, una multitud enfurecida se echó a la calle. Los tres días de violencia social que siguieron degeneraron en una crisis tal que obligó a Esquilache a huir a Italia.

La expulsión de los jesuitas

La crisis de Esquilache acabó volviéndose contra la jerarquía eclesiástica. El miedo a suscitar nuevas revueltas hizo encallar la tímida liberalización económica emprendida por Carlos III, pero no impidió que éste redoblara los esfuerzos por ampliar los derechos de la Corona sobre la Iglesia.

El golpe de gracia en la lucha entre el poder político y el espiritual fue el decreto de expulsión de los jesuitas de España. El gobierno ilustrado siempre había visto con suspicacia a la Compañía de Jesús, cuya dependencia de Roma consideraba una infidelidad al Estado. Su riqueza y el control de la educación aumentaban el recelo. Pero fue su responsabilidad en el motín de Esquilache lo que acabó estrechando el cerco sobre ella. Así, en 1767 Carlos III la expulsó de todos los territorios de la Corona, enturbiando aún más las relaciones con el papado, pero el rey no se atrevió a ir más allá y entrar a fondo en la reforma de la Inquisición.

Otra reforma
que se queda en el papel

El motín de Esquilache dejó huella en la corte española, temerosa desde entonces de nuevos amotinamientos. Una cosa, no obstante, estaba clara: la razón de esa revuelta no había sido el derecho a llevar una capa más corta o más larga, sino el hambre. De ahí que los dirigentes políticos vieran la necesidad de una rápida reforma agraria.

Los labradores día a día se hundían por los abusos, mientras la Iglesia y la aristocracia acaparaban grandes ingresos que ni siquiera invertían, sino que gastaban en lujosas residencias y un alto tren de vida. Si el campesinado accedía a la propiedad de la tierra que cultivaba, España por fuerza tenía que mejorar.

El gobierno intentó llevar a la práctica la teoría y encargó informes sobre el estado del campo, fomentó la construcción de canales de riego, repartió tierras comunales entre los campesinos y promovió la colonización de enclaves como Sierra Morena... Pero, como siempre, los de siempre, la Iglesia y los nobles, consiguieron abortar todas esas iniciativas. Ante la falta de una clase social ilusionada por consolidar las reformas y levantar un proyecto alternativo al vigente, todo cambio estaba condenado al fracaso ante los contragolpes de los celosos guardianes del pasado. Cuando Carlos III murió en 1788, sus reformas llevaban largos años estancadas o anuladas...

Capítulo 13

La agonía del Antiguo Régimen

Cuando Carlos III cerró sus ojos al mundo en 1788, en España seguía habiendo Inquisición, señoríos, mayorazgos, municipios oligárquicos y privilegios estamentales. El modelo político del absolutismo ilustrado no había conseguido desmantelar un sistema de resonancias medievales, imposible de sostener en la Edad Moderna. Todos los esfuerzos por modernizar el país habían resultado baldíos. Y ésa es la España que heredó Carlos IV. Una España atrasada, estancada en un Antiguo Régimen que en 1789, sólo un año después de subir el hijo de Carlos III al trono, iba a recibir uno de sus golpes más crueles: la Revolución Francesa.

Miedo a la Revolución

La Revolución de 1789, con el asalto de la Bastilla de París, el encarcelamiento del rey Luis XVI y la proclamación de la República, llenó de pavor a las autoridades españolas. Y más aún cuando el grito de libertad proferido por las calles de la capital francesa atravesó la muralla de los Pirineos y se abrió camino hasta las ciudades costeras de España, donde los agentes gubernamentales detectaron una simpatía creciente por los ideales republicanos.

El aislamiento como medicina

El miedo a que la llama revolucionaria, atizada por los agitadores franceses, las crisis de subsistencia y el hambre, prendiera también en un reino como el español atrapado por las mandíbulas de la reacción, cundió rápidamente entre las autoridades. La receta aportada fue poco original: el aislamiento, cerrar el país a cal y canto para evitar todo nefasto contagio. Y como medicinas, dos infalibles:

>> Una férrea censura sobre todas las noticias que llegaran de Francia.

>> La ayuda de la Inquisición, que se encargó con su secular eficacia de silenciar las voces más subversivas.

No sólo eso, sino que también se impidió a los jóvenes españoles que estudiaran en el extranjero, se persiguieron todas las publicaciones francesas bajo la acusación de anticristianas, se silenciaron los diarios políticos e incluso se llegó a prohibir en las escuelas de la Iglesia la enseñanza de la lengua gala...

Contra la Francia republicana

La situación se convirtió en crítica cuando el 21 de enero de 1793 Luis XVI fue guillotinado. Fue la señal para que el resto de monarquías europeas, temerosas de la seguridad de sus testas coronadas, olvidaran sus rencillas, hicieran causa común y declararan la guerra a Francia. También la española, no en balde el ajusticiado era un miembro de la familia, un Borbón. La alianza establecida por España, Gran Bretaña, Austria y Prusia era una respuesta a quienes habían roto el sacrosanto orden tradicional fundado en el derecho de los reyes, los privilegios de la nobleza y la hegemonía de la Iglesia. El problema es que España se apuntó a la aventura sin un ejército que hiciera convincentes sus argumentos...

Francia pasa los Pirineos

En la primavera de 1793, los enardecidos revolucionarios franceses pasaron la muralla pirenaica sin que nada pudiera hacer para detenerlos un ejército pésimamente preparado, penosamente abastecido y muy desmoralizado.

Gran parte de Cataluña fue ocupada y Guipúzcoa fue sitiada, lo que hizo cundir el miedo en la corte española. Tanto que Manuel Godoy, el hombre de confianza de Carlos IV, no lo dudó un instante y abandonó al resto de aliados para firmar un acuerdo de paz con quienes hasta entonces habían sido sólo unos bárbaros revolucionarios franceses. No sólo eso, sino que un año después el mismo Godoy aplaudió una alianza con Francia para luchar contra una Gran Bretaña a la que veía como seria amenaza para las posesiones americanas...

Paradojas de la historia: una Corona que pide ayuda a una república que no hacía tanto había ejecutado a un rey de la familia...

Carlos IV se vuelve reformista

La alianza con Francia obligó a Godoy a hacer un tímido guiño liberal y a atraerse a lo más granado de la Ilustración española. No por nada los temibles revolucionarios y regicidas de 1789 eran ahora amigos... Entre las reformas emprendidas figuraban:

» Una reforma agraria.

» La supresión de algunos impuestos.

» La liberalización de los precios de las manufacturas.

» La venta de propiedades de la Iglesia.

» La reducción del poder de los gremios.

Por un tiempo, Godoy devolvió a la corte el espíritu ilustrado del reinado de Carlos III.

La derrota más dolorosa

La alianza contranatura entre los representantes del Antiguo Régimen español y los protagonistas de la Revolución Francesa no tardó mucho en resultar fatal para la monarquía de Carlos IV, convertida en mera comparsa de la política expansionista de París. Así pudo verse en 1805, cuando Napoleón, autoproclamado ese mismo año emperador de los franceses, involucró a España en una nueva guerra contra Gran Bretaña. El 21 de octubre, las escuadras inglesa por un lado y española y gala por otro se batieron en aguas del cabo Trafalgar (Cádiz). Gran Bretaña perdió a su almirante, Horacio Nelson, pero la victoria fue total para sus armas.

La pesadilla de la guerra de la Independencia

La incapacidad de Carlos IV para dirigir el Estado era total. Tanto y tan evidente, que el lastimoso estado de la Hacienda, los desastres bélicos, el arrinconamiento político de la nobleza y el disgusto del clero favorecieron que se aglutinara una oposición en torno al príncipe heredero, Fernando, el futuro Fernando VII.

La abdicación del rey

En 1808, Napoleón, con la excusa de invadir Portugal, consiguió de Godoy el permiso para acantonar tropas francesas en España, lo que en la práctica suponía una auténtica ocupación del país. Desde ese instante, la situación se precipitó rápidamente. Godoy tramó la huida de la familia real, pero un alzamiento popular en Aranjuez la malogró. No sólo eso, sino que los amotinados consiguieron provocar la caída del ministro y que Carlos IV abdicara en la figura de su hijo Fernando.

Napoleón decidió entonces que era una pérdida de tiempo seguir sosteniendo a una monarquía tambaleante, e invitó a padre e hijo a trasladarse a la más segura Bayona. Allí, sin violencia, pero también sin rodeos, usó de todo el poder de convicción que le daban sus ejércitos para que los Borbones hispanos cedieran gustosamente el cetro real a su hermano José Bonaparte (para más información sobre José Bonaparte véase el recuadro "Pepe Botella, un rey falto de cariño"). Los herederos de la Revolución Francesa alcanzaban así la Corona española...

Los alzamientos del 2 de mayo

Pero el pueblo español no iba a recibir con los brazos abiertos a los ocupantes. El 2 de mayo, los madrileños inundaron las calles de la capital y acometieron a cuchillo y piedras a los soldados franceses. La represión fue brutal, con el general Joachim Murat ordenando el fusilamiento de centenares de paisanos, un episodio inmortalizado con insólita fuerza por Francisco de Goya en uno de sus lienzos más célebres (para más información sobre los fusilamientos véase el recuadro "Francisco de Goya ante la guerra").

Pero no sólo Madrid. La sublevación contra el invasor consiguió algo tan inaudito como hermanar a las regiones españolas y romper las viejas barreras geográficas e históricas. Mientras las campanas tocaban a degüello, España se precipitaba en una contienda en la que no había perdón posible para el enemigo.

Un paseo que no fue tal

Cuando Napoleón fijó su mirada en España, llevaba doce años de batallas. Había combatido en Italia, en Egipto, en Bohemia... Y siempre había conseguido salirse con la suya. De ahí que cuando planificó

PEPE BOTELLA, UN REY FALTO DE CARIÑO

Escaso favor le hizo Napoleón a su hermano mayor, José Bonaparte, dándole la corona de España. En sus cinco años de reinado, José I reinó intentó modernizar la administración, embellecer Madrid y atraerse a su pueblo, pero siempre sin frutos, como le escribió en una carta al emperador: "Sire, nadie le ha dicho hasta ahora toda la verdad a su Majestad. El hecho es que no hay un español que se muestre afecto a mí, excepto el reducido número de personas que viajan conmigo". Siempre se le veía como un extranjero y se le trataba con epítetos despectivos, como Pepe Botella, a pesar de que era abstemio, o El Plazuelas, por su obsesión por abrir nuevas plazas en la capital, entre ellas la de Oriente.

la ocupación de la Península, de una tierra que se tambaleaba entre desastres militares e intrigas palaciegas, pensara que sería un paseo militar. Poco podía imaginar el emperador de los franceses que esa invasión se iba a transformar en un atolladero en el que se empantanaría un elevado contingente de tropas cada vez más necesario en el resto de frentes abiertos en Europa...

Posturas ante la invasión

La guerra contra los invasores galos y el rey por ellos impuesto dividió la sociedad española en tres grandes bandos:

» La mayoría de la población, para la cual la resistencia frente a los ocupantes no podía desligarse de la defensa del trono y del altar, postura que mezclaba sentimientos religiosos y patrióticos, y que fue hábilmente manipulada por el bajo clero.

» Buena parte de la burguesía cosmopolita y de la mayoría ilustrada, que no sólo deseaban afirmar la nación española frente a Francia, sino también darle la vuelta a la sociedad tradicional.

» Otro grupo de intelectuales, funcionarios y eclesiásticos ilustrados que colaboró con José Bonaparte porque creía que ésa era la mejor forma de defender la integridad y buen funcionamiento del Estado. Son los afrancesados, el blanco preferido de la posterior reacción.

FRANCISCO DE GOYA ANTE LA GUERRA

El horror de la guerra de la Independencia tiene un cronista de primera fila en Francisco de Goya. Cuadros como *El 2 de mayo de 1808 y Los fusilamientos del 3 de mayo* aparentemente quieren, según palabras del propio pintor, "perpetuar por medio del pincel las más notables y heroicas acciones o escenas de nuestra gloriosa insurrección contra el tirano de Europa", pero en realidad van mucho más allá, al mostrar la marea de las turbas luchando con dientes y uñas, mientras la anónima maquinaria de matar francesa descarga sus fusiles sobre la población. La serie de grabados *Los desastres de la guerra* hace aún más explícito, si ello es posible, ese horror que lleva a los unos a dar muerte a los otros. En todo caso, de poco le sirvió su patriotismo: por haber servido al impopular José I, el artista hubo de tomar el camino del exilio bajo el estigma de ser un afrancesado.

Una contienda nacional y popular

El ejército de 150.000 soldados enviado por Napoleón para sofocar los distintos levantamientos en tierras españolas se estrelló pronto contra una resistencia que unió en una empresa común a soldados profesionales, labradores, artesanos, contrabandistas, granujas, bandoleros, mujeres y frailes. Todo un ejército de sombras que hostigaba una y otra vez a las tropas galas, que también se estrellaron contra el heroísmo de ciudades como Zaragoza o Gerona.

La victoria militar del general Francisco Javier Castaños en Bailén el 19 de julio de 1808, unida al desembarco del general inglés Wellington al frente de un cuerpo expedicionario, hicieron soñar a los españoles con el rechazo definitivo del enemigo. Incluso los políticos trataron de organizar un gobierno, la Junta Central, que pusiera orden en el territorio no ocupado por los franceses.

Pero las esperanzas puestas en la victoria de Bailén se desvanecieron pronto. A finales de 1808 el propio emperador cruzó los Pirineos al frente de un gran ejército que rápidamente trituró los restos de tropas regulares españolas.

La huida al monte

A los oficiales, soldados, aventureros y desertores supervivientes no les quedó otra que huir hacia las montañas y, tras agruparse en partidas, recurrir a la "guerra de guerrillas", táctica militar novedosa que convirtió a los patriotas españoles en jinetes fantasmas que emergían de los riscos para golpear a las caravanas de abastecimiento, los convoyes de heridos y las guarniciones rezagadas, para luego desaparecer sin dejar rastro.

Los militares franceses pudieron dominar la batalla en campo abierto y controlar la mayor parte de las ciudades, pero la llanura y las montañas fueron patrimonio de esos guerrilleros a los que la población apoyaba, protegía y escondía. Fueron ellos los que mantuvieron viva la llama de la resistencia, de tal modo que cuando los ejércitos de Napoleón se lanzaron a las estepas heladas de Rusia en busca de su perdición, en 1813 Wellington pudo dar un giro definitivo a la contienda y desperdigar a los invasores más allá de los Pirineos.

Cortes de Cádiz

La guerra de la Independencia tuvo otra cara además de la militar: las Cortes de Cádiz. Mientras los guerrilleros se oponían a las bayonetas francesas, un puñado de hombres halló refugio en un Cádiz fortificado y protegido por la marina británica y allá puso las bases para desmantelar el Antiguo Régimen e introducir de pleno a España en el recién nacido siglo XIX.

La primera Constitución

RECUERDA

La transformación de las antiguas Cortes en una moderna asamblea fue el primer paso que dieron. En 1810 se inauguraban sus sesiones con el juramento de mantenerse firmes en la defensa de la integridad española y la mejora de las leyes. La representación nobiliaria era muy escasa, aunque un tercio de los escaños estaba ocupado por eclesiásticos. Aun así, poco pudieron hacer estos para detener las reformas. Y éstas, que se plasmaron en la Constitución de 1812, eran de gran calado:

» Se establece la igualdad de todos los ciudadanos, incluidos los de América.

» Se aprueba la libertad de expresión.

» Se eliminan los señoríos jurisdiccionales, esas relaciones de dominio que la nobleza y la Iglesia tenían sobre los habitantes de un determinado territorio desde la Edad Media.

» Se derogan los gremios para dar paso a modernas formas de producción capitalista.

» Se decreta la venta en pública subasta de las tierras municipales para hacer realidad la reforma agraria proyectada por anteriores gobiernos ilustrados.

» Se eliminan los tribunales de la Inquisición.

La nueva Constitución será aprobada el día de San José de 1812, de ahí el sobrenombre de "La Pepa". Imbuida de espíritu liberal, aseguraba la monarquía como forma de Estado y reorganizaba el territorio español según un ideario centralista que disgustó a los representantes catalanes. "Formamos una sola nación y no un agregado de varias naciones", argumentaron los defensores de la nueva Constitución. Y no se olvidaban ni mucho menos de América, como quedaría expuesto en su primer artículo: "La Nación española es la reunión de todos los españoles de ambos hemisferios".

Como otros ensueños liberales y modernizadores anteriores, el de Cádiz también sería fugaz. Fernando VII, nada más regresar a España del exilio, se encargó de enterrarlo. Pero la semilla quedó, y con ella la burguesía acabó levantando a lo largo del siglo XIX la patria constitucional que el diputado asturiano Agustín de Argüelles supo entrever cuando en la asamblea tomó el texto de la Constitución y dijo: "Españoles, aquí tenéis vuestra patria".

4

La Edad Contemporánea

EN ESTA PARTE . . .

La cuarta parte se interna en un siglo marcado por la lucha entre liberales y conservadores por imponer su concepción del mundo en España. La convulsa situación política, entre cuyos episodios se halla la proclamación de la Primera República, culminará en el desastre de 1898 con la pérdida de los últimos restos de lo que trescientos años antes fue un Imperio inabarcable: Cuba y Filipinas.

Capítulo 14

La represión de la libertad

La idea de comunidad nacional que nacía de la Constitución redactada por las Cortes de Cádiz en 1812 sufrió un brusco revés con el regreso del exilio, en 1814, de Fernando VII. La Carta Magna como respuesta autóctona a la ocupación francesa del país apenas si tuvo vigencia. La Iglesia, lejos de leerla y explicarla en el púlpito, prefirió seguir pensando que la autoridad venía de Dios y del rey, y no del pueblo. Así, Fernando VII no tuvo dificultad alguna para disolver las Cortes y volver al régimen anterior, más absolutista que ilustrado.

Papel mojado

Pueblos arrasados, ciudades destripadas, caminos y fábricas inservibles... Así fue la España que Fernando VII, el Deseado, como le llamaban sus partidarios, encontró a su regreso. Reconstruirla se presentaba como una labor titánica y urgente, pero no fue ése el primer pensamiento del retornado monarca. A su entender, lo prioritario era desmantelar lo poco que apuntaba a un futuro más justo.

Vuelta al pasado

Así, y con la fuerza militar de su parte y el apoyo de algunos diputados absolutistas, el rey tomó de inmediato las medidas oportunas para que el sueño de una España liberal y moderna quedara sólo en eso, en un sueño:

» Se declaró ilegal la convocatoria de las Cortes de Cádiz.

» Se anuló la obra legisladora realizada por ellas.

FIGURA 14-1:
Fernando VII

» Se restauró el tribunal de la Inquisición.

» Se devolvieron al clero y la aristocracia sus privilegios.

Nadie salió en defensa de la Constitución. Es más, en el ámbito internacional todo parecía aliarse a favor del monarca. La contrarrevolución diseñada a medida por las potencias conservadoras que habían derrotado a Napoleón ayudó a que la restauración de los Borbones en el trono español fuera aún más fácil.

El exilio de la antiespaña

"O estás conmigo o estás contra mí" es un axioma que lamentablemente parece formar parte del código genético español, y Fernando VII no fue una excepción. Pronto quedó claro que sus primeras acciones tras su regreso no iban a limitarse a acabar con el legado de Cádiz, sino que la maquinaria de la represión iba a ponerse de inmediato en funcionamiento y que iba a trabajar con especial esmero. Los colaboradores del gobierno de José I Bonaparte fueron las primeras víctimas, pero pronto les siguieron los liberales que se habían opuesto al invasor galo e incluso los guerrilleros que habían arriesgado su vida por la Corona (para más información sobre José Bonaparte véase la sección "La abdicación del rey" en el capítulo 13, página 150).

LA ESPAÑA IDEALIZADA, O NO, DE LOS ROMÁNTICOS

El reinado de Fernando VII coincidió con el descubrimiento de España por parte de escritores extranjeros como Lord Byron, Washington Irving o Alejandro Dumas. Al exterior, el país proyectaba una imagen oriental, hechizante, sensual, pero también sucia, brutal, supersticiosa, incómoda y atrasada.

George Borrow o, como él mismo decía al presentarse, "aquel al que los *manolos* de Madrid llaman don Jorgito el Inglés", fue uno de esos escritores viajeros, y el primero que supo plasmar esa doble faz española. Llegado a España en 1836 para vender Biblias protestantes, dio una imagen entre lo esperpéntico y lo pintoresco de un país que recorrió en mulo durante cuatro años y que describió como reaccionario y clerical, necesitado de una urgente civilización, pero al mismo tiempo exótico, espontáneo y castizo.

Miles de perdedores, convertidos en la antiespaña, se hundieron en un exilio obligado, a sabiendas de que quedarse era afrontar las frías bocas de los calabozos, cuando no las de los fusiles. Eran maestros, militares, escritores, revolucionarios, científicos, funcionarios... Y con ellos marchaban sus familias. Francia e Inglaterra fueron sus principales destinos. Muchos nunca volverían de ese destierro.

América piensa en otro futuro

Mientras España combatía a Napoleón, América se emancipaba. El colapso político de Madrid brindó a los dirigentes criollos la oportunidad de poner punto y final a todos los agravios acumulados en la centuria precedente. En la doctrina ilustrada y en el ejemplo de Estados Unidos, que en 1783 había conseguido liberarse de Inglaterra, aquellos descendientes de españoles hallaron el arma perfecta para dejar oír su voz frente a la desatención de la metrópoli.

La represión como única respuesta

Durante la ocupación francesa, nada podía hacer Madrid para frenar a los descontentos del otro lado del océano. Pero una vez restaurado Fernando VII en el trono, se apostó por la represión militar, sin que ni aun así pudiera evitarse la independencia de Argentina, un hecho ya en 1816. Al final, la postura intransigente del rey acabó enquistando el problema, pues cualquier idea diferente (por ejemplo, la abolición de la Inquisición o del tráfico de esclavos) equivalía a la sentencia de muerte de quien la profería. La persecución contra los círculos criollos llegó a tal extremo, que empujó a los generales nativos a empuñar de nuevo las armas. Total, si había que morir, mejor hacerlo en el campo de batalla que en el paredón...

LOS CRIOLLOS SEGÚN BOLÍVAR

En 1815, el gran libertador de América, Simón Bolívar, definió quiénes eran aquellos que buscaban emancipar las colonias de la metrópoli: "No somos indios ni europeos, sino una especie media entre los legítimos propietarios del país y los usurpadores españoles: en suma, siendo nosotros americanos por nacimiento y nuestros derechos los de Europa, tenemos que disputar estos a los del país y mantenernos en él contra la invasión de los invasores".

Los libertadores en su laberinto

Si curas guerrilleros como José María Morelos o Miguel Hidalgo protagonizaron los primeros movimientos independentistas, la segunda etapa fue la de los grandes libertadores Simón Bolívar y José de San Martín, peregrinos de los campos de batalla y profetas ingenuos de una gran patria americana. Gracias a sus esfuerzos, Colombia, Venezuela y Perú quedaron liberados en los primeros años de la década de los veinte (para más información sobre el Libertador véase el recuadro "Los criollos según Bolívar").

Otra revuelta, encabezada por el general Agustín de Iturbide, daba la puntilla a las tropas de Fernando VII y proclamaba en 1822 la secesión de México.

De lo que fue un inmenso imperio, sólo quedaban Cuba, Puerto Rico y Filipinas.

El día después de la independencia

La pérdida de las colonias no sólo cerró tres siglos de unión de América y España, sino que también generó profundas alteraciones políticas y económicas:

» La Península perdía un mercado generoso, que hubiese podido contribuir a la reconstrucción de una España desarbolada por seis años de ocupación y guerra.

» Los nuevos Estados independientes cayeron pronto víctimas del neocolonialismo de las grandes potencias anglosajonas, Gran Bretaña y Estados Unidos. La situación aún vino a complicarse más por culpa de las guerras internas, la inestabilidad política y una tendencia disgregadora que hizo imposible el sueño de Bolívar de crear una unidad confederal sobre la base de los antiguos virreinatos españoles.

El mismo Simón Bolívar supo ver ese peligro cuando dijo: "En tanto que nuestros compatriotas no adquieran los talentos y virtudes políticas que distinguen a nuestros hermanos del norte [Estados Unidos], los sistemas enteramente populares, lejos de sernos favorables, temo mucho que vengan a ser nuestra ruina... Estamos dominados por los vicios que se contraen bajo la dirección de una nación como la española, que sólo ha sobresalido en fiereza, ambición, venganza y envidia...".

Los liberales no se rinden

Habían luchado con valor contra los invasores franceses en el campo de batalla, pero algo de sus ideas había calado entre ellos. Algo de ese espíritu liberal de la Revolución Francesa. Y no estaban dispuestos a renunciar a ello. Eran un nutrido grupo de oficiales que hizo del liberalismo su enseña y que pronto comenzó a desahogar su decepción ante la España retrógrada y autoritaria de Fernando VII con una serie de alzamientos que buscaban liquidar el poder absoluto del monarca.

El trienio constitucional

Uno de esos militares fue el general Rafael del Riego, quien en 1820 encabezó el primero de una serie de pronunciamientos que a lo largo del siglo ofreció la posibilidad de dar un giro al régimen mediante la alianza de los mandos militares, las sociedades clandestinas, los partidos políticos y la prensa.

Rafael del Riego triunfó y consiguió imponer a Fernando VII la Constitución de 1812. "Marchemos francamente, y yo el primero, por la senda constitucional", serían las contemporizadoras palabras del monarca y el pistoletazo de salida a lo que ha dado en llamarse trienio liberal, durante el cual Fernando VII asistió de susto en susto a medidas como:

>> La nueva abolición de la Inquisición.

>> La vuelta de las libertades proclamadas en las Cortes de Cádiz.

>> La supresión de las órdenes religiosas.

EL HIMNO DE RIEGO

Las medidas emprendidas por el trienio liberal afectaban incluso a los símbolos del Estado. Así, la *Marcha real*, que Carlos III hacía sonar en toda celebración en la que tomara parte la monarquía y que todavía hoy es el himno nacional español, fue sustituida por otra marcha, compuesta por José Melchor Gomis y popularmente conocida como *Himno de Riego*. Incluso cuando el gobierno de Rafael del Riego fue aplastado, la melodía siguió viva entre los círculos liberales, convertida en un símbolo de la libertad. No es extraño, pues, que la Segunda República la hiciera suya y la convirtiera en el himno nacional del país.

> » La venta en pública subasta de las propiedades de los monasterios para rebajar la deuda pública y que el Estado pudiera ganarse así la confianza de los gobiernos extranjeros.

Pero las reformas emprendidas no tardaron demasiado en romper el bloque liberal en dos grandes grupos: los moderados y los exaltados, estos liderados por Riego y partidarios de llevar hasta el fin el proceso revolucionario (para más información sobre el tema véase el recuadro "El himno de Riego").

Los contrarrevolucionarios

Tales medidas no podían sino soliviantar y llenar de espanto al rey y la Iglesia, que llamaron en su ayuda a las fuerzas vivas de la reacción. La insurrección de las tropas leales al rey en el norte peninsular y Cataluña, unida a la crisis económica y al desconcierto causado por la pérdida de las colonias americanas, acabó sumiendo al país en el caos.

En 1823, finalmente, un potente ejército francés respaldado por los Estados absolutistas de Europa ahogó, gracias al incontestable argumento de las armas, aquellas libertades defendidas por el general Riego. Eran los Cien Mil Hijos de San Luis. Paradojas de la historia, la misma nación que había traído a España las ideas liberales llegaba ahora para acabar con ellas...

Otra vez el palo

De nuevo con las manos libres por obra y gracia de sus correligionarios europeos, Fernando VII desató una represión brutal, acompañada por un rosario de procesiones y liturgias con las que la Iglesia pregonaba la vuelta a la normalidad, o al menos a lo que ella consideraba tal...

Una de las primeras víctimas de Fernando VII fue el propio Riego: acusado de alta traición y lesa majestad, fue ahorcado en la madrileña plaza de la Cebada el 7 de noviembre de 1823, entre los insultos y el escarnio de un pueblo que pocos meses antes le había aclamado como un héroe y un libertador.

Miedo a nuevas revoluciones

Aconsejado por la experiencia revolucionaria de Riego, a partir de 1828 Fernando VII empezó a introducir algunas reformas orientadas a lograr la colaboración de antiguos ilustrados y liberales moderados. No sirvió de mucho, dada la nula capacidad del rey para dirigir los designios del Estado... Y tales medidas ni mucho menos iban a servir para calmar el entusiasta e impaciente ardor reformista de los más jóvenes...

Las sociedades secretas estaban a la orden del día en esa triste España fernandina, y con ellas las conspiraciones y las promesas de nuevos y más gloriosos alzamientos. Así, en 1831 el general José María Torrijos volvió del exilio y desembarcó en las playas de Málaga, sólo para ser apresado con sus compañeros y acto seguido fusilado. Otro mártir subía así al altar de la libertad...

El descontento de los reaccionarios

Los liberales se ahogaban en la España de Fernando VII, pero éste tampoco gozaba de las simpatías de todos los adalides de la reacción. Los realistas más ultras se atrincheraban en torno al piadoso Carlos María Isidro, hermano del rey y supuesto heredero por falta de descendencia real. Su descontento se plasmó a partir de 1826 en levantamientos armados en Cataluña, Navarra, el norte de Castilla, La Mancha y La Coruña, por supuesto de signo diametralmente opuesto a los protagonizados por los liberales.

Imprevisto desenlace de un reinado

El reinado de Fernando VII tuvo un desenlace imprevisto. Tras su matrimonio en 1829 con María Cristina de Borbón-Dos Sicilias, el rey publicó la Pragmática Sanción, que abolía la ley Sálica promulgada por su antepasado Felipe V, según la cual las mujeres sólo podrían heredar el trono a falta de otros herederos varones de la línea principal. En cambio, ahora, con la nueva ley fernandina, se restablecía la sucesión tradicional de la monarquía hispana, permitiéndose reinar a las mujeres. La infanta Isabel, hija de ese matrimonio, podría de ese modo reinar cuando le llegara el momento.

Esa maniobra política excluía del trono a Carlos María Isidro y significaba además el triunfo de los círculos moderados y liberales de la corte, que se reunían en torno a la joven esposa del rey para promover una cierta apertura del régimen. La sucesión de Isabel II no sería por ello fácil, sino que degeneraría en un conflicto bélico que proyectó internacionalmente la imagen de dos Españas enfrentadas, una liberal y otra reaccionaria.

Capítulo 15

Un trono en manos de una niña

Con la muerte de Fernando VII el 29 de septiembre de 1833, la Corona española quedaba en manos de una niña de apenas tres años y de una reina madre extranjera, la italiana María Cristina de Borbón-Dos Sicilias. El rey, con la promulgación de la Pragmática Sanción, lo había arreglado todo para que la pequeña Isabel heredara el trono en detrimento del infante Carlos María Isidro. Pero no todo iba a ser tan fácil. Mientras los exiliados liberales retornaban a España, los numerosos partidarios del hermano del monarca fallecido estaban dispuestos a hacer valer sus derechos. Y con las armas si era necesario...

Primera guerra carlista

Una guerra se gestaba en los aislados conventos de Castilla la Vieja, las montañas de las provincias vascas y las mil y una trincheras que los seguidores del absolutismo tenían desperdigadas por la Península.

CARLOS MARÍA ISIDRO SE MANIFIESTA

El 1 de octubre de 1833, poco después de la muerte de su hermano Fernando VII, el infante Carlos María Isidro emitió un manifiesto en el que justificaba su intención de hacerse con la Corona y reinar con el nombre de Carlos V. Así empezaba ese texto:

"No ambiciono el trono; estoy lejos de codiciar bienes caducos; pero la religión, la observancia y cumplimiento de la ley fundamental de sucesión y la singular obligación de defender los derechos imprescriptibles de mis hijos y todos los amados consanguíneos, me esfuerzan a sostener y defender la corona de España del violento despojo que de ella me ha causado una sanción tan ilegal como destructora de la ley que legítimamente y sin alteración debe ser perpetuada. Desde el fatal instante en que murió mi caro hermano (que santa gloria haya), creí se habrían dictado en mi defensa las providencias oportunas para mi reconocimiento; y si hasta aquel momento habría sido traidor el que lo hubiese intentado, ahora lo será el que no jure mis banderas...".

Huelga decir que la primera guerra carlista empezó de inmediato.

"¡Viva la religión! ¡Viva el rey! ¡Abajo la nación!", gritaban los curas asilvestrados que consideraban demoníaco el proyecto nacional del liberalismo. Todo el silencio artificial que había atravesado el reinado de Fernando VII, en el que cualquier conato de idea propia era susceptible de recibir un castigo ejemplar, estalló en 1833 en una guerra civil particularmente virulenta y cruel: la primera guerra carlista.

Dos visiones irreconciliables de España

El conflicto sucesorio entre la pequeña Isabel y su tío Carlos era sólo una excusa (para más información véase la sección "El imprevisto desenlace de un reinado" en el capítulo 14 y en este capítulo el recuadro "Carlos María Isidro se manifiesta"). En el campo de batalla se enfrentaban dos formas de ver y entender España, el Estado, el gobierno e incluso la sociedad:

>> El absolutismo monárquico del infante Carlos, respaldado por las guarniciones realistas, el fervor religioso de la Iglesia, las

partidas de guerrilleros y labradores de Cataluña, Valencia y Aragón, y las masas de aventureros y campesinos del País Vasco, ganados a la causa del pretendiente una vez éste hizo suya la defensa de los fueros frente a los intentos centralizadores del gobierno de Madrid.

» La España liberal, heredera de la Ilustración y del credo de las Cortes de Cádiz de 1812, que contaba con el aparato burocrático del Estado, el apoyo del ejército regular, la nobleza y la burguesía.

RECUERDA

En el fondo, esta primera guerra carlista no fue sino la reacción del campo contra el progreso político y cultural que encarnaba la ciudad.

La causa del perdedor

Don Carlos pudo sentirse rey en un territorio comprendido entre el Ebro y el Cantábrico, pero no consiguió vencer a la burguesía vasca ni tomar las capitales del norte. Bilbao, Vitoria y San Sebastián resistieron las duras acometidas de unos batallones carlistas inflamados por predicadores que les urgían a combatir por Dios, don Carlos y los Fueros.

En 1836, el general liberal Baldomero Espartero consiguió levantar el asedio carlista de Bilbao en una acción que dio un vuelco trascendental al curso de la guerra. El derrumbe total del carlismo tendría lugar sólo un año más tarde, cuando la expedición del pretendiente, tras aterrorizar Cataluña y Valencia, se presentó a las puertas de Madrid, sin conseguir tomarla.

El convenio de Vergara

El fracaso de la expedición, la crisis interna del carlismo, la desmoralización de la tropa, la fatiga de los civiles, el cansancio del ejército liberal... Todo llamaba a una pronta paz. Ésta se escenificó en el convenio de Vergara, firmado a finales de agosto de 1839 y por el cual Espartero se comprometía a interceder en Madrid a favor de los Fueros, a cambio de que los militares carlistas reconocieran a Isabel II como reina. El abrazo entre Espartero y el jefe supremo del ejército carlista, Rafael Maroto, dio el toque teatral a esa reconciliación entre las dos Españas que el tiempo iba a demostrar efímera (para más información sobre el tema véase el recuadro "La gran traición de Vergara").

El general carlista Rafael Maroto recordaba el convenio de Vergara que puso fin a la primera guerra carlista como un acto de reconciliación: "¡Soldados nunca humillados ni vencidos, depusieron sus temibles armas ante las aras de la patria; cual tributo de paz olvidaron sus rencores y el abrazo de fraternidad sublimó tan heroica acción... tan español proceder!". Sin embargo, no todos los de su facción coincidían en su entusiasmo. Para muchos carlistas se trataba de la "traición de Vergara"...

El pretendiente Carlos María Isidro tuvo que marchar al exilio, pero no por ello cesó su lucha. En 1845 abdicó en su hijo Carlos Luis, Carlos VI para sus partidarios, que sólo un año después volvió a llevar la guerra a España.

El pacto de la Corona con la burguesía

Dado lo convulso de la situación, con el trono en disputa en el campo de batalla, la regente María Cristina no dudó en pactar con los liberales para defender la corona de su hija. Y a la burguesía le interesaba igualmente pactar para así asegurarse su porvenir, asaltar el poder de forma pacífica y construir un Estado a su medida, inspirado en el modelo francés.

La nación se hace carne

Varias serían las medidas que la burguesía, una vez instalada en el gobierno de Madrid, llevaría a cabo para construir un Estado centralizado y eficiente:

>> La ordenación del territorio español, configurado a partir de 1833 en 49 provincias, desde entonces el soporte ideal para organizar la vida civil y militar del nuevo Estado nacional.

>> La creación de una capital moderna, para lo cual Madrid se llena de edificios que albergan los centros rectores del Estado (ministerios, Congreso de los Diputados, Senado...) y de la creación cultural e intelectual (Universidad Central, Museo

Arqueológico, Biblioteca Nacional...), a través de los cuales la burocracia pasa a fiscalizar la vida de las regiones españolas.

» La constitución de un cuerpo uniforme de leyes, un auténtico orden jurídico nacional, que tomó forma en un primer momento en el Código Penal y el de Comercio, y más tarde, en 1889, en el Código Civil. El País Vasco y Navarra quedaron un tanto al margen de este proceso al conservar gran parte de su vieja autonomía.

» La consolidación de un sistema educativo que filtrase a toda la sociedad un mismo conjunto de valores y conocimientos de común aceptación, los propios de la burguesía triunfante. El modelo llegaría a su cima en 1857 con la ley de Claudio Moyano que concede al Estado la elección de programas y libros, y garantiza la educación primaria hasta los nueve años.

Dinero, siempre dinero...

Pero hacía falta dinero para llevar a cabo todos esos proyectos. Y de eso no había. Como herencia envenenada de Fernando VII, los problemas económicos del Estado golpearon la revolución liberal, demasiado débil como para enderezar el rumbo de una economía sumergida en la pesadilla de la guerra carlista. La libreta nacional sólo empezó a ver la luz cuando en 1836 el ministro Juan de Dios Álvarez Mendizábal se aventuró a llevar por fin a la práctica un proyecto desamortizador adelantado ya por la Constitución de 1812 y el trienio liberal, pero que siempre había acabado fracasando por la cerrada, y lógica, resistencia de la Iglesia.

La Iglesia pierde sus tierras

Dispuestos a ganarse estómagos agradecidos para combatir el carlismo, los liberales se decidieron a sacudir la pereza que atenazaba el campo agrario español sacando a la venta los bienes de la Iglesia. No en cambio los de la aristocracia, con la que la burguesía no quería problemas que hicieran peligrar su ascenso social y enriquecimiento.

Como medida preparatoria para su trabajo desamortizador, Mendizábal ordenó la exclaustración de los 24.000 miembros que componían el censo de las congregaciones religiosas españolas, lo que desató las lógicas iras de Roma, que llegó incluso a romper relaciones diplomáticas con la corte. Monasterios y conventos quedaron así en manos del Estado, que dividió sus tierras en lotes y las sacó a pública subasta (para más información sobre el ministro Mendizábal véase el recuadro "Mendizábal escribe a la reina").

Consecuencias de la desamortización

A pesar de sus defectos, la desamortización de Mendizábal alcanzó muchos de sus objetivos:

» Salvar las arcas del Estado y la revolución liberal.

» Reducir la deuda estatal a límites soportables.

» Incentivar el desarrollo productivo y dar un empujón a la expansión del ferrocarril.

Sin embargo, también tuvo sus carencias:

» Las ventas no lograron cambiar la geografía humana de la desigualdad y las tierras siguieron en manos de la nobleza o cayeron en las de la burguesía.

» El campo permaneció ajeno a las innovaciones tecnológicas que invadían Europa, debido tanto a la abundancia de mano de obra como a la falta de iniciativa de los nuevos propietarios, a veces simples especuladores.

» Los campesinos, en vez de mejorar su situación, se vieron convertidos en vasallos de la modernidad sin acceso a los derechos civiles predicados por la burguesía en sus salones.

» La Iglesia quedó económicamente desmantelada y pasó a depender del Estado, impedida de prodigar limosnas o sostener los gastos de enseñanza.

MENDIZÁBAL ESCRIBE A LA REINA

En febrero de 1836, el ministro Juan de Dios Álvarez Mendizábal escribió a la regente María Cristina una carta en la que justificaba la necesidad de la desamortización de los bienes de la Iglesia, una medida vista como la panacea que acabaría con todos los males del reino:

"Señora, vender la masa de bienes que han venido a ser propiedad de la Nación, no es tan sólo cumplir una promesa solemne y dar una garantía positiva a la deuda nacional, es abrir una fuente abundantísima de felicidad pública; vivificar una riqueza muerta, desobstruir los canales de la industria y de la circulación; apegar al país por el amor natural y vehemente a todo lo propio; ensanchar la patria, crear nuevos y fuertes vínculos que liguen a ella; es, en fin, identificar con el trono excelso a Isabel II, símbolo de orden y de libertad".

» El incalculable expolio artístico, con miles de edificios medievales y barrocos que se desmoronaron víctimas del abandono y la piqueta, perdiéndose para siempre sus tesoros, sus esculturas, sus retablos o sus libros en museos extranjeros o colecciones privadas.

El nuevo papel de la burguesía

El siglo XIX asiste al despegue de la burguesía, una clase que enterrará la sociedad tradicional. En tal labor contará con la inestimable ayuda de los partidos políticos, la prensa y el ejército. Todos ellos son los actores de la revolución liberal que llevará a cabo la renovación del país, primero bajo la mirada desconfiada de María Cristina y luego bajo la vigilancia de Isabel II, cuyo afán por participar en la arena política hará tambalear los cimientos de la propia institución monárquica.

Dos partidos en liza

RECUERDA

En plena guerra carlista, las discordias internas entre los liberales provocaron su escisión en dos grandes grupos: los moderados y los progresistas, que poco a poco fueron derivando en los partidos políticos que regirían el juego de la política española hasta 1868.

» Moderados: Este grupo estaba integrado por los terratenientes y grandes comerciantes, a los que se unieron la vieja nobleza, el alto clero y los mandos del ejército. Entre sus principios estaba la defensa de los intereses económicos de la burguesía latifundista.

» Progresistas: Aquí confluían la pequeña burguesía y los intelectuales, atraídos por la versión igualitaria de su programa y su defensa de las libertades, los sectores urbanos, la reforma agraria, el fin de la influencia de la Iglesia y la ampliación del cuerpo electoral.

Dos ideas de Estado nacional

Prácticamente, ambos grupos sólo compartían la necesidad de construir un Estado nacional fuerte, pero su incapacidad de ir más allá y la progresiva radicalización de sus posturas llevaron a que el marco jurídico estatal no fuera en ningún momento fruto del consenso. Lo que le interesaba a cada partido era redactar la Constitución y poder así fijar su excluyente forma de entender España.

Un gobierno, una Constitución

Esa situación de precariedad gubernamental se tradujo nada menos que en seis constituciones, varias reformas a la deriva y algunos proyectos frustrados. Con todo ello, la burguesía demostraba una incapacidad total para dirigir la revolución liberal, de lo que resultaba un Estado indefenso ante los golpes de mano de los partidos y los caprichos del ejército.

La burguesía, además, tenía una desconfianza total hacia las muchedumbres, de ahí un sistema electoral que reservaba la plenitud de los derechos políticos a la minoría propietaria e ilustrada. Progresistas y moderados bajarían y subirían el nivel económico exigido para votar, pero siempre dentro de unos márgenes estrechos. Cuando en 1868 Isabel II se vio obligada a abandonar el trono, sólo 100.000 ciudadanos tenían derecho a voto en España de una población que alcanzaba los 16 millones de habitantes.

El siglo de los pronunciamientos

Lo que no cambió durante ese siglo XIX fue la tradición de los pronunciamientos o levantamientos militares inaugurada por Rafael del Riego en 1820. Visto que burgueses y políticos no se ponían de acuerdo y que el Estado se construía a sacudidas, sin ideas claras, los generales convirtieron en costumbre el irrumpir en la escena política.

Los espadones quieren gobernar

Entre 1840 y 1874, los jefes militares conquistaron los salones de la corte y se impusieron como cabezas de las agrupaciones liberales, a la vez que hacían valer su poder para subvertir las decisiones del gobierno o unas elecciones desfavorables a los suyos o incluso los deseos de la reina. Los pronunciamientos se sucedieron así sin pausa. Unas veces triunfaban sin oposición, otras silbaban las balas... Y a todo ello la burguesía asistía como mera espectadora. Con todo, el peligro del militarismo pudo ser erradicado, pues tanto el general Baldomero Espartero, como los también generales Ramón María Narváez, Juan Prim, Leopoldo O'Donnell o Francisco Serrano actuaron como mero brazo ejecutor de la conspiración política y, tras llegar al poder a golpe de bayoneta, gobernaron siempre mediante civiles de su partido.

La reina madre se exilia

En 1840, la regente María Cristina abandonó España rumbo a París, después de fracasar en su intento de que progresistas y moderados llegaran a unos acuerdos mínimos. Los intentos de los segundos para restringir la libertad de prensa y la rebelión de los primeros en Barcelona, pronto extendida al resto del país, acabaron por costarle la regencia a la viuda de Fernando VII. Espartero, el militar de más prestigio de su tiempo, tomó entonces su lugar.

La regencia de Espartero

Baldomero Espartero, el héroe de la primera guerra carlista, el duque de la Victoria, se alzó como nuevo regente. Y con él, su partido, el progresista, se hizo con el poder por vez primera. Uno y otro duraron poco, apenas tres años. El tratado librecambista con Inglaterra, que excluía cualquier intervención estatal en el comercio internacional, sublevó a los patronos y obreros catalanes, a los que Espartero redujo a base de bombas contra Barcelona. "A Barcelona hay que bombardearla al menos una vez cada cincuenta años", parece ser que dijo entonces...

El desprestigio de tal acción, unido a las conspiraciones y golpes militares auspiciados por moderados y progresistas radicales, hartos de los desplantes autoritarios del general, acabaron costando a éste todos sus apoyos y llevándole en 1843 al exilio. Mientras, las Cortes acordaban adelantar la mayoría de edad de Isabel II, entonces de 13 años...

Capítulo 16

La corte de los milagros

Baldomero Espartero, el héroe de la primera guerra carlista que desde 1840 había conducido con mano de hierro las riendas de la nación como regente, se vio obligado sólo tres años más tarde no sólo a abandonar el poder, sino también el país. Sus modos autoritarios le habían ganado la antipatía de sus propios correligionarios del partido progresista, por no hablar ya de los de la oposición moderada (para más información sobre Espartero véase la sección "La primera guerra carlista" en el capítulo 15). Así, el 30 de julio ponía rumbo a Gran Bretaña y el nuevo gobierno decidió acelerar la mayoría de edad de Isabel II. Con sólo 13 años, la reina sería finalmente coronada. Se iniciaba así un reinado que iba a tener un carácter particularmente accidentado...

El pacto entre la Corona y los poderosos

Caído en desgracia Espartero, los moderados, encabezados por el general Ramón María Narváez, se hicieron con el gobierno. Y, siguiendo la entonces tradición política nacional, lo primero que hicieron fue dotar al país de una nueva Constitución hecha a su medida. Era la Constitución de 1845, concebida para:

» Establecer la soberanía compartida entre el trono y las Cortes, moderadas se entiende.

» Controlar con todo rigor la prensa y la libertad de expresión, a fin de que reinara el orden y no se escamparan ideas peligrosamente subversivas.

RECUERDA

La nueva Constitución venía a delatar un pacto entre la Corona y los poderosos. Por un lado, la reina encontraba una plataforma perfecta para el ejercicio del poder, y la alta burguesía un instrumento con el que frenar los impulsos de los más exaltados. Los resultados no se hicieron esperar, y así Isabel II intervino a su antojo en el nombramiento de ministros, siempre dejando en el dique seco a los líderes progresistas, cuyo único campo de actuación pasó a ser la vigilada crítica de prensa y la ineficaz oposición parlamentaria...

La Iglesia concordatoria

Otra de las iniciativas del gobierno de Narváez fue la de cerrar las heridas abiertas con Roma a causa de la desamortización de Mendizábal, y firmar un nuevo Concordato que iniciaba una relación pacífica del liberalismo conservador con la Santa Sede:

» El gobierno recuperó para el trono el derecho de presentación de obispos y ofreció a la Iglesia un marco de privilegio en la enseñanza y la vida pública.

» La Iglesia se olvidaba de las propiedades arrebatadas por la desamortización y se contentaba con las indemnizaciones propuestas en los presupuestos.

El delirio autoritario

Pero también el "espadón de Loja", nombre con el que se conocía a Narváez por su condición de militar y por haber nacido en la susodicha localidad granadina, acabaría por sucumbir. La sangre fría con la que llevaba hasta el final sus propósitos y la complacencia con la que patrocinaba la corrupción acabaron decepcionando a aquellos que lo habían aupado al poder con la ilusión de alcanzar una convivencia pacífica de las distintas familias del partido liberal.

Censura, escándalos económicos, insurrecciones, encarcelamientos, ejecuciones, destierros... El delirio autoritario del gobierno moderado se vio contestado por la fiebre revolucionaria que atravesaba la Europa de 1848 y que llevaba a las barricadas a los ciudadanos de Francia y los Estados italianos y alemanes. Era ese "fantasma" de la revolución que Karl Marx y Friedrich Engels mencionaban en su *Manifiesto comunista* y que durante años no hizo sino amargar las noches de los más pudientes y acaudalados...

Regreso triunfal de Espartero

En 1854, el pueblo madrileño de Vicálvaro se levantó en armas, ejemplo que fue seguido casi de inmediato por un grupo de altos mandos del ejército encabezado por Leopoldo O'Donnell. Madrid, Zaragoza, Barcelona, Valencia, Logroño...

La sublevación fue extendiéndose por todo el país y llevó a la reina a llamar en su auxilio al desterrado Espartero. El duque de la Victoria regresó con el propósito de cambiar el rumbo de la monarquía Isabelina y, desde el corazón del régimen, acabar con los obstáculos al progreso y avanzar en las reformas de espíritu progresista.

Lo malo fue que la maniobra orquestada para derribar a Narváez y encumbrar a Espartero se había gestado a costa de excluir a los demócratas, un grupo de periodistas, intelectuales, políticos y conspiradores desgajado del tronco progresista y cada vez más numeroso e influyente, que por definición se negaba en redondo a aceptar compromiso alguno con la Corona, reivindicando la libertad de conciencia y asociación, además de reformas sociales.

NACE LA BENEMÉRITA

El miedo a los disturbios, a los motines del campo y a las convulsiones revolucionarias que recorrían la espina dorsal de Europa llevó a los gobernantes españoles a diseñar instrumentos eficaces que complementaran la labor represiva de la policía creada por Fernando VII. En la garantía del orden público se sustentaba la consolidación del Estado nacional y la prosperidad de las clases adineradas. De ahí que en 1844 el gobierno creyera necesario dotarse de un brazo armado dispuesto a sofocar la disidencia política y vigilar la propiedad. Ese brazo armado, todavía hoy en activo, sería la Guardia Civil, popularmente conocida como la Benemérita por sus servicios prestados a la comunidad.

Nuevo gobierno, nueva Constitución

La prioridad del nuevo gobierno de Espartero fue la de redactar una nueva Constitución, la de 1856, la más genuinamente progresista y la primera que ofrecía una alternativa a la práctica de los pronunciamientos militares y a la falta de acuerdo que llevaba a los partidos a descuartizarse entre sí. No obstante, diversos factores acabaron provocando que nunca fuera promulgada:

» El radicalismo gubernamental.

» El pánico de la burguesía a unas reformas demasiado atrevidas.

» Las zancadillas de la reina al gobierno.

» Las críticas lanzadas como obuses por los moderados en las Cortes y la prensa.

» El ardor revolucionario y finalmente contraproducente de los demócratas.

La situación degeneró a tal extremo que Espartero se vio obligado a abandonar el poder de la misma manera que la primera vez, a tiros y con derramamiento de sangre. Otro general, Leopoldo O'Donnell, sería su sustituto en 1856.

El nuevo hombre fuerte del gobierno se propuso acabar con las discrepancias y para ello creó un nuevo partido a medio camino de todo, la Unión Liberal, en el que confluían los más aperturistas y alejados del conservadurismo cortesano entre los moderados y un nutrido sector de progresistas que veían con poco entusiasmo los excesos revolucionarios de sus correligionarios.

España cambia al ritmo del vapor

Las transformaciones institucionales que trajo consigo la revolución liberal cambiaron el latido cotidiano de las ciudades, cuyo protagonismo copó el escenario de la política española en los momentos de crisis. La tertulia política transcurría en ellas, y es en ellas también donde los militares encendían la mecha de los recurrentes pronunciamientos.

Nuevos espacios para el ocio y la información

Durante el siglo XIX, la vida en la ciudad se enriqueció con el debate público, los ateneos, los clubes, el gusto burgués por el teatro y la ópera, y la proliferación de diarios y revistas de distinto signo. Pero dos eran las instituciones básicas en lo que se refiere a hervidero de noticias y maniobras políticas:

» Los cafés, que alcanzaron la categoría de institución social insustituible, un lugar donde se recibían y comentaban las noticias, se conspiraba para derrocar un gobierno y se cerraban suculentos negocios. Novelistas, intelectuales, poetas, financieros, políticos, estafadores y gentes de toda condición y especie convirtieron sus veladores en su segunda casa.

» La prensa, que en ese siglo de ebullición conoce su gran despegue y de inmediato se pone al servicio de los partidos políticos, tomando a su cargo el papel de portavoz de la opinión pública, moldeándola o creándola, y convirtiéndose siempre en un parlamento alternativo.

Un tren cargado de futuro

La pujanza que vivía Europa a mediados del siglo XIX gracias a la revolución industrial llegó tarde a España, pero llegó. Y el tren y los barcos de vapor fueron sus estandartes. La burguesía moderada fue la que más se esforzó por evitar que el retraso de la Península llegara a convertirse en catástrofe o subdesarrollo. Pero para hacer frente a esas transformaciones era esencial contar con una economía creíble y atractiva para el capital extranjero, pues la inversión era tan considerable que las empresas españolas apenas podían afrontarla por sí solas.

Había, pues, mucho que hacer para modernizar la economía, y un elemento básico para ello eran las infraestructuras. Así, se presentaban como empresas imprescindibles:

» La creación de un mercado unificado, que se hizo realidad en 1841 con el traslado de las aduanas vasconavarras a la costa. El viejo sueño de la burguesía vasca y catalana se vio así hecho realidad.

» La puesta en marcha de la primera línea de ferrocarril en 1848, que unía Barcelona y Mataró (para más información véase el recuadro "El tren empieza a abrirse camino en España").

EL TREN EMPIEZA A ABRIRSE CAMINO EN ESPAÑA

Curiosamente, la primera línea de ferrocarril de España no se construyó en la Península, sino en la entonces todavía colonia española de Cuba. Fue en 1837, con una línea que unía La Habana con Güimes. En la vieja piel de toro todavía tardaría en llegar unos años, y lo hizo gracias al empeño de un comerciante catalán, Miguel Biada, que había participado en la construcción del tren cubano y había visto toda su potencialidad para el comercio.

La primera línea, que unía las ciudades de Barcelona y Mataró, la localidad natal de Biada, cubría 26,8 kilómetros de largo y entró en funcionamiento el 28 de octubre de 1848, seis meses después de la muerte de su promotor. El éxito fue tal, que acabó provocando un auténtico *boom* del ferrocarril en toda España. En apenas veinte años, la red alcanzaba ya los 5.145 kilómetros de extensión...

» La aprobación de un plan de carreteras en 1851, destinado a unir Madrid con las principales ciudades españolas.

Gracias a estas medidas, y sobre todo al ferrocarril, se salvaron las barreras que en el pasado habían regionalizado la vida española, permitiendo un trasiego de personas, mercancías e ideas mucho más rápido e intenso. Lentamente, los proyectos modernizadores de un sector de la burguesía y el esfuerzo de algunos políticos liberales despertaron al país de su letargo y perfilaron un crecimiento moderado que, si bien con algún que otro altibajo, se alargaría hasta el siglo xx.

Los negocios de la burguesía agraria

Gracias al tendido ferroviario, la burguesía agraria vio que podía también disfrutar del nuevo mercado nacional y comercializar un buen número de productos perecederos (hortalizas, lácteos, carnes...) que con otros medios de transporte más lentos y menos eficaces era impensable exportar. Ello acabó provocando una especialización del campo productivo español:

» Cornisa cantábrica: maíz y patata.

» Castilla, Aragón y Andalucía: cereales.

» Tierras del Guadalquivir y el Guadiana: olivos.

» Costa mediterránea: viñedos y frutales.

No obstante, no todo fueron avances: el campo continuó alejado de las innovaciones tecnológicas que decoraban las huertas y explotaciones agrarias de Europa y no constituyó un mercado para la industria siderúrgica o química, ni fomentó investigaciones para mejorar la productividad de la tierra.

La carrera de la industrialización

RECUERDA

No sólo en la agricultura. Las regiones también se especializaron en distintos sectores productivos, aunque no todas con los mismos resultados:

>> En el País Vasco, el acaparamiento de las explotaciones mineras en pocas manos permitió que la alta burguesía reuniera los medios suficientes para levantar fábricas y hornos siderúrgicos.

>> En Cataluña se concentraron los proyectos fabriles, cuyas telas, cada vez más baratas, monopolizaron la oferta española y se adueñaron del mercado colonial de Cuba y Puerto Rico.

>> En Andalucía, la burguesía se replegó en negocios menos arriesgados, como el agropecuario o la especulación urbana, lo que impidió que se aprovecharan los ricos cotos mineros de la región. Estos, necesitados de técnicas novedosas de explotación y una fuerte inversión, acabaron en manos extranjeras, sobre todo inglesas y francesas.

>> En Asturias, un primer intento de levantar una industria siderúrgica fuerte se vio frenado por el auge de los hornos vascos, la falta de conexión ferroviaria de la región y una burguesía que no disponía de un gran capital propio. A cambio, la metalurgia del zinc conocería un gran desarrollo, convirtiendo a la Compañía Asturiana en la primera productora europea.

Al margen quedaron las dos Castillas y amplias zonas andaluzas, muchos de cuyos habitantes se vieron obligados a partir hacia Cataluña y el País Vasco en busca de una vida mejor.

Las ciudades se renuevan

Una de las consecuencias de esa oleada de inmigrantes fue el cambio de la imagen de las ciudades del litoral español. Sus centros históricos resultaban inapropiados para acoger el crecimiento rápido de una población que reclamaba una mayor atención a las condiciones de higiene y habitabilidad.

Se hizo entonces necesario el derribo de las viejas y ya inútiles murallas, y la ampliación de los términos urbanos más allá de sus límites anteriores. Los ensanches resultantes se convirtieron en uno de los símbolos más concluyentes de la burguesía triunfante (para más información véase el recuadro "Las ciudades crecen y crecen").

El desprestigio de la Corona

A mediados de los años sesenta, el reinado de la hija de Fernando VII estaba herido de muerte. Por las calles de Madrid cruzaba la imagen de una reina adicta a las aventuras sentimentales y una corte repleta de aventureros, aduladores y beatos, que Ramón del Valle-Inclán bautizó con sorna como la "de los milagros" (para más información sobre la corte de Isabel II véase el recuadro "La monja que la reina reverenciaba"). Isabel II, casada desde 1846 con su primo Francisco de Asís de Borbón, a quien aborrecía, se enamoraba en las alcobas de palacio y combatía en el circo de la política alejando sistemáticamente al partido progresista del poder.

La euforia colonial

Por un tiempo, el jefe de gobierno Leopoldo O'Donnell, consiguió desviar la atención de los embarazosos asuntos internos de la Corona

LAS CIUDADES CRECEN Y CRECEN

La segunda mitad del siglo XIX es la de los urbanistas, los encargados de encontrar soluciones a las nuevas necesidades de las ciudades. Como corresponde a su condición de primera ciudad industrial, Barcelona es la pionera del ensanche.

En 1860 se aprobaba el proyecto de Ildefonso Cerdà, caracterizado por una gran retícula de cuadrados achaflanados que tiene en cuenta que tanto las viviendas como las vías barcelonesas estuvieran bien ventiladas y recibieran directamente la luz del sol, según los principios del movimiento higienista. "Ruralizad aquello que es urbano, urbanizad aquello que es rural" era su lema.

También la capital española se sumó a la novedad en el diseño con un proyecto firmado por Carlos María de Castro que soñaba con un espacio desahogado, ventilado y de grandes patios y plazas, pero que, como el de Cerdà, se vio herido de muerte por el ansia de beneficios de los propietarios.

embarcando a España en una empresa imperialista: la guerra de África. Pronto la prensa española se hizo eco de ella y levantó una ola de exaltación patriótica que comparaba las nuevas batallas con las "gloriosas campañas de antaño". Era un momento de euforia colonial labrado con la sangre de soldados que morían de bala o de insolación en las arenas de Marruecos.

Pero una vez concluida la campaña africana, la estabilidad interna se deshizo como un azucarillo cuando una crisis financiera y de alimentos golpeó el corazón de España y favoreció en 1866 el retorno de una política conservadora y de represión de libertades encabezada de nuevo por Ramón Narváez.

Revolución de 1868

La imposibilidad del moderantismo de responder a las demandas sociales de participación política de los ciudadanos, unida al descrédito creciente de la reina y al malestar social generado por la quiebra económica y la extensión del paro, convertía en irrespirable la atmósfera del reino...

Todo estalló en 1868. Narváez no pudo ver el fin de su obra, pues había muerto el 23 de abril de ese año, pero el 19 de septiembre la revolución, pronto bautizada como "La Gloriosa", tomó una vez más las calles del país, bien secundada por generales como Juan Prim, Francisco Serrano o Rafael Primo de Rivera.

LA MONJA QUE LA REINA REVERENCIABA

Uno de los personajes más curiosos de esa no menos curiosa y pintoresca corte que era la de Isabel II (de ahí eso de "la de los milagros") fue sor Patrocinio, la monja de las llagas.

Para unos sor Patrocinio era una mística cuyas manos y pies mostraban los estigmas de la Pasión de Cristo; para otros, incluidos eclesiásticos, era simple y llanamente una impostora. En lo que todos se ponían de acuerdo es en que su influencia sobre la reina fue tal que incluso llegó a provocar en 1849 la caída del presidente Ramón María Narváez y su sustitución por el conde de Clonard, cuyo gabinete ostenta el récord absoluto de brevedad: dos días. Narváez fue repuesto en su cargo, a pesar de lo cual sor Patrocinio siguió en la corte hasta que la revolución de 1868 aconsejó su exilio a Francia.

NACE LA PESETA

Antes de 1868, España vivía inmersa en un auténtico caos monetario, pues en ella convivían más de 90 monedas de curso legal entre peninsulares, americanas y francesas, viejas y nuevas: dineros, doblones, escudos, maravedíes, libras mallorquinas... Todas servían como medio de pago. Por ello, para poner un poco de orden en esta situación, el gobierno surgido de La Gloriosa luchó por crear una moneda única que simplificara las transacciones comerciales y contribuyera a una mayor cohesión del país. El resultado fue la peseta, moneda de curso legal en España desde el 19 de octubre de 1868 hasta el 1 de enero de 1999, cuando entró en funcionamiento el euro.

Según algunas teorías, el nombre de la moneda puede venir del catalán *peceta* (piececita), usado para designar genéricamente la moneda pequeña de plata.

Isabel II, la de "los tristes destinos", como la llamaba el novelista Benito Pérez Galdós, se encontraba entonces veraneando en el vizcaíno pueblo de Lequeitio, y desde allí tuvo que huir precipitadamente a Francia, sin tiempo para pasar por Madrid, donde la multitud gritaba: "¡Abajo los Borbones! ¡Viva España con honra!". Un nuevo período de la historia de España quedaba entonces inaugurado: el sexenio liberal (1868-1874).

Seis años de sorpresas

El sexenio liberal sirvió tanto para afirmar un nuevo liberalismo contrapuesto al de los moderados como para decretar el fin del "régimen de los generales" y el triunfo de la sociedad civil. A pesar de la crónica inestabilidad política, en ese período revolucionario se continuó el avance en las conquistas democráticas, aunque sin cuestionar los fundamentos socioeconómicos del Estado liberal.

A la búsqueda de un nuevo monarca

Pasado el tornado del alzamiento militar, las elecciones entregaron el poder a una coalición de moderados, progresistas y demócratas, en tanto el extremo más radical de las clases medias basculaba entre el republicanismo en sus dos versiones, la federal y la centralista.

En 1869, una nueva Constitución fue promulgada. Imbuida de ideología liberal-democrática, mantuvo la monarquía como forma de gobierno y perfiló un sistema de libertades muy audaz que entronizaba la soberanía nacional y en la que los derechos individuales alcanzaban aspectos novedosos en el campo de la enseñanza o la libertad de culto. Sólo faltaba encontrar un rey que ocupara el trono de la exiliada Isabel II... Se le ofreció a Espartero, pero éste lo rechazó. Había que buscarlo, pues, más allá de las fronteras del reino.

Mirando a Italia

Fueron dos de los hombres fuertes del régimen, los generales Juan Prim y Francisco Serrano, los encargados de buscar una testa para la corona. No era fácil. El candidato tenía que ser católico y aceptar las reglas del juego democrático. La búsqueda acabó en 1870, cuando Amadeo de Saboya, hijo del recién proclamado rey de Italia Víctor Manuel II, aceptó la corona hispana.

Sin embargo, poco iba a aguantar Amadeo I en el trono. Nada más desembarcar en Cartagena recibió la noticia de que el general Prim había sido tiroteado el 27 de diciembre de 1870 en Madrid. Sin su principal valedor, el rey se sintió huérfano. Y sólo tres años más tarde acabó renunciando a una corona que sólo traía dolores de cabeza: las insurrecciones de Cuba, los vaivenes ministeriales y las conspiraciones republicanas fueron demasiado para el joven monarca. La burguesía radical y reformista no desaprovecharía la oportunidad...

La monarquía se convierte en república

Ante la vista de un trono vacío, los extremistas de las Cortes proclamaron la república. No era la aspiración mayoritaria, pero no había otra salida si no querían ver cómo la revolución se frustraba en manos

LA REINA VISTA POR BENITO PÉREZ GALDÓS

Isabel II murió en 1904 en el exilio, en París, después de haber sobrevivido a los reinados de Amadeo I y de su hijo Alfonso XII, y de haber asistido a la fugaz Primera República. Así vio su reinado Pérez Galdós:

"El reinado de Isabel se irá borrando de la memoria, y los males que trajo, así como los bienes que produjo, pasarán sin dejar rastro. La pobre Reina, tan fervorosamente amada en su niñez, esperanza y alegría del pueblo, emblema de la libertad, después hollada, escarnecida y arrojada del reino, baja al sepulcro sin que su muerte avive los entusiasmos ni los odios de otros días. Se juzgará su reinado con crítica severa: en él se verá el origen y el embrión de no pocos vicios de nuestra política; pero nadie niega ni desconoce la inmensa ternura de aquella alma ingenua, indolente, fácil a la piedad, al perdón, a la caridad, como incapaz de toda resolución tenaz y vigorosa. Doña Isabel vivió en perpetua infancia, y el mayor de sus infortunios fue haber nacido Reina y llevar en su mano la dirección moral de un pueblo, pesada obligación para tan tierna mano".

de las clases conservadoras o del ultramontano pretendiente de turno del bando carlista.

Catedráticos, profesores, periodistas, abogados... Todos ellos unieron sus esfuerzos para crear una nueva sociedad que defendiera una ética laica y la libertad de conciencia. Su sueño se plasmaba en varios puntos:

- » Un Estado descentralizado.
- » Una sociedad más justa.
- » Una educación popular.
- » La proclamación de la libertad religiosa.
- » La abolición de la esclavitud en las colonias.

Les faltó pragmatismo y unidad ante los enemigos comunes para hacerlo realidad y les sobraron problemas:

- » Las estrecheces de la Hacienda.
- » El levantamiento carlista en el norte.

» La guerra de Cuba.

» La deslealtad del ejército.

» La combatividad campesina.

» La agitación urbana decidida a llevar hasta el final el proceso revolucionario.

El fracaso republicano

Como era de esperar, la Primera República fracasó estrepitosamente, víctima de la incapacidad de los propios revolucionarios, sin un proyecto claro ni un programa de gobierno consistente, ni apoyos parlamentarios sólidos y, sobre todo, faltos de una verdadera burguesía capaz de cimentar el edificio político que imaginaron los idealistas de 1868.

El golpe de gracia lo dieron en enero de 1874 las tropas del general Manuel Pavía, que entraron en las Cortes y acabaron a tiro limpio con la experiencia republicana.

La vuelta a lo ya conocido

El desorden político, los estallidos de violencia y las oleadas de furia anticlerical dejaron en las clases acomodadas un sentimiento de miedo a la marea popular, y en las clases medias muchas ganas de olvidar aquella época de confusión y anarquía, mientras que entre las masas campesinas y proletarias se instaló un recuerdo de ideales traicionados, y en los obispos una pesadilla de conventos e iglesias arrasadas. Razón suficiente como para que nadie saliera a la calle a defender al régimen caído... Ni siquiera cuando las tropas del general Arsenio Martínez Campos se sublevaron en Sagunto en defensa de la monarquía. Alfonso XII, desde su exilio inglés, veía más cerca de sí la corona arrancada a su madre Isabel II.

Capítulo 17

La época de la Restauración

E l regreso de la monarquía en 1874 no provocó entre los españoles manifestación alguna de júbilo y la indiferencia se contagió entre una mayoría convencida de que no se trataba más que de un escaparate urdido por aquellos que no deseaban más libertades que las suyas propias. Y, sin embargo, la entrada de Alfonso XII en Madrid se vio saludada por una multitud que invadió las calles. Los mismos que seis años antes habían celebrado el destierro de Isabel II se arremolinaban ahora entusiasmados ante el paso del cortejo real. Una nueva paradoja de una historia que está llena de ellas...

Problemas para el nuevo rey

Mecida por el cansancio y la apatía, la recién nacida Restauración comunicaba sopor a una sociedad decidida a recuperar la tranquilidad después de una racha de alboroto y subversión. Ya no más caprichos republicanos. Por fin, la burguesía conservadora y provinciana iba a conseguir crear un régimen a su imagen y semejanza.

Los carlistas se levantan en armas otra vez

La Restauración no fue precisamente tranquila, al menos en sus primeros años. Los excesos de la República habían atraído a la vieja causa carlista una renovada legión de reclutas, que, desempolvados los viejos mosquetones, se habían echado al monte para llevar al trono al pretendiente de turno, en este caso Carlos VII, quien más tarde también se convertiría en pretendiente del vacante trono de Francia con el nombre de Carlos XI. Con el mismo nulo éxito en ambos casos...

La España reaccionaria, absolutista y ultracatólica volvía a levantarse en armas contra la modernidad, estableciendo su capital en Estella. Cuatro años duró la tercera guerra carlista (1872-1876), hasta que las tropas del pretendiente fueron trituradas por las liberales de Arsenio Martínez Campos y Fernando Primo de Rivera. Mientras, Alfonso XII visitaba los escenarios bélicos para sancionar con su presencia las victorias de sus generales y hacerse merecedor del sobrenombre del Pacificador (para más información sobre el tema véase el recuadro "¿Dónde vas, Alfonso XII?").

Finalmente, la derrota llevó a Carlos VII al exilio y provocó que los carlistas vieran más futuro para su causa si sustituían los mosquetones por la participación en el juego político de partidos, por muy desagradable y antinatural que éste les pareciera.

El fin de los Fueros

Otra consecuencia de la tercera guerra carlista fue el fin de los Fueros decretado por el gobierno de Antonio Cánovas. El país daba así un paso importante en su unidad nacional y la medida incluso fue aplaudida por la burguesía vizcaína, que logró conciliar la derogación de las viejas leyes con el mantenimiento de ventajosas prerrogativas de orden fiscal: los llamados Conciertos Económicos.

Cuba en llamas

Una vez aplastada la amenaza carlista, el gobierno de la Restauración envió nuevos ejércitos para atajar la insurrección de Cuba. Los soldados arrasaban los campos y a la vez caían ante las balas y los machetes de los rebeldes, las fiebres y las enfermedades tropicales. Diez años de luchas llegaron a su fin en 1878 cuando el general Martínez Campos impuso a los insurrectos cubanos la paz y prometió reformas administrativas y concesiones de autogobierno. Pero la paz duraría poco, una vez los grandes magnates españoles de la isla, señores del azúcar y el tabaco, obstaculizaron la abolición de la esclavitud y bloquearon las reformas por miedo a perder sus prebendas...

El orden, ante todo

El hombre fuerte del gobierno de la Restauración se llamaba Antonio Cánovas del Castillo. Presidente del Consejo de Ministros desde 1875, pronto se dio cuenta de que la monarquía restaurada no podía gobernar con ninguna de las constituciones precedentes, de tal forma que urgía redactar una nueva que sirviera para alejar a los militares de la política y sustituir el excluyente sistema isabelino por un bipartidismo plagiado del modelo inglés.

La burguesía satisfecha

Prioridad absoluta era eliminar toda tentación revolucionaria y conciliar las dos Españas, la liberal y la conservadora, mediante la aceptación de la monarquía constitucional y la construcción de un orden burgués respetuoso de las libertades fundamentales. Ningún partido ni ideología serían prohibidos, siempre y cuando abandonaran viejas ilusiones y aceptaran la Constitución.

Fue ésta la época del afianzamiento del capitalismo y del grupo social que lo sustenta, el triángulo formado por:

¿DÓNDE VAS, ALFONSO XII?

Una inequívoca aureola romántica, bien explotada por el cine y la literatura, rodea todo lo concerniente a Alfonso XII. De ello da cuenta una célebre tonadilla que empezó a escucharse hacia 1880 en las calles de Madrid, y que decía: "Dónde vas, Alfonso XII, / dónde vas triste de ti? / Voy en busca de Mercedes / que ayer tarde no la vi". En ella se alude a María de las Mercedes, la primera esposa del rey, muerta en 1878 con apenas recién cumplidos los 18 años. El golpe para el joven monarca fue duro y le llevó incluso a abandonar temporalmente la corte. No mejor sería su destino, pues en 1885, cuando no contaba aún treinta años de edad, él mismo murió de tuberculosis. Ni siquiera tuvo tiempo de conocer a su hijo y heredero, Alfonso XIII, nacido seis meses después de su muerte.

> Los grandes empresarios de la siderurgia vasca.

> Los industriales textiles catalanes.

> Los productores agrarios castellanos y andaluces.

Frente a todos ellos, crece y se fortalece una clase antagonista, el proletariado, cuyo protagonismo irá *in crescendo* en los años venideros.

Nace una Constitución extrañamente longeva

En 1876 se aprueba la nueva Constitución, la más longeva de la historia de España, pues se mantuvo vigente hasta la proclamación de la Segunda República en 1931. Todo un récord para un país hasta entonces acostumbrado a cambiar su Carta Magna con cada traspaso, por lo general violento, de gobierno... La soberanía compartida entre el rey y las Cortes y la confesionalidad del Estado eran dos de los principios que la regían.

Ahora gobiernas tú, ahora yo

Pero la gran aportación de Cánovas no fue tanto esta Constitución como la construcción de un gran tinglado político que fijó las reglas del juego y aseguró el disfrute del poder a los dos grandes partidos: por un lado, el liberal conservador del propio Cánovas, y por otro el liberal progresista (progresista al menos de nombre) de Práxedes Mateo Sa-

LA INSTITUCIÓN LIBRE DE ENSEÑANZA

En 1876, un grupo de pedagogos, encabezado por Francisco Giner de los Ríos, puso en marcha un proyecto que tenía como fin impartir una enseñanza no dogmática, basada en la libertad de conciencia y en el espíritu laico. Era la Institución Libre de Enseñanza, que en poco tiempo se convirtió en el centro de gravedad de toda una época de la cultura española.

Gracias a la Institución Libre de Enseñanza se introdujeron en la Península las más avanzadas teorías pedagógicas y científicas que se estaban desarrollando en el resto de Europa. La guerra civil vendría a poner el punto y final a ese sueño de una España europeizada y moderna encarnado por esta institución.

gasta. El secreto de su éxito estribaba en establecer un turno pacífico entre esos dos grupos, que así se iban cediendo el poder a medida que se celebraban las elecciones. Al resto de organizaciones políticas no le quedaba otra que contentarse con las migajas del festín electoral.

El fraude campa sin sonrojo

Lógicamente, para que ese sistema de turnos en el poder entre conservadores y liberales funcionara como es debido había que someter las elecciones a una sistemática manipulación. El invento funcionó mientras logró alimentar la abulia de los ciudadanos y la represión se pudo mantener en niveles bajos. Ni siquiera la aprobación en 1890 del sufragio universal masculino impulsada por los liberales consiguió cambiar el panorama, pues ni Sagasta ni Cánovas estaban dispuestos a tolerar que el espíritu democrático se colara en la nación a través de las urnas. De ahí que el efecto más visible de esa reforma electoral fuera el fortalecimiento del caciquismo.

"Para los amigos, el favor"

Bien relacionados con el gobernador civil o con políticos de la capital, dispensadores de prebendas a cambio de votos, jueces de los pleitos rurales y amos de pueblos y comarcas enteras, los caciques fueron los que tejieron la telaraña de la corrupción electoral diseñada en los despachos de Madrid. Y lo hicieron sin perder nunca de vista el santo y seña que gobernó la vida política de la Restauración: "Para los enemigos, la ley; para los amigos, el favor"...

La Iglesia y el ejército se unen a la causa

RECUERDA

La Restauración era un invento burgués, pero pronto otros estamentos sociales, dolorosamente conscientes de que los viejos y buenos tiempos nunca volverían, empezaron a verle sus ventajas:

>> La Iglesia, atraída por el sabor añejo de la Restauración, no tardó en dar la espalda a los derrotados carlistas y alistarse a la causa de Alfonso XII. Su conversión la llevó incluso a aceptar la Constitución como un mal menor y a reconciliarse con la burguesía, cerrando un pacto duradero con ella. Como consecuencia de todo ello, la Iglesia se recuperó de los estragos económicos de la desamortización y los movimientos revolucionarios, y recobró sus privilegios y su papel en una sociedad que se defendería de ella a golpe de anticlericalismo.

FIGURA 17-1:
La estatua que representa a la regenta y, al fondo, la catedral de Oviedo

>> El ejército, muy poco operativo, inflado como estaba de oficiales, en un principio se encerró en sí mismo, una vez Cánovas mandó las guarniciones a los cuarteles, sabedor de su facilidad para meterse en política. No obstante, los gobiernos de la Restauración recurrieron a él para sofocar huelgas y apalear manifestantes, enterrando así poco a poco la trayectoria revolucionaria que lo había distinguido y convirtiéndolo en un mero defensor del orden, la patria y la Corona.

LA NOVELA COMO ESPEJO DEL PAÍS

A la par que en las Cortes se deliberaba sobre las conquistas liberales, el horizonte de la mayoría de los españoles no sobrepasaba los límites de su propia provincia, o incluso menos, los del propio pueblo... La novela de esa época es un fiel reflejo de ello, pues en ella se afirma la visión regional de España.

La novelística de estos tiempos está escrita en las provincias: Leopoldo Alas *Clarín* permaneció siempre en Oviedo, y allí, en ese trasunto suyo que es Vetusta, situó la acción de su obra maestra *La regenta*; José María de Pereda vivió toda su vida en Santander y de allí sacó el costumbrismo de novelas como *Peñas arriba*; Juan Valera viajó mucho, pero se inspiró en una Andalucía idealizada e imposible como la reflejada en *Pepita Jiménez*; Emilia Pardo Bazán situó obras como *Los pazos de Ulloa* en Galicia, profundizando en la sensualidad de aquella tierra y sus habitantes... La gran excepción es Benito Pérez Galdós, quien, aunque de origen canario, consiguió como nadie desentrañar el misterio de un Madrid de burócratas y funcionarios, de burgueses trepadores, políticos, curas, frailes, mendigos, conspiradores y prostitutas.

Chimeneas de España

RECUERDA

Con la Restauración se consagran los núcleos fundamentales de la industrialización española. El País Vasco y Cataluña rematan su tejido industrial, en tanto las demás regiones, a excepción de Madrid (la capital administrativa y bancaria, y la líder en el sector de servicios) quedarían retrasadas hasta la segunda mitad del siglo xx.

Progreso a la sombra del Estado

El paternalismo del Estado y el recurso del proteccionismo, que limitaba la entrada de productos llegados del exterior mediante fuertes tasas, consiguieron que se multiplicaran las compañías de construcción naval y mecánica, así como buena parte de la mediana industria vizcaína y guipuzcoana, en tanto el enorme consumo de explosivos de la minería tiraba de la industria química. Al mismo tiempo, el crecimiento de Barcelona desarrollaba las industrias de gas y electricidad, y acogía nuevas compañías mecánicas. Todo ese hervidero haría de Cataluña la gran fábrica de España.

A pesar de numerosos contratiempos, España progresó y, aunque con retraso, siguió el movimiento del resto de naciones europeas. Se trataba, no obstante, de un espejismo, pues el progreso de unas cuantas ciudades no podía disimular que buena parte del país se hallaba abrumadoramente atrasado y con la gran mayoría de la población dedicada aún a la agricultura...

Dejar el hogar para poder vivir

Para muchos braceros y proletarios agrícolas, la emigración era la única forma de escapar de una vida sin futuro. Su destino eran las ciudades o los barcos que se hacían a la mar rumbo a América. El nuevo mundo volvía a ser el objetivo de los españoles cuatro siglos después de su descubrimiento. Sólo que ahora no se trataba de conquistarlo ni de explorarlo...

En los primeros años del siglo XX, alrededor de dos millones de españoles recalarían en los puertos de Argentina, Uruguay, Chile, Brasil o Cuba.

Adiós al viejo sueño imperial

El de 1898 fue un año negro para España, que se llevó consigo todo un relicario de glorias y héroes nacionales. Todo empezó el 15 de febrero, cuando el acorazado estadounidense *Maine* explotó en el puerto de La Habana, causando la muerte de prácticamente toda su tripulación.

El gobierno norteamericano no tardó en atribuir al español la responsabilidad de esa destrucción, a lo que Madrid contestó que se trataba de un triste accidente. Hoy la polémica sigue abierta. Pudo ser sólo un pretexto, pero lo que sabemos es que al final la guerra estalló y las fuerzas de España fueron aniquiladas con rapidez, eficacia y nulas contemplaciones.

Cementerio marino

El 3 de julio, la flota española fue destruida por la estadounidense a la salida de la bahía de Santiago de Cuba. Fue un enfrentamiento absurdamente desigual, en el que nada pudieron hacer los obsoletos barcos hispanos contra los modernos acorazados norteamericanos. Y esto lo sabían bien los políticos monárquicos que, aun así, enviaron a miles de jóvenes al matadero en que se iban a convertir Cuba, Puerto Rico y Filipinas.

En lugar de impedirlo y firmar una paz pronta como aventuraba el estadista Antonio Maura, lo que se hizo fue despertar una oleada de fervor patriótico en nombre de un orgullo militar y de unas pasadas gestas que ya sólo eran polvorienta historia. De nada sirvió.

El final, no por anunciado, resultó menos triste: cuatro meses de asedio fueron suficientes para que el ejército español se derrumbara, y el mismo mes del desastre de Santiago, el gobierno español pedía negociar la paz, poner fin a ese conflicto bélico. A resultas de él, Estados Unidos se quedaba con Filipinas y Puerto Rico, y decidía hacerse cargo de la libertad de Cuba, donde su gobierno tenía suculentos intereses e inversiones en haciendas de azúcar.

Una cosa quedó clara: la incapacidad de España para defender unos territorios tan alejados de la metrópoli. Para ello hubiera necesitado una solidez económica de la que carecía, una marina de guerra poderosa y una política internacional de alianzas capaz de frenar el afán imperialista de Estados Unidos. No ocurrió así, y a España se le acabó atragantando el envite yanqui...

5

El salto definitivo a la modernidad

EN ESTA PARTE . . .

La quinta parte se adentra en los siglos xx y xxi. España abre la nueva centuria bajo el golpe sufrido por la pérdida de las últimas colonias. La inestabilidad política se instala entonces en un país que ve caer la monarquía y proclamarse la república, y que se embarcará en una guerra fratricida de la que surgirá una dictadura que se extenderá a lo largo de casi cuarenta años. La Constitución de 1978 y la monarquía parlamentaria pondrán la base para el despegue definitivo de España en la década de los ochenta y su plena integración en el escenario europeo.

Capítulo 18

Un país entre el pesimismo y la renovación

El desastre del 98, con la pérdida para siempre de Cuba, Puerto Rico y Filipinas, desató en España un debate sobre las responsabilidades de tal debacle, pero la Corona no se desbarató por ello ni el país perdió el ímpetu modernizador iniciado a finales del siglo XIX. El pesimismo de los intelectuales resultaba así paradójico en un momento en que la cultura avistaba cimas como no se recordaban desde el siglo XVII, la repatriación de los capitales indianos revivía la economía y el proceso industrial cobraba un nuevo ímpetu con la irrupción de fábricas de gas y electricidad.

La regeneración de España

España estaba viva. Y si algo acabó saltando por los aires no fue el Estado, sino el tinglado de fraude electoral instaurado por Antonio Cánovas del Castillo y Práxedes Mateo Sagasta para consolidar la Restauración. Un papel importante en ese proceso lo tuvieron los nuevos actores que irrumpieron en el ruedo político. Por un lado, el proletariado; por otro, la pequeña burguesía. Esta última lo hizo, además, embarcada en la aventura de los nacionalismos (para más información sobre Cánovas y Mateo Sagasta véase la sección "Ahora gobiernas tú, ahora yo" en el capítulo 17).

La aventura de los nacionalismos periféricos

Pronto las regiones más industrializadas de España —Cataluña y el País Vasco— empezaron a deslegitimar el unitarismo precedente que había dado sentido al Estado español.

El nacimiento del catalanismo

Sin los negocios de ultramar, en Cataluña, la región más industrializada y próspera de España, cobraron nuevos bríos las tensiones autonomistas. Sus empresarios confiaron en el catalanismo su desahogo contra los gobiernos de Madrid, a los que responsabilizaban de la pérdida de las colonias, en las que tantos y tan lucrativos negocios tenían. Para ellos, el anacrónico Estado castellano se había dejado arrebatar el mercado colonial, por lo que la conciencia nacional catalana exigía ahora:

» Una mayor participación en la vida pública española.

» El reconocimiento de sus singularidades culturales.

» La reforma de un régimen político centralista convertido en obstáculo para el buen desarrollo de Cataluña.

De este modo, el nacionalismo catalán saltaba a la arena política y atraía a su redil conservador a la pequeña burguesía con recetas sacadas del renacimiento cultural de Cataluña y el afán regeneracionista de España.

La invención de la nación vasca

En el País Vasco, la ultraderecha católica prendía en el credo antiliberal del político e ideólogo Sabino Arana, cuya invención de la nación vasca, con su maniqueísta carga de odio a España, estaba destinada a romper, un siglo más tarde, la convivencia de los habitantes de Euskadi (para más información sobre el tema véase el recuadro "El padre del nacionalismo vasco").

Nueva edad de oro

El renacer cultural del cambio de siglo toma forma en tres generaciones de pensadores, hombres de letras y ciencias que recogieron el testigo de los grandes maestros del realismo español, Benito Pérez Galdós y Leopoldo Alas *Clarín*:

» Los ensayistas y creadores de la Generación del 98, que estrellan su pesimismo contra el sistema político de la Restauración, se preguntan por España y buscan su alma vieja en el árido paisaje de Castilla. Miguel de Unamuno, Azorín, Pío Baroja, Ramón María del Valle-Inclán o Antonio Machado son los protagonistas de ese nuevo arranque de la cultura, todos ellos con itinerarios personales muy diferentes, pero caminantes de un mismo camino pesimista, lúcido y crítico.

» Los intelectuales de la Generación del 14, surgidos en el ámbito universitario y que se atribuyeron la misión de educar al pueblo con la mirada puesta en Europa, como José Ortega y Gasset, Manuel Azaña, Salvador de Madariaga, Américo Castro o Fernando de los Ríos, que defendían que España sólo podía ser si se unían la atención educativa y el ejercicio de la democracia.

» Los poetas y artistas de la Generación del 27, surgidos de esa educación abierta, avanzada y libre de la tenaza eclesiástica, y

EL PADRE DEL NACIONALISMO VASCO

La de Sabino Arana sigue siendo una figura polémica que levanta las más fervientes pasiones y los más encendidos rechazos. No es para menos, pues él mismo en sus escritos no se anduvo con medias tintas: o blanco o negro. Como botón de muestra, he aquí un fragmento de su texto *Qué somos*, en el que compara sistemáticamente a un vizcaíno, preclaro espejo de todas las virtudes, con un español, ejemplo de todo lo más bajo y despreciable:

"Interrogad al *bizkaíno* qué es lo que quiere y os dirá 'trabajo el día laborable e iglesia y tamboril el día festivo'; haced lo mismo con los españoles y os contestarán pan y toros un día y otro también, cubierto por el manto azul de su puro cielo y calentado al ardiente sol de Marruecos y España".

que introdujeron en España las vanguardias creativas del resto de Europa. Rafael Alberti, Federico García Lorca, Vicente Aleixandre, Luis Cernuda, Pedro Salinas, Luis Buñuel, Salvador Dalí, Juan Gris o Pablo Picasso son algunos de sus más universales representantes.

Era la primera vez en España que toda una hornada de pensadores tomaba conciencia clara de su función rectora en la vanguardia de la sociedad.

RECUERDA

La rebelión de las masas

Antes del arranque del nuevo siglo, España desconocía lo que era la sociedad de masas, de tal forma que su nacimiento atemorizó a los pensadores y a los viejos políticos monárquicos, siempre tan espantadizos ante todo aquello nuevo que se les viniera encima. Había motivos para ello, pues la burguesía triunfante no había hecho esfuerzo alguno para paliar las injusticias de una sociedad desigual y con marginaciones escandalosas, con multitudes campesinas cercadas por el hambre, obreros hacinados en el anonimato de la urbe...

La fuerza del asociacionismo

A comienzos del siglo xx, los proletarios agrícolas e industriales, conscientes de su poder, convirtieron sus problemas en asunto de la nación. Los marginados del régimen liberal reivindicaban mejoras políticas y económicas sobre la base de unos programas concretos contra los que el gobierno respondía a base de represión y más represión con efectos muy contraproducentes, pues los obreros aumentaron la conflictividad de la España industrial al tiempo que los campesinos incendiaban el campo extremeño y andaluz.

De este modo, el movimiento obrero reivindicaba su condición de protagonista de la España del siglo xx, y lo hacía dividido entre el credo anarquista y el Partido Socialista Obrero Español (PSOE), fundado en 1879 por el tipógrafo Pablo Iglesias.

Hijos de Pablo Iglesias

Pese a su filiación marxista, el PSOE no era una organización revolucionaria más que en su deseo de sustituir la monarquía por la república. Como sus hermanos europeos, se mostraba más inclinado a transformar el sistema que a destruirlo. Sin embargo, su aislamiento político le fue dando fama de radical. Sólo a partir de 1910, con la consecución de su primer diputado, empezó a ganar respetabilidad en los ambientes profesionales y universitarios, y se transformó en un partido de masas con gran implantación en Asturias, Vizcaya y Madrid.

Anarquismo en los campos

Los socialistas hicieron pocos esfuerzos por penetrar en la España rural, que quedó en manos de los anarquistas, quienes recogieron la tradición del individualismo español y la pusieron al servicio de su utopía revolucionaria. Andalucía y el triángulo formado por Zaragoza, Valencia y Cataluña fueron las principales bases de este movimiento.

Propaganda por los hechos

Las calles de Cataluña, Asturias, Vizcaya... no tardaron en vibrar de sangre y violencia. La Guardia Civil y el ejército reprimieron sin contemplaciones las manifestaciones y huelgas obreras, mientras que las corrientes más extremistas del anarquismo iniciaron una campaña de terror contra los símbolos de la burguesía, como la bomba del Gran Teatro del Liceo, que en 1893 causó 20 muertos. O contra los representantes del poder político, como el mismísimo Antonio Cánovas, asesinado a tiros en 1897... (para más información sobre Cánovas véase el capítulo 17).

Los obreros protestaban por sus jornadas de trabajo, que se aproximaban a las once horas, cuando no llegaban a las catorce, y por las pésimas condiciones laborales. Para ellos, las conquistas de la España liberal parecían guardadas bajo siete llaves por una minoría...

El miedo de los privilegiados

RECUERDA

Tan próximo veían los partidos monárquicos el fantasma de la revolución que intentaron atemperar las iras de la clase obrera con una legislación social. Así, en 1919 se aprobó la jornada de ocho horas y, con su promulgación, la España del atraso se adelantaba a la Europa industrial en derechos laborales. Poco a poco fueron surgiendo también la ley de Accidentes de Trabajo, la ley de Trabajo de Mujeres y Niños, la ley de Descanso Dominical, la ley de Huelga.., También los primeros elementos de una seguridad social que rebajaría las durísimas condiciones de trabajo de los españoles, pero sin lograr el objetivo de acallar la protesta obrera.

La bonanza demográfica

Dieciocho millones de españoles habían visto nacer el siglo XX, pero en sólo veinte años ya habían aumentado en casi tres millones más. La demografía se recuperaba con fuerza por la conjunción de una serie de factores:

» La pérdida de las colonias, que cortó la hemorragia de jóvenes arrancados de sus hogares rumbo a Cuba y Filipinas.

» La reducción de la tasa de mortalidad con la mejora de las condiciones higiénicas y el desarrollo de los primeros servicios de salud.

Poco a poco, la demografía se aproximaba a los ritmos modernos de crecimiento de la Europa occidental.

Nuevas modas para un siglo nuevo

Al despedir el siglo XIX, los españoles tuvieron la impresión de que se abría una época nueva y que lo que ocurriera en ella nada tendría que ver con la centuria que quedaba atrás... Nada resistía la oleada de cambios. Ni siquiera la vida cotidiana:

» El vestir: Los hombres de las clases populares siguieron vistiendo blusa y visera, mientras los burgueses monopolizaron el sombrero y el traje, que llegaban a cambiar varias veces al día en un ejercicio de dandismo. El gran modelo para ellos sería el rey Alfonso XIII, cuyo bigote o cuellos altos rápidamente serían imitados por todo caballero que se preciara. Especial importancia adquirieron los zapatos, que tenían que estar limpios y relucientes, como dando a entender que su propietario no había caminado un solo paso sino que se había desplazado de forma más elegante, ya fuera en coche de caballos o a la última, en automóvil... Y mayores aún serían las transformaciones del vestuario femenino: adiós a los corsés y bienvenida a faldas más cortas, ideales para los bailes modernos o la práctica del deporte. Las medias se convirtieron así en un elemento imprescindible.

» La música: Nuevos ritmos llegados del otro lado del océano invadieron las salas de baile y se convirtieron en símbolos de la modernidad más atrevida: el foxtrot, el ragtime, el boston, el tango... Sin olvidar, por supuesto, el jazz, epítome de una nueva era que sólo obedecía al deseo de libertad y hedonismo.

» El ideal de belleza: A los caballeros no se les permitía en ningún caso la gordura, pues se consideraba una señal evidente de enfermedad o descortesía. En cambio, las mujeres metidas en carnes convivían con siluetas estilizadas que antes hubieran hecho sospechar algún trastorno grave de salud...

» Las ciudades: Calles, plazas y avenidas se engalanaban con grandes edificios y con los más rutilantes inventos de la modernidad, como los tendidos eléctricos, los tranvías, los carteles luminosos... Un nuevo elemento las invadió pronto: el automóvil, en un principio más un símbolo del dinero que un medio de transporte.

» La cocina: La disciplina que es hoy una de las señas de identidad de España, gracias al genio de cocineros como Ferran Adrià o

LA PANTALLA BLANCA

El 11 de octubre de 1896, los asistentes al oficio religioso del Pilar en Zaragoza se convirtieron en protagonistas inesperados de la que había de ser la primera película rodada en España por un cámara español, Eduardo Jimeno Correas. Su título, puramente descriptivo, era *Salida de la misa de doce de la iglesia del Pilar de Zaragoza*, y duraba un único minuto, suficiente en todo caso para inaugurar la prolífica historia de la cinematografía española.

Sólo un año más tarde llegaría la primera película, no mucho más larga, con un argumento: *Riña en un café*, obra de Fructuós Gelabert. Y el título tampoco engaña en este caso: dos amigos que se pelean para atraer la atención de una guapa bailarina. Tan real como la vida misma, puede considerarse el primer gran éxito del cine español.

Juan Mari Arzak, ya estaba claramente definida a principios de siglo. Sin embargo, el culto a la mesa podía practicarse en muy pocas ocasiones, casi siempre relacionadas con la fiesta o acontecimientos familiares.

» El veraneo: Las clases más acaudaladas pusieron de moda la práctica del descanso estival, que hizo de San Sebastián, con sus villas ajardinadas, sus playas, glorietas y sombrillas, la ciudad de moda.

» El teatro: La fascinación que la escena ejercía sobre la burguesía fue considerable, y de ahí toda una serie de espectáculos para complacerla: dramas, comedias, óperas, sainetes, revistas y zarzuelas.

» El fútbol y el toreo: La irrupción del que hoy es el deporte rey generó desde 1902 un campeonato nacional, la Copa del Rey. El interés futbolístico convivía con la pasión por los toros, cuyos aficionados estaban claramente divididos en dos bandos irreconciliables: los adoradores de Joselito, clásico y refinado, y los de Juan Belmonte, más rompedor.

» El cine: El séptimo arte prendía con entusiasmo en todas las capas sociales. Desde 1896, año en que se proyectó la primera película rodada en España por un cámara español, la magia del celuloide atrapó la atención de los españoles, sobre todo de los obreros, que acudían al reclamo del invento y de sus buenos precios. Sólo los curas, como siempre alérgicos a todo lo que fuera novedoso, mostrarían su animadversión hacia el invento de los hermanos Lumière (para más información sobre el cine véase el recuadro "El séptimo arte hace su entrada en España").

Capítulo 19

La crisis del sistema político

L a España en la que reinaba Alfonso XIII era muy diferente de la que se había encontrado su padre Alfonso XII una vez restaurados los Borbones en el trono. Los cambios sociales, la reflexión sobre el país promovida por los intelectuales a raíz del desastre del 98, las agitaciones obreras, el auge del catalanismo... Todos esos elementos sacudían los viejos cimientos de la Restauración.

Una imposible revolución desde arriba

Los partidos monárquicos entraban en el siglo XX azotados por fuertes tensiones internas, crisis crónicas de jefatura, sonoros problemas sociales, el asesinato del líder del partido conservador, Antonio Cánovas del Castillo, a manos de un anarquista... Un panorama desalentador que se veía acrecentado por el estado de aturdimiento creado por el desastre de la pérdida de Cuba y Filipinas. En esas circunstancias, no era extraño que los gobiernos fallecieran sin duelo y nacieran sin alegría porque la política se había convertido en una vulgar trampa de grandes palabras.

Cabía, pues, emprender algo nuevo, algo que rompiera esa sensación de parálisis que lo tenía todo. Por ello, llevados de la necesidad de dar autenticidad a un sistema caduco, los conservadores de Antonio Maura y los liberales de José Canalejas se embarcaron en una imposible revolución desde arriba que, a pesar de todo, consiguió que la Restauración, con todos sus defectos, sobreviviera milagrosamente algún tiempo más.

Los proyectos de Maura

Cuando en 1904 Antonio Maura llegó a la presidencia del gobierno puso en marcha un ambicioso plan de reformas que provocó el espanto de la clase política y los grupos poderosos del régimen. Entre otras cosas, este líder conservador pretendía:

>> Demoler el caciquismo y sanear la práctica electoral.

>> Rebajar el centralismo que impedía el entendimiento con los catalanistas.

>> Emprender un proyecto de expansión colonial que consolidara el dominio español en el norte de Marruecos.

EL MÁRTIR DE LA SEMANA TRÁGICA

El 13 de octubre de 1909 fue fusilado en el castillo barcelonés de Montjuïc el pedagogo y librepensador Francisco Ferrer Guardia, acusado de haber sido uno de los promotores de la Semana Trágica. La ejecución fue muy contestada en el ámbito internacional, sobre todo porque la acusación por la que se le condenó era infundada... Con él murió la Escuela Moderna, un proyecto de pedagogía libertaria que Ferrer Guardia explicaba así:

"Los niños y las niñas tendrán una insólita libertad, se realizarán ejercicios, juegos y esparcimientos al aire libre, se insistirá en el equilibrio con el entorno natural y con el medio, en la higiene personal y social, desaparecerán los exámenes y los premios y los castigos. Se hace especial atención al tema de la enseñanza de la higiene y al cuidado de la salud".

De este modo, Maura trataba de recuperar el prestigio de España en el concierto mundial. Sin embargo, el fracaso en el tercer punto, la aventura colonial marroquí, acabaría hundiendo sus proyectos de regeneración en la más absoluta miseria...

Semana Trágica de Barcelona

El 27 de julio de 1909, las tropas españolas cayeron en una emboscada de los rifeños en el Barranco del Lobo, cerca de Melilla. Cientos de soldados murieron, ante lo cual Maura reaccionó movilizando a los reservistas. Fue la chispa que hizo saltar el descontento popular contra la expansión colonial y la retórica patriótica de la derecha, que no hacía más que llenarse la boca invocando el nombre de España al tiempo que corría a salvar a sus hijos de morir en el desierto pagando las 1.500 pesetas necesarias para escapar del servicio militar.

Al grito de "¡Tirad vuestros fusiles, que vayan los ricos; o todos o ninguno! ¡Que vayan los frailes!", prendió la mecha de la huelga general en Barcelona, de cuyo puerto partían unos soldados mal adiestrados y peor equipados hacia el infierno africano. En cuanto el ejército tomó las calles de la ciudad, la protesta, pacífica en un inicio, se tornó violenta: los huelguistas levantaban barricadas en las calles, arrasaban conventos y escuelas... Era la Semana Trágica de Barcelona, reprimida por el ejército a base de cañonazos contra los barrios obreros.

La avalancha de detenciones, los procesos sumarios llevados a cabo por los tribunales militares y la pena de muerte que cayó sobre el supuesto líder de la insurrección, el pedagogo Francisco Ferrer Guardia, cofundador de la Escuela Moderna, hicieron crecer una oleada de indignación contra Maura, finalmente cesado por Alfonso XIII (para más información sobre Ferrer Guardia véase el recuadro "El mártir de la Semana Trágica").

El avispero marroquí

Pero la caída de Antonio Maura no acabó con el problema de la guerra de Marruecos. Había demasiados intereses en juego como para abandonar aquella aventura colonial hecha a la medida de la concepción que tenía Alfonso XIII del mundo y del lugar que debía ocupar su país. También la oligarquía financiera y el ejército querían que continuara:

» La oligarquía, porque había encontrado en las minas de hierro de Marruecos y la construcción del ferrocarril la oportunidad de compensar las pérdidas de Cuba y Filipinas.

>> El ejército, porque podía así vengar el honor arrebatado de forma humillante en Cuba y rehabilitarse ante una sociedad poco proclive a olvidar o perdonar.

Sueños militares de grandeza

RECUERDA

Catorce años duraría la guerra de África, durante los cuales se modificaría considerablemente la fisonomía del militar español al reducir su horizonte mental al patriotismo bullicioso y al ordeno y mando. Alejados de la Península, los oficiales se fueron autoconvenciendo de la superioridad de la milicia y de su misión histórica en la regeneración de España, con el Imperio y la Castilla ancestral de la Reconquista como modelos de perenne inspiración. La ideología nacionalista surgida de esos cuarteles africanos acabaría desembocando en el antiliberalismo que provocó la guerra civil...

El fin de la revolución desde arriba

Desacreditado el intento regeneracionista de Maura, el rey nombró jefe de gobierno a José Canalejas, líder del partido liberal. Un nuevo intento de renovación del sistema se puso entonces en marcha, algunos de cuyos puntos fueron:

NEUTRALIDADES QUE MATAN

A pesar de la neutralidad formal de España en la Primera Guerra Mundial, la clase política estaba claramente dividida. Así, Alfonso XIII era germanófilo, mientras que el conde de Romanones, que llegó a ser presidente del gobierno, no escondió sus simpatías por los aliados en un artículo publicado en el *Diario Universal* el 19 de agosto de 1914, titulado *Neutralidades que matan*. En él decía:

"La neutralidad es un convencionalismo que sólo puede convencer a aquellos que se contentan con palabras y no con realidades; es necesario que tengamos el valor de hacer saber a Inglaterra y a Francia que con ellas estamos, que consideramos su triunfo como el nuestro y su vencimiento como propio; entonces España, si el resultado de la contienda es favorable para la Triple Inteligencia [los aliados], podrá afrontar su posición en Europa, para obtener ventajas positivas. (...) La suerte está echada; no hay más remedio que jugarla; la neutralidad no es un remedio; por el contrario hay neutralidades que matan".

>> La imposición del servicio militar obligatorio sin excepciones para los ricos.

>> El intento de reconducir la influencia de la Iglesia en la sociedad española con la ley del Candado, que limitaba sus privilegios.

Los disparos del anarquista Manuel Pardiñas Serrano acabaron bruscamente en 1912 con la labor modernizadora de Canalejas. Con el asesinato de este político se desvanecieron los años tranquilos del reinado de Alfonso XIII. Los desencantados de la monarquía se multiplicaban y, cada vez mejor organizados en partidos, hacían oír sus voces a un número cada vez mayor de gente.

Neutralidad en medio de una guerra mundial

Cuando los políticos monárquicos, asediados por las agitaciones sociales y la creciente marea republicana, trataban de olvidar las calamidades de Marruecos, el estallido de la Primera Guerra Mundial asustó a los españoles. No obstante, el gobierno comprendió de inmediato la imposibilidad de embarcar al país en la contienda, por lo que declaró la más estricta neutralidad de España. Ya habían recibido suficiente sus tropas en Marruecos como para correr a enfrentarse a otras bien pertrechadas y preparadas.

Paz de armas, no de ideas

España sería neutral, pero ello no impidió que el país se dividiera rápidamente en dos bandos:

>> Los aliadófilos, bando en el que convergían el partido liberal, los republicanos y los socialistas, para quienes Francia era la más acabada representación de la libertad y los derechos del hombre.

>> Los germanófilos, grupo integrado por la Iglesia, el ejército, el partido conservador y la gran burguesía agraria, que veían en el II Reich la encarnación de su particular concepción de lo que debían ser el orden y la paz.

Durante los cuatro años que duró el conflicto bélico, Madrid se convirtió en una ciudad cosmopolita y secreta, refugio de apátridas de

UN GERMANÓFILO CONTRA LOS GERMANÓFILOS

El novelista Pío Baroja fue uno de los muchos intelectuales españoles que tomó partido por uno de los bandos en liza en la Primera Guerra Mundial. Sólo que sus razones tenían matices:

"Me parece bien que estos periódicos me califiquen de germanófilo porque, en realidad, lo soy. Ante todo, la probidad. Cierto que no quiero ser en nada solidario con los germanófilos españoles... La razón es bien sencilla. Los germanófilos de aquí son, en su mayoría, los legitimistas católicos y los ultraconservadores; son los que han abominado siempre la cultura germánica (...) Estos clericales odian a Francia por haber separado la Iglesia del Estado, y no ven en Alemania más que militarismo y disciplina. Yo no siento por estos clericales-fósiles de la fauna europea ni estimación ni simpatía, y no quiero estar ni pasajeramente en su bando. Ellos admiran a Alemania por lo que a mí me parece abominable, en Alemania y fuera de ella, y abominan de Alemania por lo que yo encuentro digno de admiración".

medio continente y capital de espías, agentes furtivos, especuladores y empresarios sin escrúpulos.

Riqueza inmediata y hambre

La consecuencia más importante de la guerra en España fue la brusca alteración de la economía, con alzas de precios, desorganización del mercado interior, enriquecimientos súbitos... Sin embargo la burbuja de la prosperidad económica promovida por la neutralidad sólo sirvió para redondear las fortunas de la burguesía y para disparar la conflictividad social.

La situación estalló en 1917, cuando socialistas y anarquistas desataron una gran huelga general con el propósito de hacer caer la monarquía y organizar unas elecciones libres de fraude. Violentamente reprimida por el ejército, la protesta no logró sus objetivos, pero sí evidenció la debilidad del régimen y su dependencia de unos militares con afanes cada vez más intervencionistas.

Los años del pistolerismo

Durante esa segunda década del siglo XX Barcelona se convirtió en el corazón del movimiento obrero iniciando una guerra contra los patronos que fue implacable por uno y otro bando. Porque si el sindicato anarquista CNT movilizaba a sus masas para cerrar fábricas y ganar batallas laborales, la Federación Patronal de Cataluña, con el apoyo del gobierno y los catalanistas, optaba por la vía rápida y financiaba a bandas de pistoleros para asesinar a sindicalistas y obreros.

Estos no se quedarían de brazos cruzados, y atentarían contra patronos, guardias y políticos. Era el tiempo del terror y ni las cabezas más altas saldrían bien libradas de ella: Eduardo Dato, jefe de gobierno, fue tiroteado en 1921 y en 1923 lo fue Salvador Seguí, el anarcosindicalista más influyente...

Orgullo hecho pedazos

Mientras España se hundía en un clima de violencia y terror, acrecentado por la rebelión campesina de Extremadura y Andalucía, los mili-

LA GRAN CRISIS DE 1917

El mismo año que Rusia vivía una revolución que vería triunfar el comunismo y nacer la Unión Soviética, España se vio inmersa en una crisis sin precedentes, que alcanzó su cenit cuando los sindicatos UGT (socialista) y CNT (anarquista) convocaron una huelga general. Su manifiesto, firmado el 27 de marzo de 1917, rezaba así:

"¿De qué nos vale formular un día y otro nuestras quejas, y de qué nos sirve el reconocimiento de la justicia de nuestras demandas por los mismos hombres que ocupan el poder, si no logramos nunca vislumbrar el remedio de nuestros males? (...) Estos males, percibidos a diario por el proletariado, han formado en él, tras una larga y dolorosa experiencia, el convencimiento de que las luchas parciales de cada asociación con los patronos, asistidas por la solidaridad de los compañeros de infortunio, no bastan a conjurar los graves peligros que amenazan a los trabajadores. (...) Con el fin de obligar a las clases dominantes a aquellos cambios fundamentales del sistema que garanticen al pueblo el mínimo de condiciones decorosas de vida y de desarrollo de sus actividades emancipadoras, se impone que el proletariado español emplee la huelga general, sin plazo definido de terminación, como el arma más poderosa que posee para reivindicar sus derechos".

tares proseguían sus calamitosas campañas en África. El general Manuel Fernández Silvestre, amigo de Alfonso XIII y comandante general de Melilla, creyó que podía tomar Alhucemas y acabar así con la resistencia de las tribus rifeñas, por lo que emprendió una disparatada ofensiva que acabó tornándose en tragedia el 22 de julio de 1921. Ese día, en la localidad de Annual, casi quince mil soldados perdieron la vida... (para más información véase el recuadro "La tragedia de Annual").

El desastre de Annual acabó siendo nefasto para los partidos monárquicos, los mandos del ejército y el propio rey, de quien se decía que había animado a Fernández Silvestre en sus delirios de grandeza y gloria. Republicanos, socialistas y liberales exigían la depuración de responsabilidades, mientras los conservadores y la burguesía sólo esperaban el cuartelazo de un ejército cada vez más autoritario que no estaba dispuesto a tolerar las calumniosas acusaciones de los civiles, por muy fundamentadas que estuvieran.

El golpe de Estado lo dio finalmente en 1923 Miguel Primo de Rivera, capitán general de Cataluña, con la colaboración del rey y la burguesía catalana. Con él quedaba enterrado el atrofiado sistema de la Restauración. La dictadura tomaba así el relevo a una caricatura de democracia...

LA TRAGEDIA DE ANNUAL

La muerte de miles de soldados en Annual fue un terrible golpe para la opinión pública de España, comparable para muchos al desastre del 98. El escritor Arturo Barea, autor de la novela *La forja de un rebelde*, describió la brutalidad de esa carnicería con el crudo realismo usado por Francisco de Goya en sus grabados:

"Aquellos muertos que íbamos encontrando, después de días bajo el sol de África que vuelve la carne fresca en vivero de gusanos en dos horas; aquellos cuerpos mutilados, momias cuyos vientres explotaron. Sin ojos o sin lengua, sin testículos, violados con estacas de alambrada, las manos atadas con sus propios intestinos, sin cabeza, sin brazos, sin piernas, serrados en dos. ¡Oh, aquellos muertos!".

Los generales vuelven al ruedo político

Primo de Rivera pensaba que una labor de saneamiento y represión sería más que suficiente como para erradicar de España la corrupción política, acallar las irritantes voces de los intelectuales, cuya labor crítica consideraba nefasta para la salud del país, y frenar la oleada de atentados de uno y otro signo que ensangrentaban Cataluña.

En un primer momento pareció que su acción daba fruto: la mano de hierro del dictador, el silencio o exilio de los políticos monárquicos y la inactividad del movimiento obrero aseguraron una época de cierta tranquilidad, culminada con la pacificación de Marruecos.

La paz burguesa reina en las fábricas

RECUERDA

La férrea disciplina impuesta en las relaciones de trabajo, unida al auge económico, hizo que la paz burguesa reinara en los hogares y las fábricas. Los atentados político-sociales desaparecieron casi por completo y lo mismo las huelgas revolucionarias y los conflictos laborales. La prosperidad económica de este período tuvo incluso efectos inmediatos sobre la misma fisonomía del país donde la dictadura:

>> Construyó 5.000 kilómetros de carreteras.

>> Completó 9.000 kilómetros de caminos vecinales.

>> Consiguió electrificar el campó.

>> Creó las confederaciones hidrográficas.

Todo ello permitió que las regiones españolas estrecharan vínculos y redujeran diferencias. Los caminos construían la nación, y lo mismo hacía un nuevo artilugio, la radio, que llegaba hasta allí donde lo hacía la electricidad.

El fracaso de un dictador

No obstante, la dictadura fracasó en su pretensión de liquidar el sistema de partidos, la lucha de clases y los nacionalismos. A la larga, las torpes e ineficaces medidas represoras de Primo de Rivera acabaron desprestigiando a la dictadura, que empezó a ser ridiculizada en los salones de la aristocracia y las tertulias de la burguesía. Las manifestaciones de estudiantes y el descontento de algunos mandos del ejército acabaron de dar la puntilla al régimen. En 1930, Alfonso XIII retiró su confianza al general y otro militar, Dámaso Berenguer, tomó el relevo para gestionar el retorno al sistema parlamentario y devolver a la monarquía el prestigio y el respeto perdidos por su apoyo a la dictadura. No sólo no lo conseguiría, sino que, como en tiempos de La Gloriosa que derrocó a Isabel II (para más información sobre La Gloriosa véase la sección "La revolución de 1868" en el capítulo 16), la Corona volvería a caer. La república volvía a llamar a las puertas de la historia de España... Y esta vez parecía ir en serio...

Capítulo 20

La República de las esperanzas

En 1930, Alfonso XIII prescindió de Miguel Primo de Rivera y encargó a otro militar, Dámaso Berenguer, que condujera a España de nuevo al sistema parlamentario. Era una empresa abocada al fracaso, pues pocos españoles estaban por entonces dispuestos a perdonar la deriva dictatorial del rey, su traición a la Constitución. El desprestigio de la monarquía era un hecho, y así lo recordaban diariamente las manifestaciones obreras, la burguesía progresista y los intelectuales (para más información sobre Primo de Rivera véase la sección "El desastre de Annual" en el capítulo 19).

Conspiraciones republicanas

El 17 de agosto de 1930, representantes de los distintos partidos republicanos de toda España se reunieron en San Sebastián para negociar un pacto de acción contra la monarquía de Alfonso XIII. Ese Pacto de San Sebastián constituiría el primer acto de defunción de la Corona. A él le seguirían los sangrientos sucesos de la sublevación de un grupo de militares en Jaca en diciembre de ese mismo año, la detención de los líderes republicanos, la crítica de la prensa y las huelgas obreras y universitarias.

La soledad de la Corona

Alfonso XIII estaba cada vez más solo, sensación acrecentada por la muerte de su madre María Cristina y la actitud de antiguos políticos monárquicos, como Niceto Alcalá Zamora, que ahora proclamaban públicamente su fe republicana.

En abril de 1931, tras ganar las elecciones municipales en las principales capitales de provincia, donde a diferencia de lo que sucedía en el campo la libertad de voto era real, los enemigos de la monarquía proclamaron la República y Alfonso XIII se apresuró a abandonar para siempre España camino del exilio (para más información sobre el monarca véase el recuadro "La renuncia de Alfonso XIII).

El entusiasmo invade las calles

El 14 de abril de 1931, fecha de proclamación de la República, las calles de las ciudades se llenaron de gente que soñaba una España distinta. La idea de que era urgente cambiar parecía aceptada por una buena parte de españoles que recibía con esperanza un régimen llamado en apariencia a enterrar el caduco país de la Restauración, los ministros y caciques electoreros, los militarotes salvapatrias y los latifundistas. Había que cambiar el rumbo de la historia y construir una sociedad moderna y en clave de libertad.

LA RENUNCIA DE ALFONSO XIII

Conocidos los resultados de las elecciones de 1931, a Alfonso XIII no le quedó otra que abdicar y marchar al exilio:

"Las elecciones celebradas el domingo me revelan claramente que no tengo el amor de mi pueblo. Mi conciencia me dice que ese desvío no será definitivo, porque procuré siempre servir a España, puesto el único afán en el interés público hasta en las más críticas coyunturas. Un Rey puede equivocarse y sin duda erré yo alguna vez, pero sé bien que nuestra patria se mostró siempre generosa ante las culpas sin malicia. Soy el Rey de todos los españoles y también un español. Hallaría medios sobrados para mantener mis regias prerrogativas en eficaz forcejeo contra los que las combaten; pero resueltamente quiero apartarme de cuanto sea lanzar a un compatriota contra otro, en fratricida guerra civil".

Una Constitución a la medida

Con la Constitución de 1931, España se afirmaba como una "República democrática de trabajadores de todas clases", laica y centralizada, pero a la vez abierta a ofrecer una respuesta a las viejas tensiones regionales mediante la promulgación de estatutos de autonomía.

Niceto Alcalá Zamora fue elegido presidente de la República por el Congreso de los Diputados y como jefe de gobierno quedó ratificado Manuel Azaña, un burgués e intelectual madrileño cuya divisa era "rectificar lo tradicional por lo racional" y que encarnaba a la perfección el audaz espíritu reformista republicano de 1931.

El bienio reformista

Bajo la dirección de Azaña, el nuevo gobierno, integrado por socialistas y republicanos, no tardó un instante en ponerse a la labor, iniciando toda una serie de reformas destinadas a cumplir el siempre demorado sueño de democratización y modernización de España:

» El sistema educativo: La educación era un arma fundamental para remediar el atraso de un país con un 44% de población analfabeta, por lo que el gobierno se lanzó a sustituir la enseñanza religiosa por otra de naturaleza más progresista. Diez mil nuevas escuelas vieron la luz durante el primer gobierno de Azaña. Se aumentó también el sueldo de los maestros y se pretendió dotarlos de una mejor preparación, acorde con la función transformadora que se atribuía a la escuela.

» Un Estado fuerte, pero respetuoso de las singularidades regionales: Los intelectuales y políticos republicanos veían España como una unidad histórica y cultural, pero sin olvidar las singularidades biográficas de Cataluña, el País Vasco y Galicia, plasmada en la aprobación del Estatuto catalán y, ya con la guerra civil en marcha, también el vasco.

» El control del ejército: Con vistas a garantizarse la fidelidad de los militares y reducir el número de oficiales, la República emprendió una serie de reformas en el ejército que irritaron a los altos mandos. Aunque no se atrevió a disolver la Guardia Civil, vista con escasas simpatías por parte de la población por su contundente actividad represora, el nuevo gobierno creó también la Guardia de Asalto, una fuerza leal y entrenada como policía urbana.

ROJA, GUALDA Y... MORADA

"Hoy se pliega la bandera adoptada como nacional a mediados del siglo XIX. De ella se conservan los dos colores [rojo y gualda] y se le añade un tercero que la tradición admite por insignia de una región ilustre [Castilla], nervio de la nacionalidad, con lo que el emblema de la República, así formado, resume más acertadamente la armonía de una gran España". Así rezaba el decreto que el 27 de abril de 1931 oficializaba la bandera de la España de la Segunda República, una nueva enseña con la cual quería simbolizarse la ruptura total con el régimen anterior. La primera ciudad española en enarbolarla fue Eibar, que incluso se adelantó unos días a la proclama oficial, izándola el 13 de ese mes.

La decepción de la reforma agraria

RECUERDA

Todas esas reformas convirtieron a Azaña en el jefe de un gobierno que construía escuelas, sujetaba a los militares y cosía Cataluña, vía Estatuto de autonomía, a España. Pero la gran esperanza que había llevado a la República se llamaba "reforma agraria". El panorama del campo español era negro, conformado como estaba por extensos latifundios en Andalucía y Extremadura, campesinos hambrientos, patronos ausentes y arrendatarios explotados.

Azaña actuó rápido, pero su proyecto de reparto de tierras acabó fracasando por la conjunción de toda una serie de factores:

» Los obstáculos tendidos por los latifundistas y los partidos de derecha y centro.

» La lentitud burocrática.

» Los altos costes de las expropiaciones.

Al final, la ley de la Reforma Agraria apenas iba a permitir asentar a 12.000 familias. Demasiado poco como para dar respuesta a los miles de campesinos que, desengañados de la República, se dejaron cautivar por el credo anarquista.

Agoniza la utopía republicana

El descontento campesino tomó forma en enero de 1933 con el levantamiento de jornaleros anarquistas en la aldea gaditana de Casas Viejas, brutalmente aplastado por la acción de guardias civiles y de asalto. La quema de decenas de conventos e iglesias en nombre del anticlericalismo y los desórdenes públicos reprimidos sin miramientos por las fuerzas de seguridad acabaron de herir al gobierno de Azaña, del que se retiraron unos socialistas a los que cada vez les era más difícil seguir apoyando una política liberal tan alejada de su ideario marxista, máxime cuando la legislación represiva se endurecía a fin de atajar las revueltas campesinas.

De la izquierda a la derecha

La movilización de la derecha y el fracaso en el mantenimiento del orden público acabaron por hacer caer a Azaña en 1933, haciéndose necesarias unas elecciones en las que por primera vez pudieron votar las mujeres (para más información sobre el voto femenino véase el recuadro "Las mujeres acuden a las urnas"). Varios factores dieron un giro radical a la República:

» El desencanto del reformismo progresista.

» La miseria recrudecida por la crisis económica.

» La agitación social.

» La división de los partidos de izquierda, que concurrían a los comicios por separado.

» El boicot de los anarquistas, que por coherencia con sus ideas libertarias no acudieron a votar.

LAS MUJERES ACUDEN A LAS URNAS

Uno de los logros de la Constitución de 1931 fue el otorgar derecho de voto a las mujeres. Conseguirlo, sin embargo, no fue tarea fácil... Las Cortes, por supuesto masculinas en su inmensa mayoría, temían que las mujeres en caso de que pudieran votar lo hicieran a favor de las opciones más reaccionarias, llevadas tanto por su aparente falta de sentido crítico como por las indicaciones de las sacristías y confesionarios. Tras un duro debate que tuvo como protagonistas precisamente a dos mujeres, Victoria Kent por el no y Clara Campoamor por el sí, y una no menos dura votación saldada con 161 votos frente a 121, las féminas españolas por fin obtuvieron el derecho de expresar su opinión en las urnas.

Las reformas, bloqueadas

La gran vencedora en esas elecciones de noviembre de 1933 fue la Confederación Española de Derechas Autónomas (CEDA) de José María Gil-Robles, seguida del Partido Radical Republicano (de centro, a pesar de lo que pueda sugerir su nombre) de Alejandro Lerroux. Fue este último el encargado de formar gobierno y, una vez en él, bloquear bajo la presión de la CEDA los escasos avances realizados por Azaña, como la secularización de la enseñanza, la reforma agraria o el Estatuto de Cataluña, lo que enconó de nuevo las relaciones entre Madrid y Barcelona. La amnistía concedida a los militares implicados en el golpe de Sanjurjo y la bajada de salarios impuesta por los empresarios agravaron aún más, si cabe, la situación.

El miedo al totalitarismo fascista

No sólo eso, sino que la ofensiva antirrepublicana de Gil-Robles, con las concentraciones de masas que organizaba en Covadonga y El Escorial para rendir culto a un ideal de nación imperial, junto con sus continuas manifestaciones autoritarias y antiparlamentarias, acabó despertando en los dirigentes socialistas el miedo a que en España triunfara el totalitarismo al estilo del que Adolf Hitler y Benito Mussolini habían impuesto en Alemania e Italia. De ahí que el Partido Socialista, convencido de que Gil-Robles quería destruir la República, se planteara seriamente tomar el poder por la fuerza y practicar una política abiertamente revolucionaria...

La llamada a la revolución

RECUERDA

En octubre de 1934, los socialistas llamaron a la huelga general, que tomó Madrid, Barcelona y Vizcaya, mientras que en Asturias se transformó en insurrección armada. Los obreros asturianos se alzaron contra los que querían seguir viviendo con anacrónicas desigualdades, asaltaron y arrasaron los cuarteles de la Guardia Civil, tomaron la cuenca minera, ocuparon las fábricas de armas, se apoderaron de Oviedo y fundaron comunas obreras. Asturias era la revolución, y como tal, una expresión desenfrenada de violencia y utopías sociales.

Octubre, octubre

El ejército acudió rápidamente a la voz de alarma de un gobierno que declaró el estado de guerra en Asturias. Tras nueve días de duros combates, los militares acabaron entrando en Oviedo y la derecha exigió que se persiguiese no sólo a los responsables del terror revolucionario, sino también a cualquiera que hubiera contribuido a hacer posible esa insurrección. Como asesor del ministro de la Guerra intervino el general Francisco Franco, cuya actuación levantó tales oleadas de entusiasmo entre las filas más reaccionarias de la sociedad que él mismo llegó a creerse predestinado por Dios a salvar a España de la invasión comunista... Así, ese octubre de 1934 en Asturias acabaría siendo una especie de ensayo de la cercana guerra civil...

La represión se extiende por todo el país

Treinta mil personas fueron encarceladas bajo la acusación de haber participado en el movimiento revolucionario más amplio de la historia de España. La brecha entre los defensores del viejo orden y los soñadores de revoluciones se agrandaba por momentos, pues a la represión desencadenada por los primeros los segundos contestaban justificando los sucesos de 1934 como una defensa del auténtico espíritu republicano que la CEDA quería hundir.

Hacia el precipicio

Sobornos y escándalos financieros atribuidos al Partido Radical provocaron la caída del gobierno de Lerroux. Y las nuevas elecciones, celebradas en febrero de 1936, dieron un nuevo impulso al péndulo político, que pasó al otro extremo al dar la victoria al Frente Popular, una coalición de la que formaban parte el Partido Socialista Obrero Español, Izquierda Republicana, el Partido Comunista, el Partido Obrero de Unificación Marxista (POUM) y Esquerra Republicana de Catalunya. Incluso la anarquista Confederación Nacional del Trabajo (CNT) le dio su apoyo tácito... Manuel Azaña volvía a primera línea de la escena política como presidente de la República, y desde ahí intentó recuperar el pulso de 1931. Como pronto comprobaría, ya era tarde.

El terror se instala en las calles

La situación era insostenible. Por un lado, los templos volvían a ser pasto de las llamas, los militares se solivantaban en sus cuarteles y los pistoleros falangistas llevaban el terror a las calles de Madrid y las redacciones de los periódicos de izquierdas. Por otro lado, Francisco Largo Caballero empujaba a la Unión General de Trabajadores (UGT) hacia el comunismo.

Todo se precipitó el 12 de julio, cuando tirotearon en la calle a un teniente de la Guardia de Asalto que figuraba en la lista negra de Falange. La respuesta no se hizo esperar, y al día siguiente cayó abatido el líder de la derecha, José Calvo Sotelo... La posibilidad de que estallara una conjura militar era algo cada vez más evidente...

EN ESTE CAPÍTULO

Ver cómo España se divide en dos bandos antagónicos

Apreciar la importancia de la ayuda de los totalitarismos fascistas a Franco

Conocer los conflictos internos de la República y su resistencia

Capítulo 21

Historia de dos odios

La rebelión militar que todo el mundo temía acabó por fin estallando. Fue un error del gobierno del Frente Popular destinar al general Emilio Mola a Pamplona, desde donde diseñó con total tranquilidad la sublevación que debía, a entender del ejército, devolver al país a un estado natural de ley y orden. Lógicamente, con los cuarteles como modelo. Y también fue un error alejar de la Península a Francisco Franco, el "héroe" de la sangrienta represión asturiana, que aprovechó su retiro en las islas Canarias y su prestigio entre las guarniciones del Protectorado de Marruecos para conspirar a sus anchas.

La sublevación militar es un hecho

El 17 de julio de 1936, la guarnición de Melilla encendió la mecha de la sublevación militar y dio comienzo al horror incivil de la guerra. Mientras Franco saltaba el océano en avión para dirigir el correoso ejército africano, Mola se levantaba en el norte con el apoyo del brazo armado del rancio y sin embargo aún vigente carlismo.

Apasionados de izquierdas y derechas, comunistas y fascistas, republicanos y monárquicos, ateos y católicos, separatistas y centralistas, campesinos hambrientos y terratenientes rapaces... Todos entablaron en el campo de batalla su propia guerra, extendida también a unas retaguardias en las que el terror y la muerte señoreaban por doquier. Era el adiós a la ilusión republicana de un país más justo, moderno y abierto, tres años de enfrentamiento que se llevaron por delante seiscientas mil vidas y dejaron por el camino buena parte de la riqueza material e intelectual de España.

España se parte en dos

La rebelión fracasó en su objetivo de apoderarse de la totalidad de España, pues fueron muchos los militares que manifestaron su fidelidad a la República. El país, pues, se partió en dos:

» Bando republicano: Madrid, Vizcaya, Guipúzcoa, Asturias, Cataluña, el Levante y Andalucía oriental permanecieron leales al gobierno legítimo.

» Bando sublevado: Castilla la Vieja, Galicia, gran parte de Andalucía, Alava, Navarra y Aragón, o lo que es lo mismo, la España rural dominada por señoritos y sotanas, cayó en manos de los militares rebeldes.

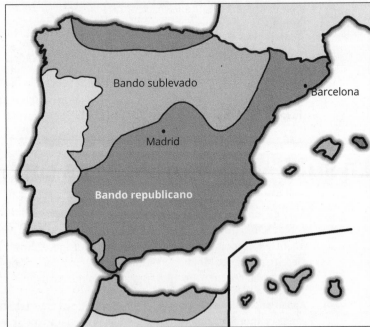

FIGURA 21-1: Los dos bandos en la guerra civil española (julio de 1936)

"VENCERÉIS, PERO NO CONVENCERÉIS"

Apenas habían pasado unos meses desde el inicio de la guerra civil, cuando el paraninfo de la Universidad de Salamanca se convirtió en el escenario del histórico encontronazo entre el rector Miguel de Unamuno y el general José Millán-Astray, el fundador de la Legión Española. Fue el 12 de octubre de 1936, el día de la Raza, hoy día de la Fiesta nacional de España. Una violenta alocución contra Cataluña y el País Vasco encendió los ánimos y Millán-Astray exclamó su célebre "¡Muera la inteligencia! ¡Viva la muerte!". A lo que el autor de *Niebla* respondió: "Éste es el templo de la inteligencia! ¡Y yo soy su supremo sacerdote! Vosotros estáis profanando su sagrado recinto. (...) Venceréis, pero no convenceréis. Venceréis porque tenéis sobrada fuerza bruta; pero no convenceréis, porque convencer significa persuadir. Y para persuadir necesitáis algo que os falta: razón y derecho en la lucha. Me parece inútil pediros que penséis en España".

La primera ventaja de la República empezó a desbaratarse en cuanto entraron en escena las tropas españolas movilizadas en Marruecos, que, al mando de Franco y con la ayuda de aviones prestados por la Alemania nazi y la Italia fascista rápidamente se adueñaron de toda Andalucía occidental, Extremadura y Toledo. El desbarajuste en el bando republicano, en el que anarquistas, socialistas, comunistas y nacionalistas se enfrentaban entre sí por cuestiones ideológicas, facilitó aún más el trabajo a los sublevados.

La República se organiza

Ante la contraproducente tendencia del bando republicano a que cada facción hiciera la guerra por su cuenta y a la vez intentara imponer su propia revolución, el jefe del gobierno, el socialista Francisco Largo Caballero, apostó por dar el mando de las operaciones al ejército en detrimento de las milicias. Fue así como rápidamente quedó organizado un ejército popular, cuyo debut en Madrid no pudo ser más esperanzador. Las tropas rebeldes, acostumbradas hasta entonces a fáciles victorias y conquistas, se estrellaron por fin ante una defensa bien organizada y combativa. La resistencia de la capital española, dirigida por José Miaja, frenó el avance relámpago de aquel ejército curtido en las arenas del desierto africano. El grito de "¡No pasarán!" se convirtió entonces en el símbolo internacional de la resistencia al fascismo.

La búsqueda de apoyos internacionales

Entre 1936 y 1939, España absorbió la atención de medio mundo a través de la prensa y la radio. Los intelectuales españoles, convertidos en embajadores de la República, buscaron alianzas sin conseguir poco más que unas simples palabras de aliento de las potencias democráticas de Europa. Gran Bretaña y Francia miraban a otro lado, sin querer correr el riesgo de molestar a los inquietantes aliados de los sublevados, Adolf Hitler y Benito Mussolini. Sólo la Unión Soviética de Stalin y la clase intelectual europea respondieron a la desesperada llamada republicana, suficiente en todo caso para que los defensores de causas perdidas de todo el mundo se alistaran en las Brigadas Internacionales (para más información sobre el tema véase el recuadro "Llegan las Brigadas Internacionales"). Anarquistas, comunistas, socialistas, progresistas... Todos vinieron a España a ofrecer su sangre para que el aire fuera más libre y los hombres tuvieran esperanza.

La guerra del fascismo europeo

Franco lo tuvo más fácil. En su ayuda acudieron desde el primer momento Alemania, Italia y Portugal, que le proporcionaron unida-

LLEGAN LAS BRIGADAS INTERNACIONALES

Germanos que abominaban de la Alemania de Hitler, franceses veteranos de la Primera Guerra Mundial, estadounidenses atraídos por la utopía comunista, judíos que luchaban contra el ascenso del antisemitismo, checoslovacos, albaneses, rusos, polacos, mexicanos, cubanos, rumanos, húngaros, suizos, holandeses... Militares, intelectuales u obreros, gentes de todo el mundo llegaron a España para luchar por la República. Su himno, con música de Carlos Palacio, dejaba claro la disparidad de sus orígenes y su mismo ideal:

"País lejano nos ha visto nacer. / De odio, llena el alma hemos traído, / mas la patria no la hemos aún perdido, / nuestra patria está hoy ante Madrid. (...) / Libre España de castas opresoras, / nuevo ritmo el alma batirá, / morirán los fascismos sangrientos, / en España habrá ya felicidad".

Muchos de ellos, más de siete mil, dejarían su vida en la sangría de la batalla.

des militares, armamento y dinero, mientras la Sociedad de Naciones, antecedente de lo que hoy es la ONU, miraba hacia otro lado no sin antes haber prohibido la participación internacional en esa guerra.

Franco se convierte en caudillo

El general gallego sabía que para que la victoria se inclinara de su lado, y más en una guerra que se aventuraba larga y que habría que ir ganando palmo a palmo en cada población, era vital un liderazgo bien definido.

La suerte vino a sonreírle a Franco cuando en 1937 el avión en el que viajaba Mola se estrelló en una colina burgalesa. José Sanjurjo, otro general que también podía haber optado a liderar la rebelión, había muerto la víspera misma del alzamiento. Lo mismo que los políticos José Calvo Sotelo, asesinado por un pistolero, y José Antonio Primo de Rivera, el fundador de Falange, ejecutado por los republicanos en los primeros meses de la guerra. Franco, pues, acabó convirtiéndose en el cabecilla de la rebelión.

LA IGLESIA APUESTA POR EL MOVIMIENTO

La sublevación militar del 17 de julio de 1936 pronto fue saludada con entusiasmo por la cúpula eclesiástica. El cardenal primado de Toledo, Isidro Gomá, llegó a asegurar ese mismo año que se trataba de la lucha entre "España y la anti-España, la religión y el ateísmo, la civilización cristiana y la barbarie".

Más tarde, ante el revuelo internacional levantado por tal apoyo suyo, el episcopado se vio obligado a justificarse el 1 de julio de 1937 con la llamada *Carta colectiva de los obispos españoles a los obispos de todo el mundo con motivo de la guerra en España*, donde se decía:

"Hoy, por hoy, no ha en España más esperanza para reconquistar la justicia y la paz y los bienes que de ellas deriva, que el triunfo del movimiento nacional. Tal vez hoy menos que en los comienzos de la guerra, porque el bando contrario, a pesar de todos los esfuerzos de sus hombres de gobierno, no ofrece garantías de estabilidad política y social".

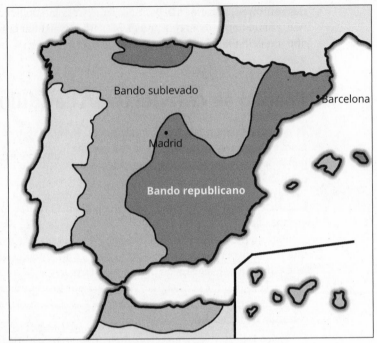

FIGURA 21-2:
Los dos bandos en la guerra civil española (marzo de 1937)

Mapa: Bando sublevado · Barcelona · Madrid · Bando republicano

El apoyo de la Iglesia

También la Iglesia apostó por Franco. Como parte del proceso de legitimación de la guerra que debía convertir un alzamiento faccioso en una cruzada, el episcopado español se dirigió a los católicos de todo el mundo con una pastoral colectiva en la que explicaban el carácter religioso de la contienda, para escándalo de los intelectuales católicos extranjeros, que no ignoraban las atrocidades que en forma de ajusticiamientos sumarios se cometían en la zona mal llamada "nacional" (como si la leal a la República no mereciera ese adjetivo con más razón aún). Sables monárquicos, ideales falangistas y mosquetones carlistas quedaban así unidos por el peso de los altares (para más información sobre el apoyo eclesiástico véase el recuadro "La Iglesia apuesta por el Movimiento").

Las Españas ajustan cuentas

La guerra se dirimía no sólo en el frente de batalla, sino también en la retaguardia. En esos días, muchos españoles consiguieron ejecutar las venganzas que habían gestado durante demasiados años sin poder hasta entonces llevarlas a cabo. En cada ciudad, los partidarios de uno y otro bando aprovecharon para saldar viejas cuentas con auténtica saña y crueldad:

>> En la zona de la República, la violencia se desató contra la Iglesia, la burguesía, los caciques rurales y los políticos conservadores. En el Madrid asediado, la legalidad se vino abajo por las cacerías de grupos de extrema izquierda. Era el Madrid de las checas, unas instalaciones organizadas por aventureros, sindicalistas o partidos políticos para interrogar o ejecutar a aquellos que consideraban enemigos.

>> En la zona sublevada, Franco revistió de legalidad los paseos nocturnos que acabaron con la vida de tanta gente por el único motivo de pensar diferente. Lo hizo con la ley de Responsabilidades Políticas, que por ejemplo en Badajoz costó la vida a más de dos mil personas. "Mis tropas pacificarán España cueste lo que cueste y todo esto parecerá una pesadilla", había respondido Franco a un periodista estadounidense en julio de 1936. Era la estruendosa paz de los cementerios... Maestros, obreros, campesinos, simples simpatizantes de izquierda o de la República fueron sus víctimas, también poetas, como Federico García Lorca.

AZAÑA ANTE LOS DESASTRES DE LA GUERRA

En 1938, el presidente de la República, un Manuel Azaña envejecido y abatido, expresó en Barcelona el que puede ser uno de los más bellos epitafios a quienes habían perdido su vida en la guerra:

"Y cuando la antorcha pase a otras manos, a otros hombres, a otras generaciones, que se acordarán si alguna vez sienten que les hierve la sangre iracunda y otra vez el genio español vuelve a enfurecerse con la intolerancia y con el odio y con el apetito de la destrucción, que piensen en los muertos y que escuchen su lección. La de esos hombres que han caído embravecidos en la batalla, luchando magnánimamente por un ideal grandioso y que ahora, abrigados en la tierra materna, ya no tienen odio, ya no tienen rencor. Y nos envían con los destellos de su luz tranquila y remota, como la de una estrella, el mensaje de la patria eterna que dice a sus hijos: paz, piedad y perdón".

El estupor de la tercera España

La mayoría de españoles, no obstante, se vería rebasada por el extremismo de los contendientes. Eran los representantes de la tercera España, poblada de gente desbordada como los políticos Niceto Alcalá Zamora, Miguel Maura o Casares Quiroga, o el filósofo José Ortega y Gasset, y también por los miles de personas víctimas de bombardeos, ajustes de cuentas y represalias, cuando no reclutadas a la fuerza para luchar en una guerra que no era la suya.

La guerra entra en su recta final

Franco no tenía ninguna prisa en ganar la guerra. Su preocupación principal era asegurar todas las posiciones conquistadas antes de ordenar nuevos avances, lo que propició una lucha larga y especialmente cruenta. Por ello, los republicanos, conducidos por el general Vicente Rojo, pudieron quemar en julio de 1938 su último cartucho en la batalla del Ebro, la más larga, áspera y demoledora de toda la contienda. La derrota republicana abrió a Franco las puertas de Cataluña, defendida por entonces por unas tropas maltrechas y bajas de moral. En enero de 1939, Barcelona caía y miles de personas, fieles al ideario republicano, partían hacia la frontera francesa en larga procesión.

La resistencia imposible

La suerte de la guerra estaba echada. Sólo los comunistas y el socialista Juan Negrín, jefe de gobierno desde mayo de 1937, creían posible prolongar la resistencia, a la espera de que algún acontecimiento internacional resolviera el conflicto. El enfrentamiento entre los totalitarismos fascistas y las democracias de Europa era algo que todo el mundo sabía que estallaría más pronto que tarde, y a eso se aferró desesperadamente el gobierno de la República. Sin embargo, la Segunda Guerra Mundial acabó llegando tarde para ellos. El reconocimiento del gobierno de Franco por Francia y Gran Bretaña fue un duro golpe, como lo fue también la dimisión de Azaña como presidente.

La hora de la victoria

Perdida toda posibilidad de paz negociada, el coronel Casado ordenó la rendición de Madrid. El 28 de marzo de 1939, Franco entraba en la capital, momento que el poeta José María Pemán recogía en una emocionada alocución radiofónica: "Españoles, madrileños, hermanos todos que me escucháis. Ante mis labios temblorosos por la emoción más grande que he sentido en toda mi vida, tengo un micrófono envilecido durante años por la calumnia y por la mentira. Pero me bastará gritar ¡Viva España! y ¡Arriba España! [...] Españoles todos: hoy ha entrado en Madrid, por encima de todo, el Caudillo, el caudillo Franco, el Caudillo del corazón grande, de la justicia, de la misericordia".

Pero el poeta se equivocaba. Para su "Caudillo de la misericordia" había llegado la hora de la victoria. No la de la paz, ni la de la piedad ni menos la del perdón. La de la victoria, acompañada por toda su rueda de rencores, cárceles, condenas a muerte y juicios sumarísimos. Apenas cuatro días más tarde, Franco pudo decir en el parte oficial de guerra: "En el día de hoy, cautivo y desarmado el Ejército Rojo, han alcanzado las tropas nacionales sus últimos objetivos militares. La guerra ha terminado". Sí, la guerra había terminado y con ella la República de las utopías y los sueños. En su lugar, España se precipitaba hacia una nueva era gris, intransigente y autoritaria.

Capítulo 22

La gris España de un dictador

"En el día de hoy, cautivo y desarmado el Ejército Rojo, han alcanzado las tropas nacionales sus últimos objetivos militares. La guerra ha terminado". Esas palabras pronunciadas por Francisco Franco el 1 de abril de 1939 desde su base en Burgos, han pasado a la historia no sólo como la certificación del fin de un conflicto fratricida que había lanzado a las dos Españas, la conservadora y la liberal, a matarse entre sí, sino también como el acta de nacimiento de un nuevo régimen. Con el título de "generalísimo" firmaba el general gallego ese último parte bélico, y como tal se disponía a reinar en la cumbre de un Estado que él mismo había levantado entre los escombros de la contienda.

Un régimen autoritario, conservador y católico

Poco era el bagaje político con el que contaba Franco, aparte de su experiencia como oficial colonial en Marruecos y una imprecisa idea de lo que debía ser un régimen autoritario, conservador y católico que afirmase los valores tradicionales de la sociedad española y la unidad nacional.

Como libro de cabecera, Franco, que era muy poco lector, dispuso del ideario netamente fascista del fundador de Falange, José Antonio Primo de Rivera, que entre otras cosas proclamaba que "España es una unidad de destino en lo universal", que el Estado debía ser "un instrumento totalitario al servicio de la integridad patria" y que había que suprimir todos los partidos políticos... Al haber sido fusilado Primo de Rivera durante la guerra civil, Franco se vio con las manos completamente libres para interpretar ese ideario falangista como le viniera en gana.

El cuartel como modelo de convivencia

Convencido de la superioridad de los militares sobre los políticos, Franco tuvo España acantonada para poder organizar la vida de sus habitantes según el modo cuartelero, en el que las decisiones se transmiten no con argumentos de razón sino de autoridad y jerarquía.

CAUDILLO DE ESPAÑA POR LA GRACIA DE DIOS

Adolf Hitler fue el *Führer*, el "guía"; Benito Mussolini fue el *Duce*... Como sus correligionarios fascistas, también Franco buscó un título que le consagrara ante la historia. Y escogió el de Caudillo, añadiéndole la coletilla "por la gracia de Dios". Ya durante la guerra civil la propaganda invadía la zona sublevada con carteles en los que se leía "Una Patria, un Estado, un Caudillo", a lo que siguieron toda una serie de hagiografías en las que se le calificaba como "Caudillo de la guerra y de la paz, auténtico estadista", "enviado de Dios hecho Caudillo. Espada del Altísimo" o incluso "Cruzado de Occidente, Príncipe de los Ejércitos"...

RECUERDA

A falta de un ideal de movilización laico y democrático, Franco se aferró al nacionalcatolicismo, una ideología que por su simplicidad intelectual resultaba fácilmente comprensible para el pueblo y según la cual la fe católica era algo consustancial al ser español. Quedaba establecida así una nueva alianza entre el altar y el trono. A cambio de que legitimara su régimen y su persona, Franco le proporcionó a la Iglesia todo lo que una institución humana podía desear. De este modo, y con el apoyo adicional del ejército y el refuerzo de la policía y la Guardia Civil, el dictador pudo gobernar con absoluta impunidad.

"Franco manda y España obedece", pregonaba una de las más madrugadoras consignas del franquismo. Por supuesto, los partidos políticos y sindicatos fueron prohibidos, las libertades democráticas, suprimidas, y los medios de comunicación puestos bajo la férrea censura del Estado. Todos debían bajar la cabeza delante de quien sólo se responsabilizaba ante Dios y la Historia, historia que él mismo se encargaba de que fuera escrita a su gusto...

Purgas en el mundo de la cultura

Nada más acabar la guerra, el régimen se encargó de eliminar todos aquellos focos de desafección. El mundo educativo, tan mimado por la República, fue un objetivo prioritario, y así universidades, institutos y el cuerpo de maestros sufrieron una implacable depuración. Muchos profesores, novelistas, académicos y poetas optaron por buscar refugio en América o en una Europa que se hundía en el horror de la Segunda Guerra Mundial. Muchos pensaron que ese exilio sería provisional y que la victoria de las potencias democráticas en esa contienda restauraría la República en España. Se equivocaron.

Los expedientes de depuración

Contra los que se quedaron en España, el régimen instruyó expedientes de depuración por los cuales se encarceló a miles de personas a las que no se dejaría en libertad hasta que no presentaran suficientes avales como para quedar libres de sospecha. Cualquiera que no hubiera corrido a enrolarse en el ejército "salvador" era sospechoso de desafección y debía apresurarse a demostrar con testigos su conducta favorable a Franco durante la guerra.

Otros no tuvieron tanta suerte y más de 40.000 sospechosos de fidelidad al ideario republicano fueron ejecutados. Otros 300.000 acabaron en prisión. Era un tiempo de delaciones, de ajustes de cuentas...

Una posguerra de miseria y hambre

RECUERDA

Al concluir la guerra, España era un país arruinado con centenares de ciudades y pueblos devastados, y carreteras y tendidos ferroviarios inservibles en largos tramos. En esa situación, la economía debía estar condicionada por la necesidad de reconstruir todo lo destruido.

De la lucha de clases a la quimera sindical

El franquismo reglamentó su modelo socioeconómico según el Fuero del Trabajo y la creación de un sindicato vertical único y obligatorio que englobaba tanto a empresarios como a obreros. La lucha de clases del marxismo fue erradicada sobre el papel y sustituida por una especie de hermandad laboral entre patronos y trabajadores, que vivirían en perfecta armonía. Lógicamente, el derecho a la huelga quedaba suprimido y, por si acaso, las porras y los fusiles de la policía siempre estaban ahí para acabar con posibles tentaciones de romper la armonía social.

A la larga, el sistema acabó generando pingües beneficios económicos y el reparto de rentas facilitó con sus desigualdades la formación de una clase social satisfecha y afranquistada, no necesariamente fascista, pero bien dispuesta a defender al inquilino del palacio de El Pardo. Pero antes, en la inmediata posguerra, la situación era muy otra. Varios factores provocaron que la única realidad para la mayor parte de los españoles fueran el hambre y el racionamiento:

>> El paro.

>> Los salarios constreñidos.

>> Los aranceles autárquicos.

>> La especulación liberada.

>> La financiación casi gratis de los negocios.

Todo ello generó una situación caótica, en la que la única realidad palpable se presentaba harapienta y con el estómago vacío, carcomida de cartillas de racionamiento y mercado negro. Peladuras de patatas, cáscaras de naranja y variados residuos alimenticios despreciados por los

LUCRO GRACIAS A LA NECESIDAD

La decisión de repartir la escasez de alimentos de primera necesidad a precios razonables fomentó un mercado negro, el *estraperlo*, que muy pronto se hizo familiar a todos los españoles. El nombre se deriva de los apellidos de tres empresarios holandeses, Strauss, Perel y Lowann, que habían protagonizado un sonado escándalo en la Segunda República, al haber sobornado a algunos políticos para poder introducir un juego de ruleta.

Tras la guerra civil, el término estraperlo se generalizaría como sinónimo de chanchullo aplicado a ese mercado negro fraguado en las alcantarillas de la burocracia franquista, una red comercial paralela que negociaba con el vacío de los estómagos. Medio país comerció ilegalmente en aquella posguerra en ruinas a costa del otro medio.

más pudientes no fueron suficientes para evitar ciclos epidémicos graves de tuberculosis, tifus y disentería (para más información sobre el tema véase el recuadro "Lucro gracias a la necesidad").

Ejercicios de supervivencia política

Si una cosa caracterizó al franquismo y a su máximo representante, eso fue su capacidad de adaptación a las circunstancias, incluso a las más imprevistas.

RECUERDA

Simpatías por el fascismo y el nazismo

Durante la guerra civil, Franco había aceptado sin tapujos la ayuda de dictadores como Adolf Hitler y Benito Mussolini. El estallido de la Segunda Guerra Mundial tan sólo cinco meses después de que concluyera el horror fratricida español cogió por sorpresa al general gallego. Franco dejó claro entonces que España se alineaba junto a las potencias del Eje en el nuevo conflicto internacional e incluso llegó a reunirse con Hitler en Hendaya, en el sur de Francia, el 23 de octubre de 1940. La negativa del dictador alemán a entregar como botín de guerra las pose-

EL COMBATE CONTRA EL COMUNISMO EN RUSIA

Aunque España no se involucró oficialmente en la Segunda Guerra Mundial, Francisco Franco llegó a enviar un contingente de 47.000 voluntarios al mando del general Agustín Muñoz Grandes a combatir al frente ruso al lado de las tropas de la Alemania nazi. Más de 4.000 miembros de aquella expedición no regresarían nunca, abatidos por las tropas soviéticas en los páramos invernales de Rusia, cubiertos de nieve o barro bajo un cielo hostil. Otros, hechos prisioneros, sólo podrían regresar a casa en 1954, una vez muerto Stalin. Su himno, plagado de referencias anticomunistas, decía:

"Vuelvan por mí / el martillo al taller, / la hoz al trigal. / Brillen al sol / las flechas en el haz / para ti, / que mi vuelta alborozada has de esperar / entre el clamor / del clarín inmortal".que negociaba con el vacío de los estómagos. Medio país comerció ilegalmente en aquella posguerra en ruinas a costa del otro medio.

siones francesas del norte de África evitó una implicación directa y mantuvo a España al margen de los campos de batalla del mundo.

Aunque no hubo declaración de guerra, la política española y la propaganda oficial siguieron mostrando sus simpatías hacia la Alemania nazi. Para hacer más explícito ese apoyo, Franco llegó incluso a enviar al frente ruso una tropa de voluntarios, la División Azul (para más información sobre el apoyo a Hitler véase el recuadro "El combate contra el comunismo en Rusia").

El aislamiento internacional

La derrota de los amigos alemanes e italianos en 1945 recompuso el mapa político de Europa, lo que supuso la llegada de malos tiempos para la España de Franco. Las grandes democracias vencedoras, Francia, Gran Bretaña y Estados Unidos, lo consideraron entonces el último de los dictadores fascistas. También la ONU, que ratificó la soledad del régimen español al condenar su falta de libertad y recomendar al resto de naciones la ruptura de relaciones con Madrid.

Pero nada de eso amilanó al dictador, quien tuvo la habilidad de convertir la ofensiva exterior en un ataque a la propia España, lo que se tradujo en una mayor cohesión social. El culto a la personalidad lo invadió todo, con el Caudillo presente en todo tipo de actos, como conmemoraciones históricas, inauguraciones de pantanos o aperturas de escuelas, siempre rodeado por multitudes entusiastas. Y es que, como él mismo diría: "A nosotros no nos arrebata nadie la victoria"...

Occidente se rinde a Franco

La guerra fría de la década de los cincuenta vino a dar un vuelco copernicano a la situación, inclinando definitivamente la batalla a favor de la supervivencia política del Caudillo. Francia y Gran Bretaña, las mismas naciones que habían puesto a Franco contra la pared, ahora preferían mirar con simpatías su impecable currículum anticomunista y pasar por alto la falta de democracia en España con tal de tener un aliado más en el nuevo orden mundial. De ese modo, el dictador tuvo la satisfacción de ver cómo se le incluía en el selecto club occidental y ello sin tener que hacer ninguna concesión.

La España de Franco seguiría siendo la misma que reprimía las libertades, negaba los derechos sindicales, unía fe e ideología política (eso de "¡soy cristiano y español, que es ser dos veces cristiano!" que decía el poeta José María Pemán), encarcelaba escritores y políticos, multaba, desterraba o ejecutaba a disidentes... Todo eran parabienes en el ámbito internacional:

» Con Estados Unidos se firmaba un acuerdo en 1953 a cambio de la instalación de bases militares. Unos préstamos que actuaron de salvavidas de una economía en pañales acabaron de comprar la fidelidad de España a la defensa de la fe capitalista.

» Con el Vaticano Franco estableció un concordato que le concedía el derecho a vetar obispos a cambio de que la Iglesia tuviera el monopolio religioso y el control moral en España.

A LOS ESPAÑOLES NO LES GUSTA LA DEMOCRACIA

"Ahora se habla de democracia. Nosotros, los españoles, ya la hemos conocido. Y no nos dio resultado. Cuando otros van hacia la democracia, nosotros ya estamos de vuelta. Estamos dispuestos a sentarnos en la meta y esperar a que los otros regresen también". Así se expresaba Franco en unas declaraciones de 1947 en las que quedaba clara su poca fe en la democracia, que consideraba un invento de los políticos. Y a él, tampoco le gustaba la política. Como le dijo al director de un diario falangista: "Haga como yo, y no se meta en política"...

El premio gordo llegó en 1955 con el ingreso de España en la ONU, lo que significaba el reconocimiento y aceptación plenos del régimen en el mundo.

El amigo americano de visita

En 1959, el presidente estadounidense Dwight D. Eisenhower se fundía en un emocionado abrazo con Franco en España. Nadie se acordaba ya de los arrebatados y entusiastas cánticos del franquismo a la Alemania nazi, sepultados ahora por la alabanza a los nuevos señores de Occidente. Sólo los falangistas, irreductiblemente antinorteamericanos (no olvidaban la derrota infligida al país en el triste año 98), se resistían a participar en el coro laudatorio, pero ya hacía tiempo que habían sido marginados de la cúpula dirigente del régimen.

"Ahora sí que he ganado la guerra", exclamó el Generalísimo, consciente de la trascendencia del abrazo del amigo yanqui. Y no le faltaba razón, pues la mejoría económica que siguió colocó a Franco en una cómoda situación respecto de la oposición exterior.

La época del desarrollismo

Obtenido el refrendo internacional, Franco se centró en justificar su poder mediante la eficacia y la buena gestión del bienestar. A partir de ese momento, el desarrollo sería la gran mercancía política del régimen y la subida de la renta per cápita el gran objetivo nacional. Para conseguirlo, los ministros falangistas de los primeros gobiernos empezaron a ser desplazados de sus sillones por tecnócratas, hombres formados en economía y derecho administrativo. El mismo dictador fue dándose cuenta de que el futuro era de los economistas, no de los falangistas...

Nace una clase consumidora

Por primera vez en su historia, el franquismo ponía en práctica algo parecido a una política económica, que a medio plazo conseguiría crear una clase consumidora esencial para sostener el sistema, eliminar los descontentos derivados de las diferencias de clase e incluso hacer olvidar cualquier déficit político del régimen y su radical arbitrariedad. Así, hasta tres planes de desarrollo señalaron el camino elegido por España para abandonar su reducto de marginalidad y meterse en el club de los privilegiados como décima potencia industrial del mundo.

Durante la década de los sesenta España conoció un progreso material sin precedentes basado en:

» La definitiva industrialización del país.

» El aumento del poder adquisitivo de los trabajadores.

» La creación de una clase media consumidora.

» La apertura comercial.

» La entrada de turistas con sus correspondientes divisas.

» El aprovechamiento de la exportación tradicional de vinos, cítricos y aceite.

» Las remesas de dinero, enviadas por los emigrantes desde el extranjero.

Los frutos de esa sociedad de consumo cada vez más consolidada no tardaron en apreciarse en las mismas ciudades: los tejados de las casas poblados de antenas de televisión, la marea de automóviles que circulaba por las calles de las ciudades o la invasión de los hogares por todo tipo de electrodomésticos eran para la propaganda del régimen la prueba más fehaciente de lo bien que se estaban haciendo las cosas.

FIGURA 22-1: El clásico Seat 600, símbolo de toda una época

La España alegre de toros y pandereta

Franco y sus notarios no tardaron en utilizar las conquistas de la economía como escaparate de una España alegre y pacificada, rendida a los beneficios del desarrollismo y a una subcultura de masas, carente de preocupaciones políticas y sociales, y materialmente satisfecha.

El cine, la literatura de quiosco, los concursos y seriales radiofónicos, los partidos de fútbol y las corridas de toros servían de válvula de escape a un público ávido de sueños, forjando un silencio artificial sobre los problemas reales.

Bienvenidos a España

Por esa misma época, el país descubrió el filón del turismo, el fenómeno social y económico de repercusiones más favorables en el conjunto español que en 1960 trajo nada más y nada menos que seis millones de visitantes y sobrepasaba con creces los treinta y dos millones a comienzos de los setenta. De repente, la España atrasada y puritana, la España oficial de peineta, faralaes y porompompero entraba en contacto con Europa por la vía de los turistas, quedando deslumbrada, cuando no escandalizada, ante la libertad de sus costumbres y formas de vida, tan distintas de las de la sacristía franquista.

La otra cara menos amable del desarrollo

El desarrollo español era una realidad, pero no para toda la Península por igual. La cara menos amable la dibujaban el atraso de las dos Castillas, la agonía de Extremadura y de Andalucía, corneadas por el hambre y la penuria del campo, y el grito de Galicia, hipotecada por el caciquismo y una resignación centenaria. Eran la cantera tradicional de la emigración y así seguirían siéndolo, marchando sus habitantes al Levante, Cataluña y el País Vasco en busca de alguna de las migajas de ese beneficio económico propiciado por la industrialización y el turismo.

Franco y sus ministros apostaban por la industria y su decisión la pagaba el campo, de tal modo que la España agrícola que había ganado la guerra civil ahora perdía con los cuarenta años de franquismo...

La necesidad de respirar en libertad

El desarrollismo y la prosperidad económica eran un hecho, pero tampoco lo suficientes como para acallar las voces descontentas, que las había y más aún cuando empezó a tenerse cierto conocimiento por boca de los turistas de lo que sucedía más allá de los Pirineos. La resistencia bullía en la clandestinidad, redoblando sus acciones de protesta e implicando cada día a nuevos sectores de la población. Atrás quedaban los tiempos del *maquis*, aquellos guerrilleros que tras la guerra civil se habían refugiado en las montañas para desde allí seguir luchando contra el régimen, hasta que las balas de la Guardia Civil consiguieron acabar con ellos.

Nuevos focos de oposición

A la larga, el bienestar se hizo subversivo y la conflictividad laboral, estudiantil, eclesiástica y regional se endureció. Los nuevos opositores a Franco coincidían en un ansia de verdadera libertad política, social y sindical, protagonizando diversas acciones de protesta con las que venían a certificar la incapacidad del régimen para responder a las demandas de una sociedad cada vez más abierta y renovada. Varios fueron los actores de esa oposición:

» El movimiento obrero: Lejos de satisfacerse con los beneficios económicos, los trabajadores rompieron las barreras del sindicalismo vertical y se opusieron a las reformas laborales que el régimen trataba de imponer. Barcelona, Madrid, el País Vasco y Asturias se pusieron a la cabeza de los estallidos huelguísticos, reprimidos con el consabido repertorio de estados de excepción, cargas policiales, cárceles y comisarías.

» La universidad: Superadas las purgas que las limpiaron de lo más granado de la intelectualidad republicana y las dejaron convertidas en un erial, las universidades volvieron a poblarse de nutridas generaciones de profesores reclutados por sus méritos intelectuales y no políticos, lo que, junto con el aumento galopante de alumnos, hizo perder al franquismo el control de las aulas. Los ecos del Mayo del 68 francés llegaron también hasta aquí y provocaron que la policía se viera obligada a ocupar permanentemente algún que otro campus.

>> La Iglesia: El Concilio Vaticano II y sus encíclicas defensoras de los derechos humanos provococarón un auténtico cataclismo entre el episcopado fiel al franquismo. Los sacerdotes más jóvenes, que no habían vivido la quema de conventos de la República, los horrores de la guerra civil ni el entusiasmo de la Iglesia española por Franco, empezaron también a amotinarse contra una jerarquía a la que exigían la ruptura con el régimen.

>> Los movimientos nacionalistas: Alentadas por la izquierda, las pequeñas burguesías de Cataluña y el País Vasco recrudecieron la apuesta nacionalista como forma de oposición al obcecado centralismo del franquismo y sus rancias glorias patrias.

La gangrena del terrorismo

En 1961 cometía su primera acción violenta la organización ETA, siglas de Euskadi Ta Askatasuna, que en euskera significa País Vasco y Libertad. Formada por retoños del nacionalismo vasco, pronto se convirtió en el principal problema del régimen al optar por el terrorismo y conseguir vincular la conciencia vasca a la repulsa hacia los agentes de la represión. A pesar de su tendencia a dar la espalda a la realidad, a partir de 1970 ETA mantendría el liderazgo de la actividad subversiva contra el franquismo junto con el sindicato Comisiones Obreras, agitador del mundo laboral, y el Partido Comunista, cuyo pacto por la libertad perseguía la estrategia conjunta de las fuerzas antifranquistas.

Comisaría nacional

Impávido ante las protestas, el régimen se mantenía en sus trece, sin admitir el menor cambio en su estrategia fundamental. Todo lo contrario: a la escalada de agitaciones el dictador y su lugarteniente, el almirante Luis Carrero Blanco, respondieron endureciendo la represión y desenterrando en los periódicos y televisores del país la antigualla de las conjuras internacionales y conspiraciones comunistas, discurso calcado a aquel que acompañó el nacimiento del franquismo.

La creación del Tribunal de Orden Público, encargado de castigar las opiniones políticas de obreros, curas, periodistas y estudiantes mediante procesos arbitrarios no contribuyó precisamente a mejorar las cosas. Menos aún a solucionarlas. Tampoco la ley de Prensa de 1966, que hizo que muchos editores fueran sancionados y algunos medios clausurados.

EL VALLE DE LOS CAÍDOS

Recién acabada la guerra civil, en junio de 1940, el régimen promulgó un decreto para levantar un monumento que perpetuara "la memoria de los caídos de nuestra gloriosa Cruzada [...]. La dimensión de nuestra Cruzada, los heroicos sacrificios que la Victoria encierra y la trascendencia que ha tenido para el futuro de España esta epopeya, no pueden quedar perpetuados por los sencillos monumentos con los que suelen conmemorarse en villas y ciudades los hechos salientes de nuestra historia y los episodios gloriosos de sus hijos".

El resultado fue la Abadía de la Santa Cruz del Valle de los Caídos, construida por presos republicanos entre ese año y 1958 a apenas diez kilómetros de otro lugar tan simbólico como es El Escorial. En ella yacen los restos de José Antonio Primo de Rivera, el fundador de Falange, y del propio Franco.

Atado y bien atado, o quizá no tanto...

Al concluir la década de los sesenta, Franco había hecho que las Cortes nombraran al príncipe Juan Carlos su sucesor en la jefatura del Estado, una vez asegurado el compromiso del futuro monarca con las bases del Movimiento franquista.

Con unas clases medias amplias y lanzadas al consumismo, un príncipe heredero al que creía fiel a su propio credo y un almirante como consejero, el Caudillo llegó a creer por un tiempo que todo quedaba atado y bien atado. No se daba cuenta de que bajo el caparazón trasnochado del régimen, España se había hecho mayor a golpe de modernidad y era un país laico con una ética civil manifestada en el respeto de los derechos de la persona y una mayor tolerancia con las relaciones sexuales.

Aumenta el descontento

Pero el final se avecinaba y quizá los únicos que no eran conscientes de ello eran los más allegados al régimen. Incluso la Iglesia llegó a la conclusión de que había que soltar amarras y preparar el futuro si no quería hundirse ella misma con la dictadura. El hombre elegido para capitanear la reconversión política eclesiástica fue el cardenal Vicente Enrique y Tarancón, presidente de la Conferencia Episcopal, desde la que se ganó la animadversión de los más recalcitrantes de la extrema derecha, que convirtieron en su lema el grito "Tarancón, al paredón".

Los curas más integristas y alguno que otro obispo se organizaron en Hermandades provinciales cuyo mensaje se resumía en algo tan simple y rancio como "menos democracia y más disciplina", mientras que la ultraderecha laica se agrupaba en grupos parapoliciales que, bajo el nombre de Cristo Rey, atacaban a sacerdotes y militantes católicos acusados de progresistas. Todo en vano. Al franquismo le fallaba su principal punto de apoyo y la Iglesia veía así aumentar su prestigio entre las filas de la oposición.

El ocaso de un dictador

Incluso ese Dios cuya gracia le había hecho Caudillo de España empezaba ya a abandonar al viejo dictador. Éste, en sus últimas horas de vida, empezó a pensar que las campanas no sólo doblarían por él sino también por su régimen, que no le sobreviviría. "Desengáñese, Miranda, el franquismo acabará conmigo. Luego las cosas serán de otra manera", confesó un día al político Torcuato Fernández Miranda, precisamente uno de los que harían todo lo humanamente posible para que esas palabras fueran proféticas...

Magnicidio en Madrid

En 1973, los achaques de salud del dictador le obligaron a renunciar a sus funciones como jefe de gobierno a favor de su fiel Carrero Blanco. El mandato de éste era por cinco años, válido incluso si muriera Franco y el príncipe accediera a la cúspide del poder. Franco quería asegurarse así de que Juan Carlos no traicionaría su legado, contrariado como estaba por las noticias que le llegaban de las simpatías liberales del futuro rey.

Dos fueron los problemas prioritarios, y ya endémicos de la dictadura, que tuvo que abordar Carrero Blanco:

>> El mantenimiento del orden público.

>> La exigencia de una apertura.

Su respuesta fue tan poco original, que ya aburría por lo reiterativo: el recrudecimiento de la represión. Sin embargo, el control policial del que tanto se vanagloriaba el régimen y del que tanto dependía para su supervivencia falló estrepitosamente el 20 de diciembre de 1973. Ese día, el mismo Carrero Blanco caía asesinado en pleno corazón de Madrid en una osada acción de ETA.

El régimen sin cabeza

El asesinato de su hombre fuerte fue un duro golpe para un Franco anulado por la enfermedad y apenas poco más que un espectro. De nada sirvió que el nuevo jefe de gobierno, Carlos Arias Navarro, endureciese los castigos, amenazase a obispos o emplease sus últimos cartuchos contra el espíritu aperturista que dominaba amplios sectores del país. Los síntomas de descomposición del régimen eran ya tan alarmantes como imposibles de erradicar. Los españoles querían ser como el resto de habitantes de la Europa democrática.

El 20 de noviembre de 1975, los médicos desengancharon la vida artificial a la que estaba sometido Franco. El general moría en la cama, pero la sociedad española, encogida todavía por cuarenta años de dictadura, empezaba a mirar con cautela y esperanza el futuro.

Capítulo 23

El difícil camino a la democracia

F rancisco Franco murió en la cama y en el poder. Y cuando eso sucede en el caso de un dictador, está demostrado que sus adversarios han fracasado a la hora de plantear su estrategia. Durante más de tres décadas, los opositores al régimen, tanto en el interior de España como en el exilio, vivieron alimentados por la fe en la inminente caída del Caudillo. Una fe de la que no pocos acabaron desesperando vista la pertinaz resistencia y adaptabilidad de Franco a los cambios de coyuntura histórica. De ahí que no sea extraño encontrar una molesta sensación de decepción, angustia y desazón entre quienes en 1975 contemplaban la casi totalidad de su vida transcurrida bajo la férula de la dictadura de Franco, según el escritor Juan Goytisolo: "verdugo y a la vez creador involuntario de la España moderna"...

UN ESCRITOR REMEMORA EL FRANQUISMO

Juan Goytisolo, uno de los escritores españoles más originales y lúcidos de la segunda mitad del siglo XX, recordaba así los años del franquismo:

"Sólo él [Franco] no cambiaba: Dorian Gray en los sellos, diarios o enmarcado en los despachos oficiales en tanto que los niños se volvían jóvenes, los jóvenes alcanzaban la edad adulta, los adultos perdían cabellos y dientes, y quienes, como Picasso y Casals, juraron no volver a España durante el tiempo en que él viviera, bajaban al sepulcro, lejos de la tierra en que nacieron y donde normalmente hubieran podido vivir y expresarse".

La hora de la sociedad civil

Enterrado Franco en su faraónico mausoleo del Valle de los Caídos, los españoles fueron más rápidos que los políticos y se lanzaron a practicar sus libertades individuales antes de que el cambio político les diera existencia jurídica. Palabras como "amnistía", "autonomía" y "elecciones" se hicieron entonces omnipresentes, y tan persistentes que acabarían escribiendo la historia de los años posteriores.

Con pancartas y puños en alto, los españoles conquistaron también las calles, aunque al no estar todavía regulados los derechos de reunión y manifestación la policía no tardaba en cargar contra ellos en honor a las añejas costumbres de los tiempos del dictador.

Bendita ilusión

A pesar de ello, España pasó del gris de la dictadura a tener un color festivo. Hasta la ilusión se hizo costumbre. Y la sociedad civil no estaba dispuesta a perder la oportunidad de que esa ilusión se convirtiera en algo más concreto. Pedía la paz y la palabra, y estrenaba un estilo de vida ya practicado en la clandestinidad. Líderes sindicales, representantes de partidos clandestinos y opositores al herrumbrado régimen abandonaban las catacumbas en las que habían llevado a cabo su resistencia y salían ahora a la calle. También los primeros exiliados empezaron a regresar a un país que muchos pensaban que nunca más volverían a ver. Venían atraídos por la esperanza de que muerto Franco su obra duraría poco más.

RECUERDA

Un sueño era común en todos ellos: el de la reforma de España desde un ideario liberal y democrático, eso sí, sin poner en peligro las conquistas sociales y económicas conseguidas en los últimos años del denostado régimen.

Un desconocido burócrata en el poder

El 22 de noviembre de 1975, Juan Carlos I fue proclamado por las Cortes rey de España, y ya en su primer discurso a la nación dejó entrever un espíritu nuevo, pues ni una sola referencia a la guerra civil o al espíritu del Movimiento contenían sus palabras. Sin embargo, el primer gobierno de la monarquía, presidido por Carlos Arias Navarro, muy bien podría haber sido un gabinete de Franco.

El viraje hacia una época nueva sólo se dio cuando llegó a la presidencia del Ejecutivo un desconocido y joven burócrata franquista, Adolfo Suárez. Él fue el verdadero artífice de la transición de una dictadura extenuada a una democracia entusiasta.

Mirar adelante sin hurgar en las heridas

Suárez tomó la batuta del gobierno con la premisa de no hurgar en las heridas del pasado. Muerto Franco, borrón y cuenta nueva, parecía ser la premisa aceptada en un principio por todos en nombre del pragmatismo.

El paso más decisivo se dio con la promulgación de la ley para la Reforma Política, que anunciaba elecciones democráticas y dinamitaba la estructura del franquismo sin vulnerar una sola coma de su legislación. Sin embargo, no todos la aceptaron. La ultraderecha, con Blas Piñar al frente, no tardó en desgañitarse diciendo que esa ley "está en conflicto con la filosofía política del Estado que surgió de la cruzada", como todavía ellos llamaban a la guerra civil...

Demasiadas piedras en el camino

Entre el continuismo, la ruptura o la reforma, los ciudadanos optaron mediante referendo por esta última. Pero aun así no iba a ser un proceso fácil, sobre todo por la oposición demostrada por diferentes grupos de ideologías contrapuestas:

» Los militares: El miedo a que el ejército pudiera acabar con la esperanza democrática mediante una sublevación como la de 1936 lo sobrevolaba todo y teñía de incertidumbre la transición.

» Los grupos terroristas: ETA y el GRAPO (Grupo de Resistencia Antifascista Primero de Octubre) tampoco estaban dispuestos a facilitar las cosas. Sus atentados contra altos oficiales consiguieron irritar al ejército y acentuar todavía más la posibilidad de una asonada.

Un paso fundamental en el camino hacia la normalidad democrática se produjo en 1977 cuando el Partido Comunista fue legalizado a pesar de la abierta oposición del ejército y de los nostálgicos del dictador. Suárez, no obstante, consiguió calmar los ánimos y con los comunistas en escena, el 15 de junio de ese año se celebraron las primeras elecciones democráticas de España desde 1936.

La apuesta por el centro

Después de más de cuarenta años de ayuno electoral, los ciudadanos eligieron a sus representantes parlamentarios con la ilusión de quien piensa que su voto puede, efectivamente, cambiar el país.

RECUERDA

Sin embargo, también se dejaron de aventuras rupturistas y dieron su confianza a la coalición Unión de Centro Democrático (UCD), formada por minúsculos partidos de centro derecha surgida en torno al reclamo de Suárez, y que obtuvo la victoria sin mayoría absoluta. Le siguió el histórico Partido Socialista Obrero Español (PSOE), capitaneado por Felipe González. De esta forma surgía un bipartidismo imperfecto, antecedente del actual sistema de partidos, integrado por dos grandes formaciones, de centro derecha y centro izquierda. Flanqueándolas, la derecha conservadora de Alianza Popular, liderada por el antiguo ministro franquista Manuel Fraga, y la izquierda eurocomunista de Santiago Carrillo, otro veterano político que había hecho sus primeras armas políticas en tiempos de la República.

Otra realidad política trasplantada al hemiciclo parlamentario sería el peso de la conciencia nacionalista en el País Vasco y Cataluña, fruto de la considerable representación obtenida en las urnas por el Partido Nacionalista Vasco (PNV) y Convergència i Unió (CIU).

La crisis económica complica el panorama

La transición a la democracia coincidió con la llegada a España de los efectos de la crisis económica mundial de la década de los setenta. Empresas, patronos y trabajadores se vieron amenazados por:

» El aumento de los costes de producción.

» Una inflación desorbitada, que alcanzaba el nivel tercermundista del 25% favorecida por la escalada del déficit del Estado.

Era flagrante el contraste con el bienestar económico que había presidido los postreros años del franquismo, y fueron muchos los que entonces recordaron con inquietud las circunstancias adversas en las que había naufragado la República. Sin embargo, la historia no se repetiría. Suárez reaccionó con rapidez y recurrió a una política de acuerdos sociales a cuatro bandas (gobierno, partidos, empresarios y sindicatos) que se traducirían en los pactos de la Moncloa de octubre de 1977. En beneficio de la estabilidad, socialistas y comunistas convalidaban, en contra de sus convicciones políticas, el modelo económico y social fijado posteriormente en la Constitución.

Una Constitución para un país nuevo

Por primera vez en la historia de España, la Constitución de 1978 fue fruto del consenso entre las principales fuerzas parlamentarias y no algo impuesto por el grupo dominante, como había sido la tradición. Todos tuvieron que renunciar a algo, pero por encima sobresale la creación de un impulso moral colectivo, una expresión adecuada y plural de la realidad de España (para más información sobre la Carta Magna, véase el recuadro "El preámbulo de la Constitución").

Con esa nueva Carta Magna, en vigor desde el 29 de diciembre de 1978, después de haber sido abrumadoramente respaldada en referendo unas semanas antes, España se equiparaba a las democracias europeas, definiéndose como un Estado social y democrático de derecho, cuya forma política era la monarquía parlamentaria, aceptada incluso por los comunistas en nombre del pragmatismo. De este modo, el déficit de legitimidad democrática que soportaba el rey Juan Carlos como heredero impuesto por el dictador se liquidaba con el

EL PREÁMBULO DE LA CONSTITUCIÓN

Ya desde su mismo preámbulo, la Constitución quiere apostar por la convivencia de todos los españoles. Éste es su texto:

"A todos los que la presente vieren y entendieren, sabed: Que las Cortes Generales han aprobado y el Pueblo Español ha ratificado la siguiente Constitución:

La Nación Española, deseando establecer la justicia, la libertad y la seguridad y promover el bien de cuantos la integran, en uso de su soberanía, proclama su voluntad de:

Garantizar la convivencia democrática dentro de la Constitución y de las Leyes conforme a un orden económico y social justo.

Consolidar un Estado de Derecho que asegure el imperio de la Ley como expresión de la voluntad popular.

Proteger a todos los españoles y pueblos de España en el ejercicio de los derechos humanos, sus culturas y tradiciones, lenguas e instituciones.

Promover el progreso de la cultura y de la economía para asegurar a todos una digna calidad de vida.

Establecer una sociedad democrática avanzada, y colaborar en el fortalecimiento de unas relaciones pacíficas y de eficaz cooperación entre todos los pueblos de la Tierra".

refrendo mayoritario de la Constitución. Desde ese momento, sería un monarca que no gobernaría; sólo reinaría.

El mapa de las autonomías

Más liberal que otras de su entorno, la Constitución intentó también dar solución a las reivindicaciones históricas de autonomía de los nacionalismos vascos y catalán. Para ello, emprendió una ambiciosa reestructuración territorial del Estado, de resultas de la cual la España uniformista y centralista impuesta por Franco se convertía en una España varia y descentralizada. Una España que apostaba por un reparto territorial del poder de mayor calado que el de muchas otras naciones europeas de arquitectura federal.

La respuesta de vascos y catalanes a lo que planteaba la nueva Constitución fue muy diferente:

» El nacionalismo vasco: A pesar de ser la primera que reconocía las reivindicaciones históricas vascas, la Constitución de 1978 no consiguió más que una respuesta abstencionista por parte del PNV. La afirmación constitucional de la indivisibilidad de la soberanía española determinó el posicionamiento de este partido.

» El nacionalismo catalán: Cataluña fue mucho más receptiva a la Constitución. Aquí, Suárez encontró la complicidad del presidente de la Generalitat en el exilio, Josep Tarradellas, a quien enseguida acomodó en Barcelona como símbolo del reconocimiento oficial de Madrid a la singularidad catalana. Por otra parte, el pragmatismo y el instinto conservador guiaron los pasos del nacionalismo catalán, cuya colaboración a la estabilidad de España quedó reflejada en los debates constitucionales.

Una nación heterogénea

Superada, pues, la borrachera españolista del franquismo, España quedaba como una nación heterogénea constituida por diecisiete autonomías, todas ellas reguladas por sus estatutos y parlamentos, y regidas por sus gobiernos. Y como la emoción autonomista casi se reducía a Cataluña y el País Vasco, la clase política del resto de comunidades se obstinó en forjar conciencias, sentimientos e identidades regionales que sirvieran de fundamento a la generalización del modelo autonómico.

LA CONSTITUCIÓN VISTA POR UN PRESIDENTE

En 2001, el que fuera uno de los grandes protagonistas de la transición y primer presidente de la democracia, Adolfo Suárez, se expresaba así sobre la Constitución:

"Con la Constitución es posible lograr una concordia civil llamada España, donde convivan ciudadanos que, por tener diferentes opiniones, creencias o convicciones, se complementen entre sí. Quienes matan, secuestran y extorsionan, quienes optan por la violencia como método de actuación política, no son nuestros complementarios. Sólo son los destructores de los valores democráticos. El mal que procuran y el daño que infringen, nos lo hacen a todos".

Los españoles se olvidan de tabúes

Pero la sociedad surgida tras la muerte de Franco cambiaba no sólo en lo que se refiere a la forma de organización política, sino también en sus más mínimos detalles. Desde los primeros tiempos de la transición, el país se abrió a numerosos descubrimientos. Una vez suprimida la censura en 1977, el sexo dejó de ser tabú y la tentación de representarlo o comercializarlo fomentó la exhibición generosa del desnudo en las publicaciones periódicas, el teatro o el cine (para más información sobre el tema véase el recuadro "Madrid se mueve").

Al mismo tiempo, las primeras manifestaciones feministas de la historia de España rompían con el modelo franquista que confinaba a las mujeres a la cocina y la alcoba con la misión patriótica de reproducir la raza y mantener las virtudes de la familia. Empezaba así el decidido acceso de la mujer a la política, la universidad y los consejos de administración.

MADRID SE MUEVE

Uno de los símbolos de los nuevos aires que soplaban en España de la transición fue la llamada *movida madrileña*, un movimiento contracultural que hizo de la capital su base y que afectó a todos los campos de la creación, desde el cine, con películas como *Pepi, Luci, Bom y otras chicas del montón* (1980), de Pedro Almodóvar, y *Ópera prima* (1980), de Fernando Trueba, hasta la música, con la aparición de grupos como Alaska y los Pegamoides, Radio Futura, Nacha Pop, Los Secretos o Aviador Dro, pasando por la literatura posmoderna de Juan Antonio de Villena o Gregorio Morales; la fotografía de Ouka Leele, o la moda de Ágatha Ruiz de la Prada.

De estilos y estéticas muy diferentes, del pop al punk, todos ellos coincidían en su deseo de libertad y de ruptura con el pasado inmediato. Francisco Umbral, su cronista, rememoraba aquellos años diciendo:

"La Movida nunca tuvo teléfono, pero sí tuvo señales de humo para comunicarse unánimes el concierto de los Ramones o aquella noche alucinada de los Rolling, cuando nos flipábamos chupando el desodorante del sobaco de las chais, que eso coloca"...

Nuevos aires en la cultura

Con la democracia amaneció una nueva generación de escritores (Eduardo Mendoza, Antonio Muñoz Molina, Javier Marías...) que conviviría en los escaparates de las librerías con otras voces ya asentadas (Camilo José Cela, José Ángel Valente, Juan Goytisolo, Manuel Vázquez Montalbán...). Como espaldarazo internacional a aquella España pronto hechizada por la realidad iluminada del pintor Antonio López y el costumbrismo universal de las películas de Pedro Almodóvar, el poeta Vicente Aleixandre recibió el premio Nobel de Literatura en 1977. Tres años después, el recién creado Ministerio de Cultura conseguía recuperar uno de los cuadros más simbólicos de la tragedia de la guerra civil española, el *Guernica* de Picasso, en cumplimiento de la voluntad del pintor, quien había dispuesto la devolución del cuadro en cuanto se restaurara la democracia en España.

Rápidamente, España cambiaba de estilo y el país en blanco y negro desaparecía para dejar paso a otro en el que el homosexual podía celebrar la consagración de su primavera y el ecologista desplegar su religión.

LA DIMISIÓN DE ADOLFO SUÁREZ

El 29 de enero de 1981, Adolfo Suárez apareció en las pantallas de Televisión Española para presentar su dimisión como presidente de España:

"Hoy tengo la responsabilidad de explicarles, desde la confianza y la legitimidad con la que me invistieron como presidente constitucional, las razones por las que presento, irrevocablemente, mi dimisión como presidente del Gobierno y mi decisión de dejar la presidencia de la Unión de Centro Democrático. No es una decisión fácil. Pero hay encrucijadas tanto en nuestra propia vida personal como en la historia de los pueblos en las que uno debe preguntarse, serena y objetivamente, si presta un mejor servicio a la colectividad permaneciendo en su puesto o renunciando a él. He llegado al convencimiento de que hoy, y, en las actuales circunstancias, mi marcha es más beneficiosa para España que mi permanencia en la Presidencia".

España se libera del incienso y el altar

Con la Constitución, también el Estado se despojaba de su ropaje confesional y dejaba a la Iglesia a su propia iniciativa. La decisión de separarse fue un acierto para ambas partes: el Estado se quitaba de encima el pesado fardo de una jerarquía entrometida y dejaba de hacer teología, mientras que el episcopado se ponía a salvo del vía crucis del anticlericalismo.

Por fin, España aterrizaba de su cielo teológico para pisar tierra firme.

Sables contra reformas

La unanimidad alcanzada por Suárez a la hora de desmantelar el régimen franquista se deshizo como un azucarillo cuando llegó el trance de llevar el cambio democrático a la vida cotidiana de los españoles. Sin mayoría parlamentaria y con los principales ayuntamientos en manos de los socialistas, el gobierno de UCD tuvo que afrontar la reforma de los aparatos del Estado y abordar el desarrollo de la Carta Magna en asuntos tan espinosos como el divorcio, la enseñanza o el empleo.

La crisis de UCD

Mezcla de ideologías y personalismos, UCD no era la mejor plataforma para preparar un programa integral de reformas y pronto empezaron a verse las diferencias de criterio y funcionamiento acompañando la tarea legislativa. Traicionado por los suyos, acosado por los militares y desgastado por la oposición, Suárez prefirió tirar la toalla y ceder el mando a Leopoldo Calvo Sotelo. "Yo no quiero que el sistema democrático de convivencia sea una vez más un paréntesis en la historia de España", diría (para más información sobre Suárez véase el recuadro "La dimisión de Adolfo Suárez").

El último pronunciamiento

RECUERDA

Los rumores de golpe de Estado que acompañaron a la democracia desde su mismísimo nacimiento acabaron haciéndose realidad el 23 de febrero de 1981. Ese día, un grupo de guardias civiles al mando del teniente coronel Antonio Tejero irrumpió en el Congreso de los Diputados al mismo tiempo que los tanques salían a la calle en Valencia por orden del capitán general Jaime Milans del Bosch.

Sin embargo, los tiempos eran otros y el golpe acabó fracasando. Entre la gente podía reinar el desencanto o respirarse angustia ante la crisis económica y rabia frente al terrorismo y las exigencias nacionalistas, pero no malestar con la democracia. Así, las calles se vieron invadidas por millones de personas para defender la libertad y terminar con ese sainete militar. Figura clave en el fracaso de los militares rebeldes fue el rey Juan Carlos, quien por su decidida oposición a la sublevación militar vio redoblado su apoyo popular.

Las elecciones se adelantan

La dimisión de Suárez no facilitó la labor de gobierno de su partido. Su sucesor, Calvo Sotelo, no pudo apaciguar las distintas camarillas de la UCD. La gota que colmó el vaso fue el proyecto de integración de España en la Organización del Tratado del Atlántico Norte (OTAN), un objetivo concebido ya en tiempos de Franco pero que hasta entonces había sido inalcanzable por la resistencia de los miembros de la Alianza a acoger en su seno a un dictador, por muy "amigo" que fuera de Occidente. La impopularidad de la medida erosionó aún más la imagen de la UCD ante la opinión pública y obligó a Calvo Sotelo a adelantar las elecciones a octubre de 1982. La victoria en ellas del PSOE de Felipe González marcaría la culminación de la transición política de la dictadura a la democracia.

EN ESTE CAPÍTULO

Valorar la transformación de España
llevada a cabo por el primer gobierno
socialista

Conocer el alcance de la entrada de España
en la Unión Europea

Ver el impulso económico dado por los
gobiernos del Partido Popular

Comprobar los problemas de España en la
primera gran crisis económica del siglo XXI

Capítulo 24

Un país que mira al futuro

ara algunos, era como invitar al demonio a casa, a un partido que acabaría con todo lo que España tenía de sagrado y tradicional. Para otros, suponía la llegada de un momento muy esperado, una posibilidad muy concreta de modernizar el país. Para los más, simple y llanamente, la confirmación de que España, por fin, era una nación democrática, en la que partidos de diferente signo podían alternarse en el poder sin que ello significara romper el Estado. La victoria del Partido Socialista Obrero Español (PSOE) en las elecciones de octubre de 1982 culminó la transición política.

Con la vista puesta en Europa

En 1982 llegaba al poder una generación que no estaba comprometida con la herencia histórica de la guerra civil, sino que se había formado en el antifranquismo de los años setenta. Liderados por Felipe González, los socialistas ganaron los comicios con la promesa de dar al país un nivel europeo en servicios públicos y renta. Diez millones de votos les avalaban y constituían la prueba incontestable de que los progresistas habían sabido contagiar de ilusión a la sociedad con su eslogan de "cien años de honradez".

Llevados por el pragmatismo que incluso les había hecho renunciar a la ideología marxista unos años antes, los socialistas se entregaron a la reforma de España, algo que en su lenguaje venía a decir "parecerse a Europa". Nada de nacionalizar empresas ni andanadas republicanas como los portavoces de la derecha anunciaban en tono apocalíptico. Todo lo contrario, el nuevo presidente iba a practicar una política liberal, europeísta, financiera y modernizadora que mucha falta le hacía al país.

El gobierno toma medidas impopulares

Gobernar es muy diferente a prometer, y así el nuevo gobierno hubo de afrontar la impopularidad de una política de rigor presupuestario y reajuste económico que impuso la inmediata devaluación de la peseta y el empleo del bisturí en el sector industrial público creado por Francisco Franco. Era la "reconversión", eufemismo que en el terreno de lo real se tradujo en el cierre de numerosas empresas, sobre todo en el ámbito de la siderurgia, la construcción naval y los electrodomésticos, aparte de las reducciones drásticas de las plantillas.

La situación heredada del viejo régimen dictatorial, con su inflación, su déficit público y su deuda exterior, hacía necesarias medidas contundentes que el primer gobierno democrático de UCD no se había atrevido a llevar a cabo. Pero aun así, no todos estaban dispuestos a aceptar una situación que comportaba la pérdida de su trabajo. Muchos fueron los que se sintieron engañados. De ahí la serie de huelgas y batallas campales entre trabajadores y antidisturbios que dieron a ese período una estampa violenta que perjudicó gravemente a los socialistas, de pronto convertidos en verdugos de sus clientelas obreras.

Soldados constitucionales

Pero, a pesar de su coste social, las medidas de saneamiento económico costeadas por el PSOE rebajaron la inflación, de manera que los españoles empezaron a ver Europa más cerca. Así, y tras una larga negociación, en enero de 1986 se hizo efectiva la entrada del país en la Comunidad Europea, el antecedente de lo que hoy es la Unión Europea (para más información véase el recuadro "España hace su entrada en Europa").

ESPAÑA HACE SU ENTRADA EN EUROPA

El 12 de junio de 1985, en el Palacio Real de Madrid, en presencia del presidente, Felipe González y el ministro de Asuntos Exteriores, Fernando Morán, se firmó el Acta de Adhesión de España a las Comunidades Europeas. Un momento histórico que abría la puerta, unos meses después, en enero de 1986, a la incorporación plena de España en la construcción europea. Como dijo González:

"España aporta su saber de nación vieja y su entusiasmo de pueblo joven con la convicción de que un futuro de unidad es el único posible. El ideal de la construcción europea es más válido que nunca, porque nos lo imponen las exigencias del mundo de hoy, y más aún el de mañana".

Ese mismo año, Felipe González sacrificaba la ideología en los altares del pragmatismo y sustituía el eslogan "OTAN, de entrada No" por una nueva apología del amigo norteamericano. Si lo que se quería es que España tuviera proyección y presencia internacional, era esencial

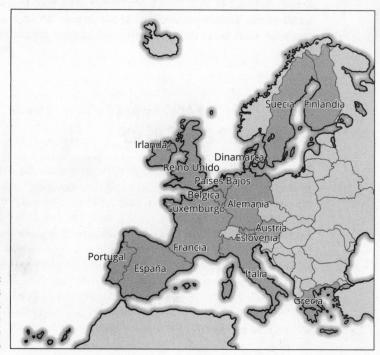

FIGURA 24-1: Los países miembros de la Unión Europea en 1986

que estuviera no sólo en la Comunidad Europea, sino también en esa alianza militar. El líder socialista supo verlo a tiempo y, aunque la respuesta en la calle fue encendida, el referendo convocado para avalar el ingreso acabó siendo favorable al gobierno.

A golpe de papeleta, España resolvía el problema de su lugar en el mundo, pendiente desde que en 1898 perdió las últimas colonias del viejo imperio ultramarino. Pero la ratificación socialista de su presencia en la Alianza Atlántica fue positiva también por:

» Abrir a los militares españoles el horizonte de las misiones en el extranjero.

» Permitir al gobierno socialista canalizar el patriotismo del ejército en la defensa de los valores democráticos, poniéndolo al servicio de la nación.

Gracias a eso, hoy el ejército es una fuerza flexible, moderna, operativa y obediente al poder civil, en perfecta sintonía con la democracia.

La imagen de España

Ultimado el proceso democratizador, los gobiernos socialistas pusieron manos a la obra para transformar la imagen real de España. La inversión extranjera favorecida por la entrada en el club europeo y las altas tasas de crecimiento económico permitieron al gobierno:

1992, TRES MOMENTOS PARA EL RECUERDO

Coincidiendo con la celebración del quinto centenario del descubrimiento de América, en 1992 España mostró al resto del mundo de lo que era capaz. Barcelona con los Juegos Olímpicos, Sevilla con la Exposición Universal y Madrid como Capital Europea de la Cultura revelaron a ojos de fuera una nación moderna, que sabía afrontar los retos más difíciles y triunfar en ellos. Las cuantiosas inversiones realizadas, sobre todo en Barcelona y Sevilla, sirvieron para que ambas ciudades recuperaran nuevos espacios para el uso público, el mar en el caso de la primera y la isla de la Cartuja en el de la segunda, y proyectaran internacionalmente una imagen que iba mucho más allá del tópico hispano de sol y playa.

- » Ampliar la participación pública en la sanidad y la educación, dos bienes preferentes en las sociedades modernas.

- » Extender notablemente las prestaciones sociales.

- » Avanzar en la consolidación del Estado del Bienestar.

- » Acortar la distancia que separaba España del resto de Europa en cuanto a infraestructuras.

- » Reducir las desigualdades históricas entre las diversas regiones.

El esfuerzo nacional fue un buen punto de partida para tratar de liquidar las desigualdades entre las diversas autonomías, pero a la larga resultaría baldío por el egoísmo de los nacionalismos periféricos y la incapacidad del PSOE para articular un discurso coherente y unitario respecto de la idea de España, vista como algo con demasiadas referencias franquistas...

El saqueo de las arcas públicas

Los logros de diez años de mayoría absoluta durante los cuales los gobiernos socialistas encubrían una forma de gobernar que excluía, en principio, cualquier práctica de consenso, empezaron a diluirse en cuanto empezó a aflorar con fuerza todo un reguero de escándalos de corrupción. Gracias a las revelaciones de la prensa, los sufridos contribuyentes descubrieron cómo el director de la Guardia Civil y otros altos servidores del Estado habían amasado grandes fortunas en un tiempo récord.

Sin ideas y perdida la mayoría absoluta, González no consiguió sacar al país de su parálisis ni a su partido de las manos de los jueces, decididos a desentrañar la trama de corrupción que quitaba el sueño a

EL ESPERPENTO DE LA CORRUPCIÓN

Día sí y día también, la última etapa de gobierno de Felipe González estuvo marcada por la corrupción. Episodios destacados fueron el de la rocambolesca fuga del director de la Guardia Civil, Luis Roldán, y el de la detención del gobernador del Banco de España, Mariano Rubio. Con ellos, el eslogan electoral socialista de "cien años de honradez" quedaba borrado ante el esperpento del "jefe del dinero conducido entre dos guardias y el jefe de los guardias huido con el dinero", en frase afortunada de un dirigente del histórico partido.

políticos y periodistas. Los "cien años de honradez" del eslogan del PSOE desaparecieron así como por ensalmo... (para más información sobre el tema véase el recuadro "El esperpento de la corrupción").

Los GAL, la gota que colmaba el vaso

Pero no todo se reducía al saqueo de las arcas públicas. En 1994, la opinión pública descubría que los asesinatos de militantes de ETA ocurridos en Francia y España entre 1983 y 1987 se habían fraguado en los despachos ministeriales madrileños y en las alcantarillas de los servicios de información... Era el escándalo de los GAL, los Grupos Antiterroristas de Liberación...

Gana el centro derecha

Todos esos episodios socavaron la estima de la política entre la ciudadanía. El PSOE acabó pagándolo con su derrota en las crispadas y broncas elecciones de 1996, ganadas por el Partido Popular (PP) de José María Aznar, la antigua Alianza Popular (AP) fundada por el ministro franquista Manuel Fraga.

Caía Felipe González y entraba en escena una derecha a la que Aznar había renovado con caras jóvenes y mujeres resueltas para sintonizar con una mayoría de nuevos votantes, ajenos a las vivencias del franquismo.

ADIÓS A LA PESETA, HOLA AL EURO

Aunque las viejas monedas nacionales todavía siguieron circulando hasta 2002, el 1 de enero de 1999, España, al igual que Alemania, Austria, Bélgica, Finlandia, Francia, Irlanda, Italia, Luxemburgo, los Países Bajos y Portugal, estrenaba nueva moneda: el euro. Era un paso más, y decisivo, en el camino para convertir la Unión Europea en una unión económica y monetaria, y hoy son ya 16 los países que integran la Eurozona.

Los billetes de la nueva moneda, diseñados por el austríaco Robert Kalina, son iguales en todos los países, pero las monedas presentan una cara común, concebida por el belga Luc Luycx, y otra con motivos distintivos de cada país. En España, la efigie del rey en las de 1 y 2 euros; la de Cervantes en las de 10, 20 y 50 céntimos, y la fachada de la catedral de Santiago de Compostela en las de 1, 2 y 5 céntimos.

Éxitos económicos y poca ideología

En contra de lo que socialistas y comunistas difundían en la campaña electoral, la victoria del PP no supuso una involución conservadora. Sin mayoría absoluta, Aznar dio muy pronto pruebas de que su política no sería una contrarreforma cultural y que, en el campo social, garantizaría el Estado del Bienestar. Más que aventuras imposibles, lo que el gobierno popular quería ofrecer era bonanza económica, paz social, poca ideología y mucha estabilidad, ésta muy necesaria después de los agitados últimos años socialistas.

España estrena nueva moneda

Cuando el PP se hizo cargo del gobierno, la entrada en la primera fase del euro, prevista para el 1 de enero de 1999, se convirtió en toda una obsesión. El ajuste era necesario si se deseaba que el país no perdiera de nuevo la ocasión de subirse al tren de Europa en la estación de salida.

Pero para llegar a esa estación había antes que apretarse bien el cinturón. De ahí que Aznar firmara un acuerdo con los sindicatos en octubre de 1996 comprometiéndose a asegurar hasta el año 2000 el poder adquisitivo de las pensiones y a vigilar estrechamente las relaciones laborales. El resultado fue la entrada en el euro por la puerta grande. Tres años después, la centenaria peseta desaparecía de la vida de los españoles (para más información sobre la llegada del euro véase el recuadro "Adiós a la peseta, hola al euro").

"España va bien"

Ésa era la coletilla que el presidente Aznar se acostumbró a repetir una y otra vez, plenamente justificada en el ámbito económico. En este sentido, a los socios europeos les sorprendió la capacidad de la economía española para crecer de forma continuada, aun en épocas en las que el ciclo negativo se enseñoreaba de Francia, Alemania e Italia, los motores de la Unión Europea. Esa pujanza certificaba el acierto de una política gubernamental basada en el equilibrio financiero del Estado.

Esa prosperidad económica tuvo un efecto completamente nuevo en España. Tradicionalmente tierra de emigrantes que probaban fortuna en otros países, la vieja piel de toro se convirtió en la promesa de un futuro mejor para miles de inmigrantes hispanoamericanos y africanos. Y no ya como cabeza de puente hacia otros destinos europeos más prósperos, sino como meta, como asentamiento definitivo. Las imágenes de cientos de personas que recalan extenuadas e incluso agonizantes en las playas de Andalucía y Canarias pueblan los tele-diarios. Pero nada es capaz de detener ese flujo de gentes empujadas por la desesperación.

Las ciudades cambian

La inmigración cambió el espectro humano de las grandes ciudades españolas, en las que se desarrolla un forcejeo entre lo nuevo y lo viejo, la seguridad y la delincuencia, el trabajo y el paro, el desarraigo del inmigrante y su desesperado esfuerzo por conquistar un hogar.

Los datos del padrón municipal del 2004 son elocuentes al respecto, tanto que obligaron al gobierno del socialista José Luis Rodríguez Zapatero a abrir un período de regularización de los extranjeros ilegales con un contrato en España: de los 41 millones de habitantes de comienzos del siglo XXI se había pasado ya a 44 millones.

REACCIONES AL MAYOR ATENTADO DE LA HISTORIA ESPAÑOLA

El 11 de marzo de 2004, un atentado islamista contra varios trenes de Madrid acabó con la vida de casi doscientas personas. Ese mismo día, el rey Juan Carlos I apareció en televisión para mostrar su apoyo a las víctimas: "Vuestro Rey sufre con todos vosotros, comparte vuestra indignación, y confía en la fortaleza y eficacia del Estado de Derecho para que tan viles y cobardes asesinos caigan en manos de la Justicia, y cumplan en prisión todas las penas que los Tribunales les impongan. Habrán de dar cuenta de sus crímenes, de forma irremisible", fueron sus palabras.

Pero también la sociedad reaccionó rápido con manifestaciones multitudinarias. El 12 de marzo, el gobierno organizó una manifestación oficial bajo el lema "Con las víctimas, con la Constitución, por la derrota del terrorismo" que se extendió a otras ciudades españolas. "Todos íbamos en ese tren", "¡Al-Qaeda, no!", "No estamos todos, faltan 200" u "Hoy también soy madrileño" fueron algunas de las consignas lanzadas, acompañadas por los gritos "¿Quién ha sido?" y "¡Queremos la verdad!" dirigidos contra los miembros del gobierno de José María Aznar, al que se le acusaba de ocultar datos. Dos días más tarde, las elecciones generales castigarían al PP y darían la victoria al socialista José Luis Rodríguez Zapatero.

La lacra que no cesa

Pero el gran problema de España no es tanto la inmigración como el terrorismo. Uno de los momentos más intensos de la era Aznar se produjo en 1997 cuando una marea de seis millones de personas inundó las calles en protesta por el secuestro y asesinato a manos de ETA del concejal del PP de Ermua Miguel Ángel Blanco. De aquel grito ciudadano brotó la demostración palpable de la vitalidad de la España real, que confirmaba su compromiso con la defensa de las libertades por medio de una explosión de civismo como no se había visto desde la intentona golpista del 23 de febrero de 1981.

Bajo el gobierno de los populares, la complicidad de los dos grandes partidos nacionales en materia antiterrorista demostró que era posible acabar con ETA con medidas policiales y judiciales, y que esa lucha podía llevarse a cabo sin el apoyo del Partido Nacionalista Vasco (PNV). En esa misma línea de actuación insistían la firma del Pacto Antiterrorista y la posterior aprobación de la ley de Partidos Políticos, que permitía desarticular la infraestructura política, social y económica del brazo político de ETA, Herri Batasuna, y de las diversas formaciones que con diferentes siglas se presentaban bajo la misma bandera.

Las urnas refrendan la política popular

La amplia victoria de los populares en las elecciones de marzo de 2000 significó el reconocimiento pleno de una verdad sociológica: España había consolidado una opinión moderada, nada propicia a aventuras, nostálgica de las mayorías claras pero, a la vez, poco entusiasta de la intervención del Estado. Una sociedad, en definitiva, más desconfiada que otra cosa, más acomodaticia que flexible, tradicional y a la vez permisiva, más fiada de lo instintivo que de lo racional.

Errores que cuestan el poder

Con todo a favor, Aznar se desconectó de la realidad de la calle pensando que bastaba el éxito de la gestión económica para prolongar la hegemonía de su partido más allá del año 2004. Estaba convencido de que una mayoría absoluta revestida de prosperidad social le prestaba suficiente fortaleza para no tener que rectificar ninguna de sus convicciones, defendiéndolas a viento y marea, incluso en asuntos tan importantes como la reforma del seguro del desempleo o el envío de tropas a Irak en el marco de la guerra emprendida por Estados Unidos para acabar con unas armas de destrucción masiva inexistentes.

La oposición no desaprovechó la ocasión y conquistó la calle con sus pancartas. La sociedad española vivió entonces un período de crispación, durante el cual los socialistas y los nacionalistas, con el apoyo de destacados artistas e intelectuales, acusaron al PP de poner en riesgo la mismísima democracia.

La muerte viaja en tren

RECUERDA

El 11 de marzo de 2004, de improviso y casi en vísperas de elecciones generales, un atentado brutal golpeó a toda España. Ese día, en los vagones de tren de Madrid, en la estación de Atocha, llegaban la destrucción y la muerte. Casi doscientos cadáveres y un millar de heridos fueron la trágica cosecha de las bombas que unos terroristas islamistas pusieron como represalia por la participación de España en la guerra de Irak (para más información véase el recuadro "Reacciones al mayor atentado de la historia española").

De nada sirvieron los años de bonanza económica, ni la casi desaparición del terrorismo de ETA, ni la mejora de la imagen de España en el mundo... La conmoción suscitada, la desafortunada gestión informativa del gobierno y su incapacidad para desactivar las manifestaciones organizadas en su contra destruyeron las expectativas de triunfo del PP.

Designado a dedo por Aznar, su candidato Mariano Rajoy nada pudo hacer para impedir el triunfo del socialista José Luis Rodríguez Zapatero, que conseguiría formar gobierno gracias al apoyo de una crecida Esquerra Republicana de Catalunya (ERC) y de otros partidos regionalistas y de izquierda hartos de la suficiencia de los populares.

Los socialistas retornan al poder

El socialista José Luis Rodríguez Zapatero heredaba un país en la cima de un ciclo económico virtuoso, convertido en modelo de crecimiento disciplinado dentro de la eurozona. ETA estaba contra las cuerdas y los españoles tenían la sensación de estar pisando fuerte en el concierto internacional, aunque fuera a base de medidas tan impopulares y seguidistas de la política de Estados Unidos como la guerra de Irak.

A todo ello, Zapatero respondió con un programa maximalista hecho a base de promesas difíciles de convertir en plan de gobierno. Desde el principio, el nuevo presidente optó por una política que en lugar de buscar el consenso para diluir incertidumbres y suspicacias, lo que

PROMESAS QUE PESAN COMO UNA LOSA

En noviembre de 2003, en plena campaña de las elecciones autonómicas catalanas, el líder socialista José Luis Rodríguez Zapatero proclamó: "Apoyaré el Estatuto que salga del Parlament de Cataluña". Poco tiempo después, esa promesa acabaría convirtiéndose en un auténtico quebradero de cabeza...

El Partit dels Socialistes de Catalunya (PSC) del presidente Pasqual Maragall, ERC, Iniciativa per Catalunya y CIU elaboraron un texto maximalista que, entre otras cosas, exigía un modelo de financiación que aumentaba notablemente los recursos de la Generalitat, abogaba por una relación bilateral entre Cataluña y España, y justificaba la naturaleza nacional catalana. Aunque el Congreso lo aprobó después de modificar algunos puntos, el PP interpuso un recurso de inconstitucionalidad que se resolvió en julio de 2010 con una sentencia del Tribunal Constitucional que recortaba las aspiraciones nacionalistas en lo relativo al concepto de "nación" y al modelo lingüístico educativo. La respuesta sería una gran manifestación en Barcelona convocada por todos los partidos políticos del Parlament catalán, a excepción del PP, y encabezada por el *president* José Montilla para protestar ante un fallo visto como un atentado contra el autogobierno.

hacía era solemnizar el destierro de la derecha a la soledad parlamentaria.

Sólo frente al Plan para la Convivencia del *lehendakari* Juan José Ibarretxe, y de manera fugaz, relampagueó una esperanza de consenso entre los dos grandes partidos nacionales. El acuerdo alcanzado en el palacio de la Moncloa para rechazar esa propuesta nacionalista de un Estado libre asociado vasco tomó forma en el Congreso de los Diputados en febrero de 2005. Lo que no ha impedido que Zapatero se haya esforzado siempre en mostrarse complaciente con los nacionalistas...

Borrón y cuenta nueva

En cuanto le fue posible, el gobierno del presidente Zapatero desguazó cuantos proyectos del PP habían soliviantado al PSOE o a sus socios de gobierno. Con el apoyo de ERC e Izquierda Unida, y el voto a favor de PNV, CIU y otros partidos de ámbito autonómico, la primera de las medidas tomadas por el presidente Zapatero fue el retorno de las tropas españolas destacadas en Irak. Ese regreso constituyó un duro revés para la política proestadounidense emprendida por Aznar y, aunque contó con el aplauso de la opinión pública, sentó muy mal al ejecutivo del presidente George W. Bush y al PP, que calificaron esa salida de abandono de las obligaciones internacionales de España.

Pero no fue ésa la única medida que iba contra el gobierno anterior. Otras leyes o proyectos de ley cayeron también:

» El Plan Hidrológico Nacional, que con un presupuesto billonario buscaba dar respuesta a la secular carencia de agua de las tierras levantinas a través de redes de canales y tuberías, y varios pantanos de almacenamiento y regulación que conectaban el Ebro con las cuencas fluviales de los ríos que van a dar a la Comunidad Valenciana, Murcia y Almería.

» La ley de Calidad de la Enseñanza, que pretendía mejorar la educación en toda España.

» La ley de Estabilidad Presupuestaria, que prohibía a las administraciones endeudarse.

» La reforma del Código Penal, que tipificaba como delito la convocatoria ilegal de referendos.

En lugar de utilizar estas disposiciones legislativas como punto de partida para la búsqueda de un razonable término medio entre lo aprobado por el PP y lo que anhelaba el PSOE, desde el Ejecutivo se decidió darles un fulminante punto final.

La renovación sociológica de España

Pero Zapatero no sólo anulaba leyes, sino que también las hacía, sobre todo de contenido sociológico y laicista, que levantaron una gran polvareda entre los círculos conservadores y la Iglesia:

» Reforma de la ley del Divorcio, que agiliza los trámites y favorece la custodia compartida de los hijos.

» Aprobación de los matrimonios homosexuales.

» Aprobación de la investigación con células madre.

» Ley de Educación, que deja de computar Religión en la nota media.

El revuelo causado por estas leyes quedó en nada ante el ocasionado por otras dos cuestiones:

» El diálogo con ETA: La aprobación de una moción socialista que permitía negociar con ETA si ésta dejaba las armas fue seguida por el anuncio de un alto el fuego permanente en marzo de 2006 que permitió abrir una negociación entre el gobierno y la banda terrorista muy contestado por el PP. Un atentado con coche bomba en la Terminal 4 del aeropuerto de Barajas en diciembre de ese mismo año, que costó la vida a dos personas, acabó con ese proceso de diálogo. Desde entonces, la persecución policial y judicial contra ETA ha llevado a la cárcel a su cúpula y la ha debilitado hasta extremos nunca vistos.

» La reforma del Estatut de Catalunya, aprobada por el Parlament catalán, con el apoyo de todos los grupos excepto el PP, y por las Cortes Generales, y refrendada por los ciudadanos catalanes en junio de 2006. Cuestiones como el reconocimiento que se hace en el preámbulo de que Cataluña es una nación levantaron una gran polvareda entre los defensores de este nuevo texto, los que pensaban que se quedaba corto en lo que a voluntad soberanista catalana se refería y los que se rasgaban las vestiduras profetizando que su aprobación supondría la inmediata destrucción de España...

Llega la crisis

A pesar de las polémicas y las críticas, Zapatero ganó de nuevo las elecciones de 2008 con un programa en el que prometía proseguir la lucha contra ETA que tan grandes frutos había dado, y poner todos los medios a su alcance para combatir la "desaceleración económica", el eufemismo que el presidente empleaba para no mencionar la palabra maldita, "crisis". Una crisis originada en Estados Unidos y que estaba causando ya estragos en España.

La legislatura, la novena del período democrático, se vio dominada por esa crisis económica, que arrasó el sector inmobiliario en el que el anterior gobierno conservador había sustentado el crecimiento del país. En este período, España registró la mayor subida del paro de toda la Unión Europea. Según el Instituto Nacional de Estadística, la tasa de paro en el primer trimestre de 2010 fue del 20,05 por ciento.

El Plan Español para el Estímulo de la Economía y el Empleo, que ofrecía medidas de apoyo a familias y empresas, de fomento del empleo, de apoyo al sistema financiero y de modernización de la economía; el Plan de Economía Sostenible, que busca impulsar la competitividad sin olvidar la sostenibilidad ambiental, y la ley de Reforma Laboral, muy contestada por los sindicatos y agentes sociales, ame-

de huelga general incluidas, fueron las respuestas del gobierno
ta a esta crisis.

ıtura de la crisis

La realidad es que ninguna de esas medidas sirvió para hacer frente a
la crisis económica. El déficit del Estado se disparó, lo mismo que la
tasa del desempleo, lo que obligó al gobierno socialista a emprender
un durísimo plan de ajuste para contener el gasto en obras públicas
o apartados básicos del Estado del bienestar como la educación o la
sanidad. Como resultado, la popularidad de Zapatero se vio notablemente deteriorada.

Una de las consecuencias de la crisis y del deterioro de la imagen del
PSOE fue la eclosión del movimiento de los "indignados" del 15-M
(de la fecha del 15 de mayo de 2011, cuando tuvieron lugar las primeras movilizaciones). Se trata de un movimiento sociopolítico que en-
cauzaba el malestar ciudadano contra la política tradicional. "Los políticos no nos representan" era, precisamente, una de sus proclamas.
La acampada en la madrileña Puerta del Sol se convirtió en todo un
símbolo de esta revuelta pacífica.

Pocos meses más tarde, el 20 de octubre, ETA anunció el abandono
definitivo de la lucha armada.

El Partido Popular vuelve al poder

La crisis económica, la impopularidad y la debacle socialista en los
comicios municipales y autonómicos obligaron a Zapatero a convocar
elecciones antes del término natural de la legislatura. Celebradas el 20
de noviembre de 2011, dieron la victoria por mayoría absoluta al PP.
Mariano Rajoy se convirtió así en el nuevo presidente del gobierno de
España.

Su prioridad fue hacer frente a la comatosa situación de la economía
española, con una tasa de desempleo próxima al 23%, el doble de la
media europea. La política de austeridad fue endurecida con nuevos
recortes en derechos básicos, a la par que se congelaba el sueldo de los
funcionarios, se subían impuestos como el IVA o se rescataban cajas
de ahorro como Bankia a las que la crisis y la mala gestión habían
dejado en quiebra. Las protestas ciudadanas no se hicieron esperar y
tomaron las calles para denunciar los recortes.

Otro motivo de esas protestas fue la corrupción política: los escándalos se sucedían día sí y día también. El caso Pujol y el caso Palau dejaron tocado a Artur Mas y su partido, Convergència Democràtica de Catalunya. La trama Gürtel y el caso Bárcenas supusieron un mazazo para el PP. El PSOE tampoco se vio libre de escándalos a causa de los ERE de Andalucía.

Incluso la Casa Real se vio afectada por los negocios del yerno del rey Don Juan Carlos, Iñaki Urdangarín, en un caso en el que la propia infanta Doña Cristina fue imputada. En junio de 2014, la pérdida de popularidad de la Corona llevó al rey a abdicar en su hijo Felipe VI.

Crece el independentismo

En Barcelona, y bajo el lema "Cataluña, nuevo Estado de Europa", una marea soberanista se adueñó de las calles durante la celebración de la Diada de 2012. A partir de ese momento, las tesis de los independentistas ganaron presencia en todo el territorio catalán con el objetivo de celebrar un referéndum que decida la relación entre Cataluña y España. La imposibilidad legal de celebrar una votación como esa llevó a la convocatoria de lo que se llamó "proceso participativo con locales abiertos, urnas y papeletas" el 9 de noviembre de 2014.

Las elecciones autonómicas del 27 de septiembre de 2015 dieron la victoria a la coalición soberanista Junts pel Sí, formada por Convergència y Esquerra Republicana de Catalunya, aunque sin alcanzar la mayoría absoluta. Para lograrla, tuvieron que negociar con los anticapitalistas de la CUP, que se cobraron la cabeza de Mas. El alcalde de Gerona, el periodista Carles Puigdemont, se convirtió así en el nuevo presidente de la Generalitat catalana.

El adiós al bipartidismo

El descontento con los recortes, los partidos políticos tradicionales y la corrupción se tradujo en la aparición de formaciones nuevas como Podemos y en la irrupción a escala nacional de Ciudadanos, una fuerza surgida en Cataluña como respuesta al auge del independentismo. Ambos partidos cosecharon buenos resultados en las elecciones generales del 20 de diciembre de 2015, en las que el PP volvió a ganar, pero con una mayoría insuficiente para gobernar.

Ante la falta de apoyos, Rajoy declinó someterse al debate de investidura, algo que sí hizo el candidato socialista Pedro Sánchez, aunque sin conseguir la mayoría necesaria. España se vio así abocada a una nueva convocatoria electoral el 26 de junio de 2016. De nuevo, el PP ganó con mayoría simple, aunque esta vez sí logró formar gobierno gracias al apoyo de Ciudadanos y a la abstención de un PSOE que obtuvo los peores resultados de su historia y cuyo comité federal hubo de destituir de la secretaría general a Pedro Sánchez por la negativa de este a facilitar la investidura de Rajoy.

El reino inestable

La nueva legislatura, con un gobierno en minoría, está marcada por la necesidad de alcanzar acuerdos entre las distintas formaciones políticas. Y los retos y los desafíos a superar no son poca cosa, como la consolidación de la recuperación económica que ha permitido reducir las cifras del desempleo por debajo del 20% por primera vez desde 2010, así como aumentar las exportaciones hasta una cifra récord. Otros indicadores, como la elevadísima tasa de empleo temporal y el crónico déficit de la caja de pensiones de la Seguridad Social, empañan esos logros.

Otro reto no menos importante es la desactivación de la deriva independentista en Cataluña, con una Generalitat que sigue adelante con su proyecto de convocatoria de un referéndum de independencia. En el País Vasco, por el contrario, se abre una nueva etapa en la que el PNV gobierna en coalición con el PSE a la vez que trata de sacar partido a la minoría del PP en el Congreso. La banda terrorista ETA parece tener también su final más cerca, una vez que, en abril de 2017, anunció su desarme en una operación propagandística y facilitó la localización de algunos de los depósitos de armas y explosivos con que contaba.

Fuera de España, la situación es de incertidumbre. De repente, en el panorama internacional se suceden profundos cambios que exigen del gobierno español y de todo el país una urgente reflexión. Al triunfo del Brexit, que amenaza los intereses económicos de numerosas empresas y trabajadores españoles en el Reino Unido y que pone en jaque la supervivencia misma de la Unión Europea, se une la llegada en noviembre de 2016 del populista Donald Trump a la presidencia de Estados Unidos con un discurso que anticipa serios peligros de desestabilización del orden internacional. Mientras, en Francia, Holanda o Austria, el imparable crecimiento de los partidos ultraderechistas, xenófobos y antieuropeístas introduce nuevos riesgos en el viejo continente para los que España debe prepararse, pues en ello se juega su presente y quién sabe si también su porvenir.

España sigue adelante

A pesar de todo, España sigue adelante. Un buen escaparate de ello es el deporte, con éxitos como los protagonizados por las selecciones de fútbol (campeona de la Eurocopa en 2008 y 2012, y del Mundial de Sudáfrica en 2010) y baloncesto (campeona del Mundial en 2006, de Europa en 2009, 2011 y 2015, y medalla de plata en los Juegos Olímpicos de 2008 y 2012, y de bronce en 2016), o por deportistas como los tenistas Rafael Nadal y Garbiñe Muguruza, los motoristas Jorge Lorenzo y Marc Márquez, el baloncestista Pau Gasol, el ciclista Alberto Contador, el triatleta Javier Gómez Noya, el patinador Javier Fernández, la nadadora Mireia Belmonte o la jugadora de bádminton Carolina Marín. Gracias a sus triunfos, el nombre de España se jalea con simpatía en el mundo.

Esos triunfos no hacen olvidar el estéril debate sobre la organización territorial de España. De lo que se trata es de reivindicar una nación que se hace, una nación conjugada en presente y pensada en futuro, que se levanta en nombre de la pluralidad y del espíritu de la transición democrática, de la reconciliación lograda entre los españoles y de la construcción de una nación de individuos libres, no de una suma de pueblos unánimes. Porque lo esencial, lo que define a la España plural, es que a todos nos anime el firme propósito de estar juntos en un proyecto común que nos permita superar los egoísmos regionales y reivindicar los valores fríos de la democracia.

6

Los decálogos

EN ESTA PARTE . . .

Todos los libros de la colección ...*para Dummies* tienen una parte con información sencilla y entretenida acerca del tema en cuestión. Aquí destacamos diez fechas de la historia de España que no podemos pasar por alto, diez de las ciudades reconocidas por la Unesco como Patrimonio de la Humanidad y cuya visita bien merece una escapada, sin olvidar tampoco diez películas que nos ayudarán a conocer un poco mejor la historia de esta vieja piel de toro y diez obras de distintas artes que, si bien son españolas, pueden considerarse plenamente universales.

Capítulo 25

Diez fechas para recordar

É stas son diez fechas que, por diferentes motivos, han marcado un antes y un después en la historia de España. Aunque no hace falta intentar recordar el año, mes y día en que tuvieron lugar los acontecimientos, dar las fechas nunca está de más.

Roma llega para quedarse

197 a.C. Ese año, Roma conquista Cádiz, el último bastión de los cartagineses en Hispania. La victoria sobre su enemigo había sido total y a partir de ese momento la entonces República romana empezará a modelar la Península a su imagen y semejanza. El proceso, sin embargo, será lento, pues la conquista de Cádiz no es sinónimo de dominio de toda la piel de toro.

La conquista será larga, muy larga, y tropezará con una encarnizada resistencia en el centro y norte peninsulares, con episodios tan heroicos y a la postre trágicos como el asedio de la ciudad arévaca de Numancia, en lo que hoy es Soria. Cuando Roma consiga por fin sofocar los últimos focos de resistencia norteños ya se habrá convertido en un Imperio. Y será el propio emperador Augusto quien, en el año 29 a.C., podrá dar por concluida la conquista de Hispania.

Una religión para todo el reino

589. Caído el Imperio romano, la Península asiste a la llegada de los visigodos, que instauran el reino de Toledo. Su fe es la arriana, una herejía cristiana que toma su nombre del obispo libio Arriano, quien discutía el dogma católico de que en Dios hay tres personas (Padre, Hijo y Espíritu Santo) para defender que sólo hay una, el Padre. Por tanto, el Hijo, Jesús, no tiene naturaleza divina, sino que ha sido creado por el Padre. Un dogma imposible de asumir por la ortodoxia y que provocó la excomunión de Arriano en el 320.

Desde el trono, los recién llegados intentaron tender puentes al catolicismo, credo de la mayoría hispanorromana, incluso incentivando económicamente su paso al arrianismo, pero sin conseguirlo, lo que agriaba la relación entre ambas comunidades. Finalmente, el rey Recaredo, visto que su padre Leovigildo había fracasado en su intento de unir a todos sus súbditos bajo la fe arriana, decidió cambiar de estrategia, abandonar la religión de sus ancestros y convertirse al catolicismo. Y con él todo su pueblo, según el principio godo de que la religión del rey es la religión de todos.

El momento es importante porque inaugura una relación especial de la jerarquía eclesiástica con el poder que será una constante a lo largo de toda la historia de España.

La fe de Mahoma conquista la Península

711. La Hispania visigoda se debatía en la enésima guerra civil para decidir quién se sentaba en el trono. En este caso, Agila II, hijo del fallecido Vitiza, se enfrentaba a Rodrigo, duque de la Bética, y parece ser que pidió la ayuda de las tropas del gobernador musulmán de Tánger, Tariq. Siete mil soldados, en su mayoría bereberes, acudieron a la llamada e invadieron sin excesivos contratiempos un reino arruinado y exhausto. Sólo Rodrigo intentó oponer cierta resistencia, pero fue derrotado en la batalla de Guadalete.

Lógicamente, los recién llegados hicieron caso omiso de los derechos de Agila II al trono y decidieron quedarse la Península para ellos mismos. Agila II acabaría sus días como rey de un ignoto territorio del norte peninsular.

Un nuevo mundo se abre a la Península

1492. Un año clave por tres razones. El 2 de enero, el último de los reyes nazaríes de Granada, Boabdil, entregó las llaves de la ciudad a los Reyes Católicos, Isabel y Fernando. Con la rendición de esa plaza se ponía el punto final a casi ocho siglos de presencia del islam en la Península. La Reconquista, emprendida por don Pelayo en las montañas de Covadonga, quedaba así completada.

Pero ese año es también importante por el descubrimiento de América, el 12 de octubre, por Cristóbal Colón. El almirante genovés murió pensando que había llegado a las Indias por la vía occidental, pero en realidad había puesto en el mapa un continente nuevo cuya conquista emprenderían los Reyes Católicos y sus sucesores. La presencia española duraría en América hasta 1898, con la pérdida de las últimas colonias, Cuba y Puerto Rico, a manos de Estados Unidos, y todavía hoy es palpable en el uso del español y en la arquitectura de sus ciudades coloniales.

Por último, 1492 es también un año para recordar por un acontecimiento un tanto más luctuoso: la expulsión de los judíos, fruto de la

FIGURA 25-1: Ilustración de una de las famosas carabelas que usó Colón en su primer viaje a las Indias por la vía occidental

intolerancia religiosa de los Reyes Católicos. La economía del reino no tardaría en sufrir la falta de una comunidad comerciante y culta...

Los Borbones españoles

1700. El 1 de noviembre fallecía en Madrid Carlos II el Hechizado. Con él se extinguía la dinastía de los Austria o Habsburgo que, inaugurada por el emperador Carlos I de España y V de Alemania, había hecho de España un imperio inabarcable, el mayor conocido hasta entonces en la historia.

Muerto sin hijos, en su testamento había nombrado como sucesor a Felipe, nieto del rey de Francia Luis XIV, con la condición expresa de que mantuviera unido su reino. No obstante, el miedo al papel que una Francia y una España unidas bajo una misma dinastía podían llegar a jugar en Europa acabó provocando la firma de una gran alianza entre Inglaterra, Holanda y Austria para poner en el trono español al archiduque austríaco Carlos. La guerra de Sucesión que siguió se extendió hasta 1713, y sólo en 1714 Felipe V pudo tomar Barcelona y acabar con los últimos focos de resistencia a su poder.

Con Felipe V quedaba instaurada una nueva dinastía, la de la Casa de Borbón, que todavía hoy se mantiene en el trono.

Napoleón se encapricha con España

1808. Siguiendo las cláusulas del tratado de Fontainebleau, por el que el rey Carlos IV permitía el paso del ejército de Napoleón por España para conquistar Portugal, las tropas francesas penetran en la Península al mando del general Joachim Murat. Más que de un tránsito hacia otro destino, se trata de una ocupación en toda regla, sensación acrecentada tras la abdicación del rey español y su hijo Fernando en la figura de José Bonaparte, hermano mayor de Napoleón.

El 2 de mayo, Madrid de subleva contra el invasor, que responde con una brutal represión inmortalizada por Francisco de Goya en su cuadro *Los fusilamientos del 3 de mayo*. Es el inicio de la guerra de la Independencia, que unirá a todos los españoles contra los franceses y que acabará gestando la primera Constitución del país, promulgada en 1812 por las Cortes de Cádiz.

El triste fin de un imperio universal

1898. La noche del 15 de febrero, una gran explosión iluminó el cielo de La Habana. El acorazado estadounidense *Maine* había saltado por los aires. Doscientos cincuenta y seis de sus hombres murieron en lo que el gobierno de Washington llamó un atentado y el de Madrid un triste accidente. De nada sirvió que se abriera una investigación para dilucidar qué había pasado: el 25 de abril, Estados Unidos y España entraban en una guerra desigual en la que los obsoletos barcos hispanos fueron un objetivo insultantemente fácil para las modernas y rápidas naves norteamericanas.

El 16 de julio, Santiago de Cuba se rindió a la Armada estadounidense. El desastre acabó confirmándose el 10 de diciembre con la firma de la Paz de París, por la cual España perdía sus últimas colonias, Cuba, Puerto Rico y Filipinas. El recuerdo del Imperio de Carlos I y Felipe II quedaba así definitivamente relegado a los libros de historia.

La esperanza republicana

1931. El 12 de abril se celebraron en España unas elecciones municipales que en las ciudades más importantes se saldaron con la aplastante victoria de las opciones republicanas. En Madrid, por ejemplo, los concejales republicanos triplicaban a los monárquicos, y en Barcelona los cuadruplicaban. El apoyo de la monarquía a la dictadura de Miguel Primo de Rivera había acabado de desgastar esa institución y así supo verlo Alfonso XIII, quien sólo dos días más tarde anunció su abdicación y su marcha al exilio, al mismo tiempo que se proclamaba la Segunda República.

Niceto Alcalá Zamora y Manuel Azaña, presidente y jefe de gobierno respectivamente, serían los primeros responsables del nuevo régimen, que tantas esperanzas iba a despertar en muchos españoles. Esperanzas brutalmente cercenadas por la barbarie de la guerra civil que iba a estallar en 1936 y la grisura del régimen dictatorial de Francisco Franco que le siguió.

El futuro ha llegado

1978. La muerte del dictador Francisco Franco en 1975 fue la muerte también de su régimen. España quería un cambio y así, con el rey Juan Carlos I como jefe de Estado y Adolfo Suárez como presidente del gobierno, se inició un lento pero imparable camino dirigido a hacer del país una democracia como las del resto de Europa occidental.

Un pilar importantísimo fue la aprobación de la Constitución. Gabriel Cisneros, Miguel Herrero de Miñón y José Pedro Pérez Llorca por parte de Unión de Centro Democrático (UCD); Gregorio Peces-Barba, del Partido Socialista Obrero Español (PSOE); Jordi Solé Turá, del Partido Comunista de España (PCE); Miquel Roca, de Minoría Catalana, y Manuel Fraga, de Alianza Popular (el antecedente del actual Partido Popular), fueron los encargados de redactar un texto que sobre todo buscó el consenso. Tras su debate en el Congreso y en el Senado, la Constitución fue aprobada en el Pleno del Congreso de los Diputados por 316 votos a favor, 6 en contra y 3 abstenciones. Finalmente, el 6 de diciembre fue sometida al referendo de los ciudadanos, quienes la aprobaron con un 87,87% de votos afirmativos.

La entrada en Europa

1986. El 1 de enero, con el socialista Felipe González como presidente y en un ambiente de gran consenso, España ingresa en la Comunidad Económica Europea, antecedente de la actual Unión Europea. El viejo anhelo de la integración plena en Europa se hacía así realidad. Pero no fue el único ingreso en un selecto club internacional. El PSOE en el poder cambió su discurso en contra de la entrada en la alianza militar de la Organización del Tratado del Atlántico Norte (OTAN) por una postura a favor. Ese mismo año se celebró un referendo en el que finalmente ganó la opción favorable a la adhesión. De este modo, España abandonaba la posición marginal en el mundo a la que la había reducido el franquismo para pasar a formar parte de la comunidad internacional.

Capítulo 26

Diez mapas fundamentales de la historia de España

E l tópico dice que una imagen vale más que mil palabras. Pero como todo tópico que se precie, si se ha extendido es porque, en el fondo, algo de razón debe contener. Si hablamos de historia y esa imagen toma la forma de un mapa, entonces resulta todo mucho más claro y comprensible; y aún más si el objeto de nuestro estudio es un territorio como el que actualmente conforma España, por el que a lo largo del tiempo han transitado tantas y tan diversas culturas. De esa manera, de un solo vistazo, podrán verse qué pueblos y dinastías se han sucedido en ese suelo, sin olvidar, ni mucho menos, cómo se desarrollaron los conflictos bélicos que lo asolaron y cómo fueron abriéndose camino las nuevas ideas y los medios de producción que lo enriquecieron. Todo hasta llegar a la España de las autonomías que conocemos hoy. Lo que las palabras nos explican queda así de manifiesto en poco espacio en una sencilla serie de imágenes.

Son diez mapas que señalan momentos que, por motivos muy diversos, han dejado una profunda huella en la historia de lo que ahora es España. Empiezan con la romanización, cuando se pusieron las bases de la propia idea de Hispania, y terminan con la España actual, un marco de convivencia que mira al futuro, sin olvidar las enseñanzas de un pasado que no siempre fue fácil.

Romanización en Hispania

A diferencia de los fenicios y los griegos, que se contentaron con establecer colonias en la península Ibérica sin intentar ir más allá, los romanos se esforzaron por hacer suyo ese territorio, así como de modelarlo a su imagen y semejanza. Para ello se valieron, sobre todo, de las ciudades, que pasaron a ser las grandes protagonistas de la vida económica y política de Hispania. No sólo eso, sino que los administradores se esforzaron por crear una compleja red viaria, que a la vez que comunicaba las distintas urbes romanas entre sí y con la metrópoli imperial, también ayudaba a unificar el territorio; así se creó entre sus habitantes la conciencia de pertenecer a un orden común, el latino. Ciudades como Tarragona, Mérida o Itálica dan cuenta del esplendor de esa Hispania romana.

España visigoda

La caída del Imperio romano, en el siglo v, estuvo acompañada por la entrada en la Península de distintos pueblos bárbaros, que buscaban un lugar en el que aposentarse y que no dudaban en luchar entre sí y contra los agonizantes restos imperiales para conseguirlo. En un primer momento, los vándalos asdingos y los suevos ocuparon Galicia, mientras los alanos hacían suya la Lusitania y la Carthaginense, y los vándalos se instalaban en la Bética. Todos ellos serían finalmente expulsados por otro pueblo germánico, el visigodo, que a finales del siglo vi consiguió acabar con la resistencia del reino suevo y unificar toda la Península bajo un mismo cetro con capital en Toledo.

El apogeo de Al Andalus

En el siglo IX, la capital más espléndida de toda Europa era la Córdoba de los Omeyas. Era el centro de Al Andalus, esa entidad política surgida tras la conquista musulmana del año 711, que acabó de manera fulgurante con el reino visigodo de Toledo y que, más tarde, bajo la dirección del califa Abd al-Rahman III, se convertiría en el imperio más poderoso de todo el Occidente europeo. Ante su pujanza económica, cultural y militar, poco podían hacer los pequeños reinos y condados cristianos surgidos en el norte peninsular, que para el emir Almanzor fueron el suculento objetivo de sus campañas de pillaje y castigo. La más osada de ellas llegó a saquear la ciudad de Compostela. De esos reinos, sin embargo, sería el protagonismo en las siguientes centurias, una vez que el califato de Córdoba se destruyera a sí mismo en enfrentamientos internos.

Avance de la Reconquista

De las cenizas del califato de Córdoba surgió un conjunto de pequeños reinos islámicos, las taifas, cuya debilidad fue aprovechada por los Estados cristianos del norte. Y ello en dos sentidos, principalmente: uno, para lanzar una ofensiva militar que les permitió expansionarse hacia el sur, y otra, para llenar sus arcas mediante el cobro de las parias, onerosos tributos que los reyes cristianos imponían a los débiles monarcas musulmanes a cambio de no invadirlos. En el siglo xi ya despuntaban con fuerza los que serían los grandes reinos cristianos peninsulares, que luego protagonizarían la llamada *Reconquista*: el de Castilla y León, el de Navarra y el de Aragón, además de los condados catalanes, que un siglo más tarde establecerían con los aragoneses la unión dinástica que se conoce como *Corona de Aragón*.

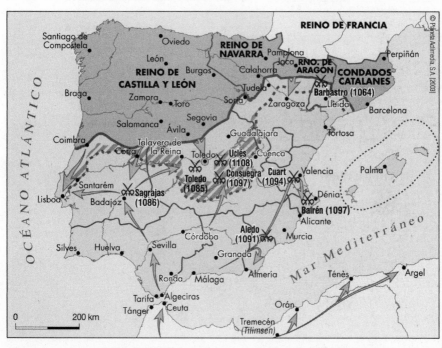

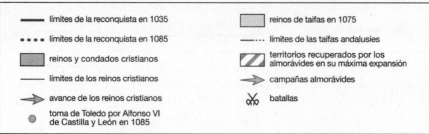

—— límites de la reconquista en 1035	▢ reinos de taifas en 1075
▪▪▪ límites de la reconquista en 1085	···· límites de las taifas andalusíes
▨ reinos y condados cristianos	▨ territorios recuperados por los almorávides en su máxima expansión
—— límites de los reinos cristianos	⇒ campañas almorávides
⇒ avance de los reinos cristianos	✂ batallas
● toma de Toledo por Alfonso VI de Castilla y León en 1085	

La península Ibérica en tiempos de los Reyes Católicos

El matrimonio entre la reina de Castilla, Isabel, y el rey de Aragón, Fernando, supuso la recuperación de la unidad de la vieja Hispania bajo un mismo cetro, unidad perdida y añorada desde el hundimiento del reino visigodo de Toledo. La conquista en 1492 del último reducto musulmán en la península, el reino nazarí de Granada, puso la guinda a ese proceso de unión dinástica emprendido por los Reyes Católicos, que se completó en 1512 con la anexión del reino de Navarra por obra de Fernando. El mapa de España quedaba así configurado prácticamente como hoy lo conocemos.

La guerra de Sucesión

La muerte sin herederos del Habsburgo Carlos II convirtió la Península en un campo de batalla en el que las distintas potencias europeas lucharon para situar en el trono a sus respectivos candidatos. Por un lado combatía el archiduque austríaco Carlos; por otro, el francés Felipe de Borbón. La contienda fue una auténtica guerra civil para España, fracturada en dos grandes bandos; Castilla estaba a favor de la causa borbónica y la Corona de Aragón apoyaba al candidato de los Austrias, en el que veía una garantía de respeto hacia las autonomías locales. Las hostilidades se prolongaron hasta 1715, cuando las tropas de Felipe V consiguieron sofocar la resistencia de Mallorca. Con su victoria, una nueva dinastía llegó al trono de España, la de los Borbones.

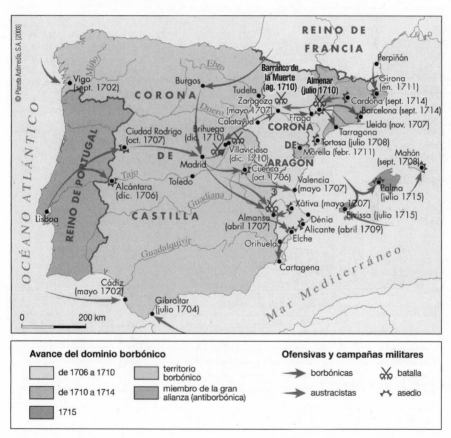

CAPÍTULO 26 **Diez mapas fundamentales de la historia de España** 289

La guerra de la Independencia

En 1808, los hasta entonces imbatibles ejércitos de Napoleón hicieron su entrada en la península Ibérica. El emperador francés no tuvo problemas para desalojar del trono a Carlos IV y colocar en él a su hermano José Bonaparte, pero no contó con una reacción popular que iba a convertir el territorio español en un verdadero infierno para sus soldados. Durante los seis años que duró la contienda, Napoleón tuvo que enfrentarse a la acción conjunta de ejércitos regulares, cada vez mejor preparados por la ayuda británica, y a partidas de guerrilleros, como el Empecinado o el cura Merino, que atacaban de improviso para desvanecerse luego sin dejar rastro alguno.

La guerra civil (1937)

El 17 de julio de 1936, las armas acabaron con el sueño de una España democrática representado por la Segunda República. Durante tres años, el país se rompió en dos mitades ideológicas que tuvieron su reflejo en la geografía. Fue lo que Antonio Machado denominó "las dos Españas": por un lado, la rural y tradicional (Castilla la Vieja, Galicia, gran parte de Andalucía, Navarra y Aragón), en la que triunfó el bando del general Francisco Franco; por otro, la España urbana y obrera (Madrid, Vizcaya, Guipúzcoa, Asturias, Cataluña, el Levante y Andalucía oriental), leal a la República.

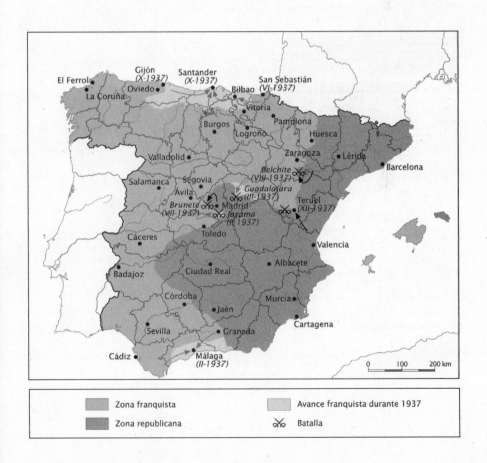

Zona franquista	Avance franquista durante 1937
Zona republicana	Batalla

Turismo durante el franquismo

La obsesión de los vencedores de la guerra civil fue cerrar España a toda idea o moda venida del exterior. Deseo imposible que recibió el golpe de gracia a partir de la década de 1960 con la llegada de los primeros turistas extranjeros, un fenómeno social y económico que transformó completamente el país.

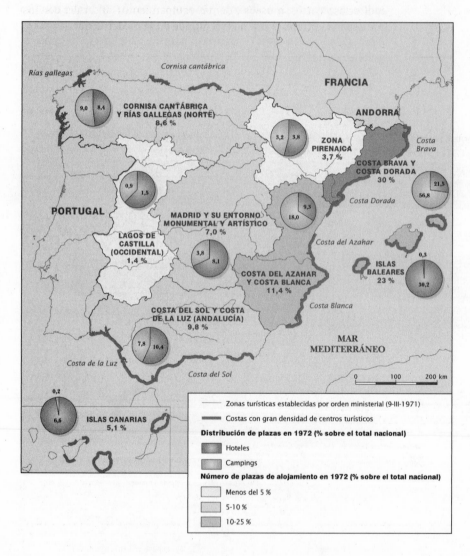

Arquitectura y cultura en la democracia

Con la consolidación de la democracia, España se volcó en recuperar el tiempo perdido durante el franquismo y situarse al mismo nivel que otros países europeos. Así, en poco tiempo surgieron universidades, auditorios, teatros, museos y demás equipamientos culturales con los que España entraba por la puerta grande en la modernidad.

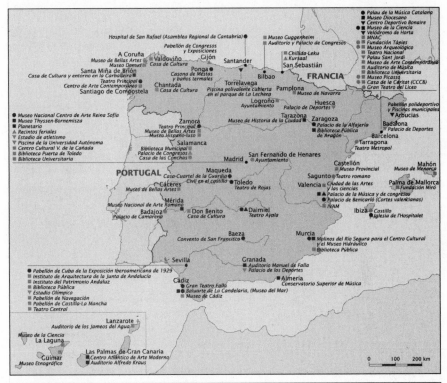

Obras construidas		Arquitectura	
■ (negro)	1980-1989	○	Rehabilitación, reconstrucción o reinterpretación de viejas arquitecturas
■ (gris)	1990-2000	□	Centros para cultura, bibliotecas o museos
		△	Recintos feriales y similares
		▽	Recintos deportivos

Capítulo 27

Diez ciudades de toda la humanidad

Decía el escritor Ernest Hemingway que España tiene tanto y tanto patrimonio que lleva ocho siglos destruyéndolo y todavía le queda... Posiblemente la anécdota sea apócrifa, pero deja bien a las claras la insólita variedad, cantidad y calidad de monumentos que atesora la vieja Hispania. Quizá sólo Italia tenga una cantidad comparable.

Desde 1972, la Unesco (el organismo de la ONU para la educación, la ciencia y la cultura) distingue con el título de Patrimonio de la Humanidad aquellos sitios que o bien representan una obra maestra del genio creativo humano, o aportan un testimonio único o, al menos, excepcional de una tradición cultural o de una civilización existente o ya desaparecida. España cuenta con 45 bienes, sólo uno menos que nuestros hermanos transalpinos...

Destacamos a continuación diez de las trece ciudades que poseen la categoría de Patrimonio de la Humanidad.

La amurallada ciudad de los místicos

Acercarse a **Ávila** es emprender un viaje en el tiempo que nos lleva hasta la Edad Media, cuando la ciudad era un hervidero de caballeros y villanos, de judíos, musulmanes y cristianos, que convivían pacíficamente y cuyas historias nos salen al paso en cada una de sus piedras y callejuelas. Las murallas que la protegían entonces, erigidas en estilo románico, siguen hoy guardándola con celo, resguardando un interior que nos habla del esplendor que, sobre todo en el siglo XVI, llegó a alcanzar esta ciudad de la comunidad de Castilla y León. Cerca de treinta casas se conservan de aquel tiempo y nos ilustran sobre la importancia que en ella tuvieron la nobleza y una pujante clase comerciante.

La nobleza la hizo fuerte y el comercio, rica, pero Ávila es sobre todo una ciudad de inefable aliento místico. Fue aquí donde nació en 1515 Teresa de Cepeda y Ahumada, más conocida como santa Teresa de Jesús. Y cerca, muy cerca, en el pueblo de Fontiveros, vino al mundo también san Juan de la Cruz. Dos santos y dos poetas que dan a estas venerables piedras un aura de espiritualidad sin igual en España.

La cuna de los grandes conquistadores

Pasear por el centro histórico de la extremeña **Cáceres** es hacerlo por las tranquilas calles que vieron nacer a muchos de los aguerridos conquistadores de América. Es también asistir a un curso acelerado de historia del arte y arquitectura, pues a cada paso salen vestigios de las épocas más diversas, desde arcos romanos como el del Cristo a torres albarranas, pasando por arcos ojivales, aljibes árabes, la judería, palacios renacentistas... Todo ello nos habla de una ciudad que ha sabido preservar su historia como algo vivo, natural, lo que la ha librado de convertirse en una inerme naturaleza muerta.

Y contemplándolo todo desde las alturas, las cigüeñas y los vencejos, otra de las señas de identidad cacereñas.

La capital del mundo medieval

Fue cartaginesa y romana, bizantina y visigoda, pero fueron los musulmanes llegados del norte de África los que la convirtieron en la capital más esplendorosa del Occidente medieval. Hasta 100.000 habitantes llegó a contar en la época del califato omeya, una cifra asombrosa si se tiene en cuenta que las ciudades cristianas de su tiempo apenas contaban, con suerte, con unos pocos miles de personas... Es esa época la que presta un atractivo especial a **Córdoba**. Ahí está para confirmarlo la gran mezquita, su más emblemático monumento, definido por sus columnas y arcos superpuestos, la cúpula octogonal ornada con mosaicos polícromos o el *mihrab* de mármoles labrados y arco de herradura recubierto de mosaicos bizantinos. La catedral cristiana que se levantó en ese espacio supo conservarlo y hacer que las tradiciones arquitectónicas de las dos religiones pudieran, cosa extraña para la época, dialogar y enriquecerse.

Pero Córdoba es también la ciudad palaciega de Medina Azahara, cuyas ruinas consiguen evocar su pasada gloria. Y no todo es pasado e historia en Córdoba: perderse por sus blancas callejuelas en busca de sus escondidas plazuelas y de esos patios en los que brotan los geranios es uno de sus más maravillosos placeres.

FIGURA 27-1: Los bellos arcos de la mezquita de Córdoba

La ciudad esculpida por la piedra y el agua

En la comunidad de Castilla-La Mancha, **Cuenca** seduce de inmediato al viajero por la inusual armonía que en ella se da entre naturaleza y espacio arquitectónico, emplazada como está sobre un promontorio de roca a 956 metros de altura sobre el nivel del mar y entre las hoces de los ríos Júcar y Huécar.

Con unos orígenes que se pierden en la noche de los tiempos, Cuenca ha sabido preservar intactos todos sus tesoros, entre los que destacan su catedral, levantada sobre una antigua mezquita y ejemplo único en toda la Península de estilo anglonormando, sin olvidar su rica arquitectura civil y religiosa que abarca desde los siglos XII al XVIII. Pero su gran atractivo, lo que convierte su visita en toda una experiencia, es recorrer sus estrechas y empinadas calles, descubrir

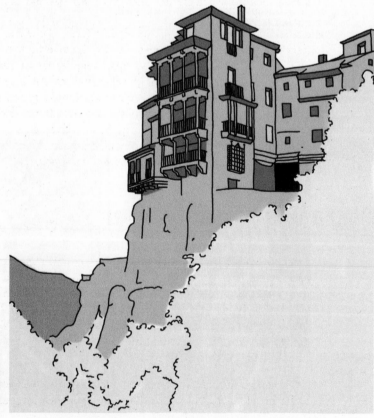

FIGURA 27-2:
Vista de las casas colgantes de Cuenca

sus rincones y dejarse atrapar por la mágica atmósfera de sus plazas. O asistir a la impresionante vista de sus casas colgadas, que parecen desafiar la ley de la gravedad encaramadas como están en el filo mismo de la pared de piedra.

Nuestra Roma

Los romanos, sus fundadores, la llamaron Emerita Augusta y la convirtieron en capital de la provincia de Lusitania, cuyo territorio abarcaba Portugal hasta el río Duero, Extremadura y partes de Castilla-La Mancha y Castilla y León. Hoy **Mérida** lo es de la comunidad autónoma de Extremadura. El emperador Augusto quiso premiar con ella a los soldados licenciados que habían luchado por conquistar Hispania frente a los irreductibles cántabros, y no ahorró ningún esfuerzo para que fuera digna de tal empresa. Todo se hizo aquí para emular a la lejana Roma, y así sus ruinas siguen dando hoy testimonio de aquella pasada grandeza. Ahí está, por ejemplo, el teatro, ampliado y embellecido en época de Trajano y aún hoy en uso. O el circo, con capacidad para 30.000 espectadores, al que iban los emeritenses a disfrutar de emociones fuertes, de carreras de carros en las que la muerte podía esconderse tras cualquier curva. Aunque para emociones fuertes, ¿qué mejor que el anfiteatro? Allí los gladiadores luchaban por su vida en espectáculos sangrientos que enfrentaban a hombres contra hombres y a hombres contra fieras. Bien conservados, los monumentos de este rincón de Extremadura nos hablan de una época que, a pesar de su crueldad, puso los cimientos de la España que conocemos, la España latina y romanizada.

Plaza mayor del saber

Es imposible pensar en **Salamanca** sin entender la importancia que en esta ciudad de la comunidad de Castilla y León tiene la universidad, una de las más prestigiosas y antiguas de toda la Península. Alfonso IX de León la fundó en 1218 y pronto ganó un prestigio tal que en el mundo cultural medieval era habitual escuchar la frase: "*Quod natura non dat, Salamantica non praestat*", lo que significa "Lo que la naturaleza no da, Salamanca no presta".

El gramático Antonio de Nebrija, el poeta fray Luis de León y el filósofo y novelista Miguel de Unamuno son algunos de los grandes nombres de la cultura que han regalado su magisterio en sus aulas. La fachada de esta universidad nos da otra de las claves que convierten la visita a Salamanca en algo especial: el plateresco. Porque Salamanca es la capital de ese arte arquitectónico tan genuinamente español, que puede definirse como una fusión armónica de los estilos mudéjar y gótico flamígero. La fachada de los conventos de San Esteban y de las Dueñas o la fascinante casa de las Conchas son otros ejemplos de su vigencia en Salamanca.

Sin embargo, estaríamos muy engañados si pensáramos que estamos ante una ciudad en la que el reloj se ha detenido, que sólo vive encerrada en sus monumentos de piedra y entre los libros y los claustros de su universidad. Precisamente esa posición de privilegio en el mundo de la ciencia y las artes le ha dado a Salamanca una vitalidad desbordante; la misma vitalidad que los miles de alumnos llegados de todos los rincones de la Península y del mundo le prestan cada día y hacen que esas piedras sean historia viva.

La meta soñada de los peregrinos

Capital de la comunidad autónoma de Galicia, **Santiago de Compostela** es, con Roma y Jerusalén, el gran centro de peregrinación del catolicismo, y por ello mismo una ciudad que como pocas merece ese reconocimiento de Patrimonio de la Humanidad.

El descubrimiento del sepulcro del apóstol Santiago a principios del siglo x convirtió el Finisterre galaico en la meta lejana de un tropel de aventureros y devotos. Con el paso del tiempo, la exaltación religiosa que recorría la Europa de las cruzadas contra el islam haría del Camino de Santiago la columna vertebral de la comunicación humana y económica entre los reinos peninsulares y el resto del continente. Por esa ruta jacobea discurrirían nuevas formas e ideas, modernos lenguajes literarios y el románico de inspiración francesa, que irradia fantasía en la catedral de Santiago de Compostela, en la que el maestro Mateo deja su Biblia pétrea en el Pórtico de la Gloria. Oculta por la abigarrada fachada barroca de la plaza del Obradoiro, ésa es la gran joya de la capital gallega, pero no su único tesoro. Sus calles y plazas, como ésa del Obradoiro, o las otras tres que rodean la catedral, las de Platerías, Quintana y Azabachería, forman un conjunto inigualable por su homogeneidad y armonía. Casonas, monasterios, conventos, iglesias, palacios...

Mucho más que un acueducto y un alcázar

Dice la historia que en **Segovia** Alfonso X el Sabio estudiaba los astros. Nada extraño si se tiene en cuenta que esta ciudad de la comunidad de Castilla y León está construida sobre un peñón calizo que supera los mil metros de altitud. Vista de lejos, parece un navío pétreo que sólo necesita para echarse a navegar que el Eresma o el Clamores, los dos ríos que confluyen a sus pies, inunden el valle. Eso, de lejos, desde la distancia. De cerca, en su corazón, deslumbra el acueducto que los romanos levantaron en el siglo I para traer agua desde el manantial de Fuenfría, a 17 kilómetros de distancia. Si será de prodigiosa la obra, que los hombres de la Edad Media la atribuyeron al mismísimo diablo...

Pero Segovia no se queda en este monumento pétreo. Su centro histórico, poblado de casas y lienzos de murallas, palacios y templos, torres y jardines, es un abigarrado entramado de calles estrechas y tortuosas que encierran innumerables tesoros. Como la magnífica catedral de estilo gótico tardío o el esbelto alcázar, convertido en residencia real en el siglo XIII y cuyas agudas torres evocan una Edad Media idealizada de caballeros y princesas.

La capital de los césares

Colonia Iulia Urbs Tarraco, ése fue el nombre que le dio Julio César en el año 45 a.C. Poco más tarde, en el 27 a.C., el primer emperador romano, Octavio Augusto, hizo de ella la capital de la provincia de la Hispania Citerior. Es **Tarragona**, la ciudad desde la que el Imperio romano organizó e impulsó la conquista y ordenación de la Península. Su propósito era hacer de ella una capital esplendorosa, una urbe que mostrara la grandeza de Roma, su poder civilizador, y despertara en quien la viera la admiración y el temor ante la fuerza del Imperio. Basta caminar por su ciudad vieja para ver cómo ese objetivo se cumplió plenamente y cómo ni el paso del tiempo ni las destrucciones de los hombres y de la naturaleza han podido borrar los restos de aquella época, restos que surgen al paso por doquier: el anfiteatro que mira al Mediterráneo, el circo, la muralla, el foro... En ocasiones se trata de yacimientos arqueológicos que siguen hoy deparando sorpresas; en otros casos son elementos que se mezclan con otros de épocas posteriores... Porque el alma de Tarragona, su esencia, será latina, pero su corazón es medieval y su fisonomía, puramente mediterránea.

La ciudad del sueño imperial

Capital del reino visigodo del mismo nombre, sede principal de muchos monarcas medievales e incluso del emperador Carlos I, **Toledo** es, para el escritor Julio Caro Baroja, "un lujo que tiene España".

Emplazada en la margen derecha del Tajo y ceñida por este río en un pronunciado meandro conocido como "Torno del Tajo", Toledo se levanta sobre una colina de cien metros de altura coronada por el Alcázar, uno de los símbolos de la guerra civil. Símbolo de confrontación, pero la ciudad castellano-manchega lo es también de convivencia, pues fue la capital de las tres culturas, en la que cristianos, judíos y musulmanes convivieron y participaron de proyectos conjuntos como la Escuela de Traductores impulsada por Alfonso X el Sabio.

La catedral de Santa María o el monasterio de San Juan de los Reyes, las sinagogas de Santa María la Blanca y del Tránsito, y la mezquita de Tornerías son algunos de los restos que recuerdan aquel tiempo de diálogo y encuentro, excepcional en una Edad Medial rica en conflictos, persecuciones y guerras. Toledo conserva viva esa atmósfera de ciudad antigua y un poco cerrada en sí misma, como las figuras del más famoso de sus pintores, Doménikos Theotokópoulos, El Greco.

Otras ciudades que son patrimonio de todos

La lista de Ciudades Patrimonio de la Humanidad de España se completa con otras tres localidades: **Alcalá de Henares**, cuna de Miguel de Cervantes y sede de una de las universidades de más tradición, abolengo y prestigio de la piel de toro; **Ibiza**, que ya desde la Antigüedad fue un punto estratégico de primordial importancia, de ahí las huellas púnicas, musulmanas y medievales que la jalonan, y **San**

Cristóbal de la Laguna, una ciudad tinerfeña que serviría como modelo arquitectónico para las urbes que se levantarían en las colonias americanas.

Pero la denominación Patrimonio de la Humanidad no se centra sólo en ciudades, sino que se extiende a todo tipo de monumentos: la Alhambra de Granada, las catedrales de Burgos, León y Sevilla, los monasterios de Poblet y El Escorial, las pinturas rupestres de la cueva de Altamira, el Palau de la Música Catalana de Barcelona, la muralla romana de Lugo, el palmeral de Elche, Puente Colgante de Portugalete... Y así hasta 45 bienes. ¡Y la lista no deja de incrementarse!

Capítulo 28

Diez historias en imágenes

Desde que el pionero Fructuós Gelabert filmara en 1897 *Riña en un café*, la primera película de ficción rodada en España, mucho ha llovido. En todo caso, aquel minuto de imágenes un punto ingenuas fue la primera piedrecita de una industria que ha ayudado a proyectar el nombre de España fuera de nuestras fronteras. Nombres como los de Luis Buñuel, Luis García Berlanga, Carlos Saura, Pedro Almodóvar o Alejandro Amenábar, entre otros, forman ya parte de la historia del cine universal. Sin embargo, no se trata aquí de hacer una historia del cine español, sino de repasar la visión que de diez períodos de la historia de España han dado otras tantas películas. La selección es sin duda subjetiva, pero muchas de ellas han servido para fijar en nuestra memoria visual muchos acontecimientos y personajes que de otra manera seguirían encerrados en los libros.

Un Cid llegado de Estados Unidos

Aunque fue rodada en plazas de España como Burgos, Toledo o Peñíscola, y su argumento es cien por cien español, *El Cid* es la única de estas diez películas que hemos seleccionado que no puede considerarse una producción española. Tanto da, igual que el hecho de que la recreación histórica no sea excesivamente fidedigna y obedezca más a una visión romántica de la Edad Media que a un estudio serio de la misma, por no hablar ya de algún que otro anacronismo que se ha colado también, como cuando el Cid llama a combatir a la voz de "¡por España!", cuando en la época en que vivió como mucho debería hacerlo por Castilla... Todo eso es lo de menos, tal es su aliento épico y la espectacularidad de sus imágenes *made in Hollywood*.

Dirigida en 1961 por Anthony Mann, se trata de una superproducción de Samuel Bronston en la que no se escatimó un solo dólar para que el producto resultante fuera un lujo de visión obligada. Empezando por su elenco protagonista, encabezado por Charlton Heston en el papel de Rodrigo Díaz de Vivar, el Cid Campeador, y Sofía Loren en el de su amada Jimena. Una de esas películas, pues, que aunque históricamente discutibles hacen amar la historia.

La reina que se volvió loca de amor

En 2001, Vicente Aranda daba a conocer *Juana la Loca*, su particular visión de una de las figuras más desdichadas de la historia española. No era la primera película dedicada a esta reina. Ya en 1948 Juan de Orduña había filmado *Locura de amor*, un dramón romántico protagonizado por Aurora Bautista. Aranda se alejó de estereotipos literarios para recrear la vida de la hija de los Reyes Católicos en toda su crudeza, bien secundado en el papel protagonista por una extraordinaria Pilar López de Ayala, ganadora del Goya de la Academia de Cine española a la mejor interpretación femenina.

La reconstrucción de la época convence, sobre todo en lo que se refiere al cuidado vestuario y una atmósfera oscura y tensa que consigue transmitir la sensación de aislamiento y falta de comunicación de los personajes, que, sí, serán reyes, infantes y príncipes, pero por encima de todo son personas con sus miedos, sus obsesiones y sus traumas.

Un Siglo de Oro de capa y espada

Adaptación a la gran pantalla de la serie de novelas *Las aventuras del capitán Alatriste*, de Arturo Pérez Reverte, *Alatriste* fue dirigida en el 2006 por Agustín Díaz Yánez y hasta el estreno de *Ágora* (2009), de Alejandro Amenábar, fue la película más cara de la historia del cine español, con un presupuesto de 24 millones de euros. Todo, pues, para recrear en imágenes una convincente España del Siglo de Oro, una España que todavía era un Imperio, pero cuyo declive era ya algo imposible de ocultar.

Su protagonista, encarnado por el actor estadounidense Viggo Mortensen, es un soldado al servicio del rey Felipe IV, embarcado a la sazón en la guerra de los Treinta Años. Episodios como la toma de Breda, en Flandes, retratada por Diego Velázquez, o la batalla de Rocroi contra las tropas francesas, aparecen en esta película, por la que también desfilan personajes históricos como el conde-duque de Olivares, el escritor Francisco de Quevedo o el general Francisco de Melo, además del inquisidor fray Emilio Bocanegra, papel que, en una pequeña y discutible licencia del director, corre a cargo de una mujer, Blanca Portillo.

La ambientación es irreprochable y nos trae un Siglo de Oro que, lejos de lo que su nombre sugiere, fue más bien sombrío y desesperanzado pero excepcionalmente brillante en el ámbito de las letras y las bellas artes.

Un pueblo contra Napoleón

Uno de los hitos de la historia de Madrid es el levantamiento del 2 de mayo de 1808 contra las tropas francesas de Napoleón. La represión fue atroz y las calles de la capital española se tiñeron pronto de sangre. La mejor imagen que nos ha quedado de ese episodio la dio Francisco de Goya en dos cuadros que sin duda representan las obras maestras de la pintura de historia en nuestro país. Son *El 2 de mayo en Madrid*, que ilustra el alzamiento contra el invasor, y *Los fusilamientos del 3 de mayo*.

El cine tampoco podía ser insensible a un episodio clave, como muestra *Sangre de mayo*, una película dirigida en 2008 por José Luis Garci y protagonizada por Quim Gutiérrez, Paula Echevarría y Manuel Galiana. Goya es aquí una referencia clara, como también, a efectos de guión, dos de los *Episodios nacionales,* de Benito Pérez Galdós, *La corte de Carlos IV* y *El 19 de marzo y el 2 de mayo,* que Garci plasma de una forma tan clásica como académica.

La verdad sobre el caso Savolta

La Barcelona de principios del siglo xx, dominada por la guerra de clases en su sentido más literal, con pistoleros anarquistas que van detrás de empresarios y burgueses que contratan a pistoleros para que liquiden a obreros, sindicalistas e izquierdistas, es el marco donde se desarrolla la primera novela de Eduardo Mendoza, *La verdad sobre el caso Savolta,* publicada en 1975. Cuatro años más tarde, Antonio Drove la llevó a la gran pantalla, y aunque la acción transcurre en el pasado, no es difícil ver en ella algunas referencias al momento histórico que por entonces estaba viviendo una España que justo estaba dando sus vacilantes y tumultuosos primeros pasos en democracia. El mismo Drove era consciente de esos paralelismos cuando decía que "las películas políticas o históricas reflejan más exactamente el momento en el que han sido concebidas y producidas que el de la época a la que toman referencia".

En todo caso, el filme, protagonizado por José Luis López Vázquez y Omero Antonutti, es una originalísima propuesta, políticamente comprometida como era obligado en la época, pero sin caer en el panfleto ni la parodia.

Siempre la guerra civil

Las malas lenguas dicen que el cine español sólo sabe hacer películas sobre la guerra civil. Y en parte no va desencaminado el aserto, pues la nómina de ellas es enorme y abarca productos de pura propaganda como *Raza* (1941), de la que se dice que tras el nombre de su guionista, Jaime de Andrade, se escondía el mismísimo Francisco Franco, hasta películas que mostraban el punto de vista de los perdedores, como *Réquiem por un campesino español* (1985), pasando por títulos como *Las bicicletas son para el verano* (1984), *Dragon Rapide* (1986), *El largo invierno* (1991), *Libertarias* (1996), *Muerte en Granada* (1997), *La niña de tus ojos* (1997), *La lengua de las mariposas* (1999), *Soldados de Salamina* (2002), *Las trece rosas* (2007), *Los girasoles ciegos* (2008), e incluso comedias como *La vaquilla* (1985) o *Madregilda* (1993) o reinterpretaciones fantásticas como el díptico de Guillermo del Toro formado por *El espinazo del diablo* (2001) y *El laberinto del fauno* (2006).

En 1995, un director tan políticamente comprometido con la izquierda como es el británico Ken Loach dio su particular visión de la guerra civil en *Tierra y libertad*, un gran fresco épico basado en el libro de George Orwell *Homenaje a Cataluña*. Las divisiones en el bando republicano, vistas por un obrero inglés alistado en las Brigadas Internacionales, son la base de esta coproducción hispano-británica. El resultado es una crónica desencantada del naufragio de un proyecto político utópico.

La visita del amigo americano

Sencillamente, una obra maestra. Eso es *Bienvenido Mr. Marshall*, una película que, desde la comedia más surrealista, traza un retrato demoledor de la grisura y mediocridad de la España de la posguerra y su aislamiento internacional.

El argumento es bien conocido: hacia 1950, los vecinos del pueblo de Villar del Río se preparan para recibir la presunta visita de unos importantes estadounidenses que traen un plan de ayuda al desarrollo. Los habitantes inmediatamente ven ahí una oportunidad y toda la vida social comienza a girar en torno a esa visita. Y para caerles mejor a los norteamericanos, ¿qué mejor que disfrazar el pueblo de andaluz?

Luis García Berlanga realizó la película en 1953 sobre un guión de Miguel Mihura y Juan Antonio Bardem, y contó con un elenco en estado de gracia, encabezado por el gran Pepe Isbert, Manolo Morán y Lolita Sevilla. Escenas como la del sueño de Isbert, en que él mismo se ve como un *sheriff* en un *saloon* del lejano oeste, forman parte ya de la memoria popular, lo mismo que su celebérrimo discurso a los vecinos, puro Mihura o Groucho Marx: "Como alcalde vuestro que soy, os debo una explicación, y esta explicación que os debo, os la voy a dar. Que yo, como alcalde vuestro que soy, os debo una explicación, y esta explicación que os debo, os la voy a dar, porque yo, como alcalde vuestro que soy". O la canción que preparan para recibir a los americanos, cuyo desopilante estribillo reza: "Americanos, / vienen a España / gordos y sanos, / viva el tronío / de ese gran pueblo / con poderío, / olé Virginia, / y Michigan, / y viva Texas, que no está mal, / os recibimos / americanos con alegría, / olé mi madre, / olé mi suegra / y olé mi tía". Una prueba de cómo la sátira puede ser una espléndida arma y una no menos incomparable lección de historia.

El franquismo más negro

También Luis García Berlanga firma *El verdugo*, otra película realizada durante el franquismo (se filmó en 1963) y que dispara con bala contra el régimen. El humor aquí se vuelve negro, nada extraño si se tiene en cuenta que su protagonista es un joven que tiene que aprender el oficio de su suegro, que no es otro que el de verdugo... El filme no es sólo un encendido alegato contra la pena de muerte (su estreno coincidió con las ejecuciones del comunista Julián Grimau y los anarquistas Francisco Granado y Joaquín Delgado), sino que sobre todo es, en palabras del director de cine y guionista Ricardo Muñoz Suay, "un testimonio de cómo el hombre contemporáneo acaba cediendo a los acontecimientos sociales, que en este caso llevan a su protagonista a ejercer, sin contemplaciones, el asesinato legal".

Lógicamente, una película así tuvo que molestar y mucho, tanto que fue considerada la película más antipatriótica y antiespañola que se hubiera visto jamás... Y el mismo Franco participó del debate diciendo: "Ya sé que Berlanga no es un comunista; es algo peor, es un mal español"...

Sangre y miedo

Y de un horror como el franquismo, a otro, el del terrorismo de ETA. También son muchas las películas que se han acercado a este mundo, ya sea para denunciarlo o incluso intentar entenderlo. Una de ellas es *Yoyes* (2000), sobre la activista del mismo nombre, asesinada por sus compañeros cuando decide abandonar la lucha armada. *Operación Ogro* (1980), sobre el asesinato del presidente Luis Carrero Blanco; *Días contados* (1994), o *El Lobo* (2004) son algunas de ellas, a las que se pueden añadir la experimental y excéntrica *Tiro en la cabeza* (2008) y la muy polémica *La pelota vasca* (2003), una colección de entrevistas que quiere echar luz sobre el nacionalismo en Euskadi, el terrorismo y la posibilidad del diálogo.

En todo caso, una de las mejores aproximaciones a este tema lo da la película *Todos estamos invitados* (2008), de Manuel Gutiérrez Aragón. Y lo es por apostar no tanto por la figura del terrorista, sino por la de aquellas personas amenazadas por ETA por pensar diferente y haber tenido el valor de expresar sus ideas. Una película valiente e incómoda que consigue expresar con inusitada fuerza ese clima de miedo que nunca abandona a los protagonistas.

La desesperanza de los sin trabajo

Las reconversiones industriales que el gobierno del socialista Felipe González llevó a cabo en la década de los ochenta llevaron al paro a un gran número de gente. Sobre todo en los astilleros y hornos metalúrgicos del norte peninsular. Sobre esa gente sin trabajo versa *Los lunes al sol* (2002), de Fernando León de Aranoa, una crónica filmada como si se tratara de un documental y que sigue los pasos de cinco amigos que han sido compañeros de trabajo en un astillero y que ahora se ven en la calle. Y lo peor de todo, sin expectativas. Su única dedicación es pasear, reunirse en el bar, hablar... Como si todos los días fueran festivos, sólo que en ellos hay motivos más que suficientes para caer en la desesperación.

Hoy, con la crisis mundial cebándose especialmente en España, las imágenes de esta película protagonizada por Javier Bardem y Luis Tosar adquieren una absoluta y desconsoladora actualidad...

Capítulo 29

Diez obras para no olvidar

Muchas cosas, muchísimas, se nos pueden echar en cara a los españoles. Pero una de las más graves es sin duda lo poco que valoramos nuestro patrimonio. Nos cuesta un mundo apreciar aquello que han hecho nuestros compatriotas, sean del pasado o sean del presente, tanto da. "Si es español, es difícil que sea bueno", parece ser el pensamiento más extendido. Y eso es válido tanto para el arte como para la literatura, la música, el cine o incluso el fútbol. Tiene que venir alguien de fuera que nos diga: "eh, eso está pero que muy bien" para que empecemos a mirarlo con otros ojos más amables.

Pero no nos pongamos dramáticos, pues España ha dado al mundo un buen puñado de obras que, con un aroma inconfundiblemente español, son al mismo tiempo universales. Damos a continuación un puñado de ellas. Diez porque tienen que ser diez, pero también podrían ser veinte, o cien... Lo único que se ha buscado es que sean representativas de distintas épocas y que cubran las más variadas artes, desde la poesía hasta la música.

Había una vez una alcahueta...

Los Reyes Católicos habían conquistado el último reducto musulmán de la Península y se disponían a emprender la aventura americana, cuando en 1499 el novedoso invento de la imprenta daba a luz una especie de novela dialogada titulada *Comedia de Calixto y Melibea*. Salió anónima, pero ya en la segunda edición de 1502 su autor quiso decir su nombre, aunque ocultándolo con sabia precaución en un acróstico de los versos preliminares. No era para menos, pues por su calidad de judío converso podía estar en el punto de mira de la Inquisición y más si se le relacionaba con una obra tan escandalosa como ésta, más conocida hoy por el nombre de su protagonista, *La Celestina*. Con ella, el Renacimiento entra de pleno en España, y lo hace precisamente a través de esa figura, una vieja alcahueta que, a cambio de dinero, ablanda los corazones de las jovencitas para que sus fogosos amantes puedan acercarse hasta ellas...

Alcahuetas ya habían aparecido en obras medievales como el pícaro y delicioso *Libro de buen amor,* de Juan Ruiz, arcipreste de Hita, pero aquí se aprecia una voluntad muy moderna de poner en juicio los valores sociales y morales de la época, e incluso de desmitificar el tan idealizado amor dándole una carga física nada disimulada. Pero lo verdaderamente original, además de la estructura dialogada como si de una obra de teatro en prosa se tratara (eso sí, irrepresentable, pues consta de ¡21 actos!), es la caracterización de los personajes a través del lenguaje, culto y un tanto rebuscado el de la pareja de amantes; directo, llano y preñado de sentencias que expresan la sabiduría popular el de Celestina y los criados. El resultado son unos seres creíbles, de carne y hueso, egoístas e interesados que hablan acorde a su casta.

El pícaro que retrataba España

Si Fernando de Rojas, el autor de *La Celestina*, había tomado la precaución de ocultarse en unos versos, el autor de la novelita *La vida de Lazarillo de Tormes y de sus fortunas y adversidades* prefirió ir más allá y no dejar rastro alguno que pudiera identificarlo. Tampoco sorprende, pues la obra es de aquellas que, a pesar de su corta extensión, no deja títere con cabeza. Y sin embargo su éxito fue tal que no sólo propició continuaciones a cada cual más estrambótica, sino que supuso el nacimiento de un nuevo género literario, la novela picaresca.

Publicada en 1554, *Lazarillo de Tormes* narra en primera persona y de forma irónica las andanzas de un niño huérfano que entra al servicio de distintos personajes con los que poco a poco, y a base de golpes y mucha hambre, hace su entrada en la vida adulta. Un ciego con el que rivaliza en astucia, un clérigo avariento, un hidalgo sin un triste mendrugo que llevarse a la boca y cuyo único tesoro, celosamente guardado, es su honor, o un estafador que vende bulas son algunos de los amos a los que Lázaro sirve.

La denuncia de una sociedad hipócrita y miserable es aguda, y lo es todavía más gracias al realismo de la narración, su rasgo más original. Que la Inquisición se pusiera rápidamente sobre aviso y prohibiera esta novelita es la mejor prueba de la verdad que encierran sus páginas.

Modernas investigaciones de la catedrática Rosa Navarro señalan que el erasmista Alfonso de Valdés podría ser el autor del Lazarillo de Tormes obra que hasta el momento se ha considerado de padre anónimo.

La España de la fe austera

El 27 de agosto de 1611 moría en el madrileño convento de las Descalzas Reales el organista de esa venerable institución. Por entonces ya casi nadie se acordaba de él, pero el abulense Tomás Luis de Victoria había sido un compositor verdaderamente grande, alguien aclamado en la Roma papal y en la corte de los Habsburgo españoles. Con él, el arte de la polifonía alcanza una cima tras la cual es simplemente imposible seguir ascendiendo. Y no ya sólo en el plano meramente técnico, porque en el expresivo lo que consiguió este maestro es algo todavía más difícil: crear el sonido que define a esa austeridad tan genuina de la España de los primeros Austrias, Carlos I y Felipe II. Así, sus misas, motetes y responsorios (Victoria era sacerdote y sólo escribió obras sacras) se desarrollan de forma contenida, de modo que el artificio virtuosístico deja su plaza a una expresividad concentrada que favorece la inteligibilidad del texto latino. Un ejemplo magistral y estremecedor de su arte lo encontramos en el *Officium defunctorum* a seis voces, escrito en 1603 para el funeral de María de Austria, hija del emperador Carlos. Su ideal de que a la música "sólo le conviene celebrar las sagradas alabanzas del Dios inmortal del cual brotó el número y la medida" halla aquí su más inspirada, bella y ferviente plasmación.

El nacimiento de la novela

"En un lugar de la Mancha de cuyo nombre no quiero acordarme..."

¿Quién no ha leído, escuchado o incluso dicho alguna vez estas palabras, posiblemente el comienzo más universal de una obra literaria? Son tantas las cosas que se han escrito sobre *Don Quijote de la Mancha* y tantas las lecturas que ofrece esta obra maestra de Miguel de Cervantes, que es imposible reproducirlas. Para algunos, su publicación en 1605 significó ni más ni menos que el acta de bautismo del género novelístico. Para otros, es la confrontación más perfecta que se haya hecho nunca entre dos concepciones opuestas de la vida: el idealismo, representado por el caballero de la Triste Figura, y el realismo, encarnado por su fiel escudero Sancho Panza. Y no es eso todo, pues los hay también que especialmente dirigen su mirada a aquellos aspectos más críticos de la sociedad cervantina con resultados contrapuestos. Sin olvidar tampoco a quienes la ven simplemente como una novela de aventuras, divertida y emocionante al mismo tiempo, que también lo es.

Don Quijote es todo lo anterior y también mucho más, es un libro que encierra muchos libros, sobre todo en su segunda parte, publicada en 1615, en la que en un juego de espejos muy barroco la realidad y la ficción confunden sus planos e incluso los personajes hablan de la impresión que han causado en los lectores tras la publicación de la primera parte... Una obra, pues, española, pero sobre todo universal.

Elogio emocionado de la pintura

En un inventario del Alcázar Real de Madrid, de 1666, aparece simplemente mencionado como "Cuadro de la familia real que representa a la infanta Margarita con sus damiselas de honor y una enana, de Velázquez". Una descripción prosaica para una pintura que es un auténtico milagro o, como la definía el artista Luca Giordano, simple y llanamente es "la teología de la pintura". Son *Las Meninas*, título si cabe más poético y evocador que se ajusta mejor a un trabajo que justifica también el elogio hacia Diego Velázquez que le hizo otro gran artista, el impresionista Édouard Manet: "Es el pintor de pintores".

¿Y qué son *Las Meninas*? Pues eso, un retrato de la infanta Margarita, hija de Felipe IV y Mariana de Austria, rodeada de sus doncellas. Pero es más, porque también es un retrato de la real pareja, que aparece reflejada en un espejo en el fondo de la estancia. Y, además, es un autorretrato del propio Velázquez en actitud de pintar. ¿El qué? ¿A quién? ¿A Felipe IV y su esposa? ¿A la infanta? ¿A nosotros que nos paramos delante a mirar la escena? Es uno de los muchos misterios de este lienzo único. Quizá simplemente sea una escena de vida palaciega, o tal vez una alegoría, muy del gusto barroco, que ensalza la nobleza del arte de la pintura. En el fondo es lo de menos, pues lo importante es dejarse atrapar por el cuadro, por la etérea pincelada de Velázquez, uno de los pocos pintores que ha sabido captar el mismísimo aire.

FIGURA 29-1: Interpretación que ilustra el tema central del bello cuadro de *Las Meninas* pintado por Velázquez

El sueño de la razón...

Francisco de Goya fue el gran heredero del arte universal de Velázquez. Sus cartones para tapices que nos muestran la España más castiza y sonriente; los grandes cuadros de historia como *Los fusilamientos del 3 de mayo*; los retratos de Carlos IV y Fernando VII, y de sus familias, de tan profunda carga psicológica e irónica; las dos majas, la desnuda y la vestida, o las espeluznantes pinturas negras de la Quinta del Sordo, que nos muestran lo peor de España y los españoles con un estilo descarnado y terrorífico... Todo eso hace de este artista un pintor inigualable. Pero donde quizá mejor y con más libertad se plasma su genio es en el arte del grabado. Series como *Los desastres de la guerra* o la *Tauromaquia* nos hablan de su pericia técnica y de su capacidad para crear escenas de una crudeza casi insoportable. Pero aun más original se muestra en los *Caprichos*, ochenta grabados publicados en 1799 que desnudan la sociedad de su tiempo cebándose con especial virulencia en la nobleza y el clero. "El sueño de la razón produce monstruos" dice en una de estas láminas y ahí está la clave de toda la serie. Brujas, prostitutas, inquisidores, petrimetres, duendes y monjes van apareciendo por estos grabados que a veces se dejan llevar por una sátira vitriólica y otras por un humorismo amable, cuando no por una desolada humanidad. No es extraño que muchos historiadores y críticos hayan querido ver en ellos un precedente de movimientos artísticos del siglo XX como el expresionismo y el surrealismo.

La historia convertida en novela

Le llamaban "don Benito el garbancero" porque decían que sus novelas eran tan vulgares como un potaje de garbanzos... La envidia, esa "virtud" tan española, debía ser la que sugería tan malévolo apodo, la envidia hacia un prolífico autor de éxito cuyas obras constituyen la mejor crónica para conocer la historia de la España del siglo XIX y no en menor medida la vida de Madrid, sus personajes, sus calles, sus vivencias, que vibran gracias a un lenguaje popular que reniega de cualquier artificio...

Es Benito Pérez Galdós, el autor de obras maestras como *Tormento* (1884), *Fortunata y Jacinta* (1887), *Misericordia* (1897) o *El abuelo* (1897), pero también de una ambiciosa serie de 46 novelas de tema histórico que englobó bajo el título genérico de *Episodios nacionales* (1872-1912). La historia de España desde 1805 hasta 1880 aparece en estas páginas en las que personajes inventados conviven con otros reales y viven acontecimientos que han sido claves en el discurrir del país. *Trafalgar*, *Bailén*, *Napoleón en Chamartín*, *Los Cien Mil Hijos de San Luis*, *Narváez*, *La de los tristes destinos* y *España sin rey* son algunos de sus títulos. Una invitación a profundizar en la historia con todo el placer que da una novela bien escrita.

España se hace música

Natural de Camprodón, en el Pirineo catalán, Isaac Albéniz fue un personaje de novela, un prodigio que todavía niño se escapó de casa y, tocando el piano en diferentes barcos, consiguió llegar hasta América. De regreso a España, una beca concedida por el rey Alfonso XII le permitió estudiar en el Conservatorio de Bruselas. Y de ahí, a recorrer Europa como virtuoso del piano. Así hasta que el compositor Felipe Pedrell llamó su atención sobre el repertorio folclórico español. Fue toda una revelación.

Desde ese momento, Albéniz encontró su verdadero idioma musical. Abandonó las agradables piezas de salón que hasta entonces había escrito y empezó a componer una música, siempre para piano, que absorbe como propios los ritmos, las armonías e incluso las melodías populares de España. El nivel de identificación llegó a ser tal que no necesitaba citar ninguna melodía tradicional como punto de partida: las suyas, las que surgían de su imaginación, ya tenían el acento auténtico de lo más castizo, del terruño. Su obra maestra tiene un título más que evidente: *Suite Iberia*, doce piezas para piano compuestas entre 1905 y 1909 que representan su ideal de hacer "música española con acento universal", al mismo tiempo que suponen un reto técnico al alcance de muy pocos pianistas...

El andaluz que amaba Castilla

Antonio Machado había nacido en Sevilla en 1875, pero desde que en 1907 fue destinado a Soria para dar clases de latín y griego en un instituto, su vida cambió. Allí se enamoró no de Soria, la ciudad, sino del campo castellano. Y también de una muchacha, Leonor, a la que acabaría haciendo su esposa. Todo ello, el amor a la tierra y a su mujer, late en la que la crítica considera su obra maestra, *Campos de Castilla*, un poemario escrito en 1912 en el que traza cuadros de paisajes y gentes, mientras evoca su sequedad, su adustez, la soledad, el pasado y la muerte, y todo ello con un verso que entronca con la tradición popular española al tiempo que huye de la pirotecnia sonora propia del modernismo para convertirse en la expresión de algo más íntimo. Porque, como él mismo decía, la poesía es "el diálogo del hombre, de un hombre, con su tiempo"... Un hombre que late todavía con más fuerza en la segunda edición de la obra, de 1917, que incluye los poemas escritos tras la muerte de su esposa...

Romances de amor y muerte

El 19 de agosto de 1936, en un paraje cercano a Víznar (Granada), las balas fascistas acabaron con la vida de Federico García Lorca. Con él moría un poeta que había conseguido convertir la poesía en música y pintura, tal era la melodía y la restallante riqueza plástica que surgían de sus versos. Él mismo debió intuir algo de su final, pues la muerte es una presencia constante en toda su obra, rica y siempre sorprendente, en la que las metáforas surrealistas y el verso libre podían convivir perfectamente con imágenes enraizadas en el folclore andaluz y los metros clásicos de toda la vida. Como en su libro *Romancero gitano* (1927), en el que la forma tradicional y tan genuinamente española del romance le sirve de punto de partida para crear unos poemas que elevan la cultura gitana a la categoría de mito, sin caer en el tipismo ni el costumbrismo. Lo narrativo se fusiona aquí con lo lírico y da pie a versos tan célebres como "Verde que te quiero verde. / Verde viento. Verdes ramas. / El barco sobre la mar / y el caballo en la montaña". Pura música.

Índice